世界国防科技年度发展报告（2016）

海战领域科技发展报告

HAI ZHAN LING YU KE JI FA ZHAN BAO GAO

中国国防科技信息中心

国防工业出版社

·北京·

图书在版编目（CIP）数据

海战领域科技发展报告/中国国防科技信息中心编. —北
京：国防工业出版社，2017. 4
（世界国防科技年度发展报告. 2016）
ISBN 978-7-118-11279-5

Ⅰ. ①海…　Ⅱ. ①海…　Ⅲ. ①海战—科技发展—研究
报告—世界—2016　Ⅳ. ①E153

中国版本图书馆 CIP 数据核字（2017）第 055207 号

海战领域科技发展报告

编　　　者	中国国防科技信息中心
责任编辑	汪淳　许西安
出版发行	国防工业出版社
地　　　址	北京市海淀区紫竹院南路 23 号　　100048
印　　　刷	北京龙世杰印刷有限公司
开　　　本	710×1000　1/16
印　　　张	19¼
字　　　数	223 千字
版 印 次	2017 年 4 月第 1 版第 1 次印刷
定　　　价	116. 00 元

《世界国防科技年度发展报告》
(2016)
编 委 会

主　　任　刘林山

<hr>

委　　员（按姓氏笔画排序）

卜爱民	王　逢	尹丽波	卢新来
史文洁	吕　彬	朱德成	刘　建
刘秉瑞	杨志军	李　晨	李天春
李邦清	李成刚	李晓东	何　涛
何文忠	谷满仓	宋志国	张英远
陈　余	陈永新	陈军文	陈信平
罗　飞	赵士禄	赵武文	赵相安
赵晓虎	胡仕友	胡明春	胡跃虎
真　溱	夏晓东	原　普	柴小丽
高　原	席　青	景永奇	曾　明
楼财义	熊新平	潘启龙	戴全辉

《海战领域科技发展报告》

审稿人员（按姓氏笔画排序）

王　宇　　王三勇　　王海珍　　刘东岳

池建文　　杨志军　　李向阳　　吴懿鸣

张　缨　　张义农　　陈银娣　　罗　飞

侯建军　　郭　蓉　　雷贺功　　冀路明

撰稿人员（按姓氏笔画排序）

丁　宏　　万　克　　马晓晨　　王　振

王志伟　　王国亮　　王晓静　　方　楠

史腾飞　　白旭尧　　冯晓硕　　吕建荣

朱鹏飞　　刘　伟　　刘　烨　　闫　勇

孙帮碧　　孙超伟　　杨文韬　　杨尚洪

李玉荣　　李仲铀　　李红军　　何　萍

闵冬冬　　沈　阳　　宋　飞　　张　旭

陈　鸣　　陈　垚　　周　伟　　周明贵

庞岩泽　　柳正华　　夏宇轩　　郭　萃

董扬帆　　董姗姗　　谢守波　　虞　飞

谭　欣　　黎晓川　　穆　松

编写说明

　　军事力量的深层次较量是国防科技的博弈，强大的军队必然以强大的科技实力为后盾。纵观当今世界发展态势，新一轮科技革命、产业革命、军事革命加速推进，战略优势地位对技术突破的依赖度明显加深，军事强国着眼争夺未来军事斗争的战略主动权，高度重视推进高投入、高风险、高回报的前沿科技创新。为帮助对国防科技感兴趣的广大读者全面、深入了解世界国防科技发展的最新动向，我们秉承开放、协同、融合、共享的理念，共同编撰了《世界国防科技年度发展报告》（2016）。

　　《世界国防科技年度发展报告》（2016）由综合动向分析、重要专题分析和附录三部分构成。旨在通过深入分析国防科技发展重大热点问题，形成一批具有参考使用价值的研究成果，希冀能为促进自身发展、实现创新超越提供借鉴，发挥科技信息工作"服务创新、支撑管理、引领发展"的积极作用。

　　出于编写时间仓促，且受信息来源、研究经验和编写能力所限，疏漏和不当之处在所难免，敬请广大读者批评指正。

中国国防科技信息中心

2017 年 3 月

前　言

当前，世界各国海军积极谋求和推动海战科技的发展，力求通过取得或保持军事技术优势，夺取战场主动权。2016 年，海战领域科学技术持续发展，舰船平台技术、动力能源技术、信息技术、舰载武器技术以及基础性前沿性技术等领域不断取得新进展。为使广大读者全面、深入了解海战科技发展的最新动向，我们组织相关科技信息研究人员，共同编撰了《海战领域科技发展报告》。

本书由综合动向分析、重要专题分析和附录三部分构成，其中综合动向分析共有 8 篇领域综合分析报告，重要专题分析包括 28 篇专题研究报告，附录收录了 2016 年海战领域科技发展大事记、美国海军科学与技术研究领域、美国海军 2016 财年和 2017 财年科研经费预算情况以及国外无人潜航器主要研制单位等内容。

由于海战科技涉及专业领域多，学科跨度大，且受时间、信息来源以及分析研究能力所限，报告中难免存在错误和疏漏之处，敬请广大读者批评指正。

编者

2017 年 3 月

目　录

综合动向分析

2016 年海战领域科技发展综述 ……………………………………… 3

2016 年军用舰船总体技术发展综述 …………………………………… 14

2016 年舰船动力能源技术发展综述 …………………………………… 24

2016 年舰载武器技术发展综述 ………………………………………… 31

2016 年舰船防护技术发展综述 ………………………………………… 37

2016 年舰船电子信息技术发展综述 …………………………………… 44

2016 年水下战技术发展综述 …………………………………………… 57

2016 年两栖作战和海上特战装备技术发展综述 ……………………… 64

重要专题分析

美国海军发布系列科技战略规划 ……………………………………… 75

美国海军科学技术发展进入新阶段 …………………………………… 83

美国发布新版水下战科学技术战略／目标 …………………………… 91

美国海军陆战队发布新版作战概念 …………………………………… 96

美国水下战能力建设成果频现 ………………………………………… 101

美国海军实验室深入推进科技创新发展 …………………………………… 108

美国海军实验室运行与管理机制分析 …………………………………… 113

"弹射＋滑跃"组合式起飞技术体现俄航空母舰发展新思路 ………… 120

英国"无畏2050"水面舰概念拓展海上平台发展新思路 …………… 124

美国海军放弃近海战斗舰创新性设计概念 …………………………… 129

从俄罗斯新型多用途轻型护卫舰设计看未来护卫舰发展 …………… 134

美国首次采用"俘获空气腔技术"研制新型两栖登陆艇 …………… 144

新型可潜式无人水面艇技术 …………………………………………… 149

国外水下滑翔器技术现状及应用 ……………………………………… 154

美国海军首次利用潜射无人机中继联接潜艇和无人潜航器 ………… 167

美国海军验证无人水面艇集群的复杂任务能力 ……………………… 172

国外激光武器技术发展分析 …………………………………………… 179

美国海军构建反舰武器新体系 ………………………………………… 191

美国电磁导轨炮技术发展分析 ………………………………………… 198

美国海军"防空反导雷达"将提升水面舰艇防御能力 ……………… 206

水下探测技术发展分析 ………………………………………………… 211

美国海军智能化着舰系统完成研制试验 ……………………………… 216

DARPA 推进高效混合循环转子发动机研制 ………………………… 220

美国海军生物燃料技术即将进入大规模应用阶段 …………………… 224

海水制取燃油技术取得新突破 ………………………………………… 229

新型材料和结构有望大幅提升潜艇声隐身能力 ……………………… 235

美国潜艇声隐身超材料技术发展分析 ………………………………… 240

超疏水材料技术发展及军事应用前景 ………………………………… 246

附录

2016 年海战领域科技发展大事记 ·················· 257

美国海军科学与技术研究领域 ·················· 279

美国海军 2016 财年和 2017 财年科研经费预算情况 ·················· 284

国外无人潜航器主要研制单位 ·················· 285

ZONG HE

DONG XIANG FEN XI

综合动向分析

2016 年海战领域科技发展综述

2016 年，世界海战科技领域继续得到各国海军的普遍重视：舰船平台技术保持高热度发展，美、日等国新型舰船不断采用双体船、三体船等新船型，英、法等国相继推出"无畏 2050"、SMX 3.0 潜艇等新概念舰船设计方案；燃料电池技术发展速度加快，不断应用于潜艇和无人系统，美国海军继续使用和试验验证替代燃料，加速推进向实战装备的转化应用；信息获取、传输和利用技术取得新进展，新型防空反导雷达、无人系统组网探潜等技术取得突破，美国海军完成无人系统跨域协同技术验证，无人控制系统进展较快，网络空间对抗、电子战等技术发展热度不减；美国海军加紧构建远程反舰导弹体系，制导炮弹技术发展逐步成熟，电磁导轨炮、高能激光武器等新概念武器技术陆续取得重大进展；光学、声学等领域超材料取得较大进展，导航授时系统、水下导航等技术获得快速发展，将对未来海战产生重大影响。

一、舰船平台技术保持高热度发展，新概念舰船设计方案迭出

（一）新型舰船不断采用新船型

美国海军采用新船型的"朱姆沃尔特"级驱逐舰、近海战斗舰和远征

快速运输舰（原称联合高速船）陆续入役。2016 年 10 月 15 日，"朱姆沃尔特"级驱逐舰首舰"朱姆沃尔特"号服役。该级舰是目前世界上排水量最大的驱逐舰，采用内倾穿浪单体船型，大大增强了航行性能和隐身效果。近海战斗舰采用半滑行单体船型和铝制三体船型两种船型设计，特别是三体船型首次应用于 3000 吨级的主战舰艇。截至 2016 年 10 月，近海战斗舰计划采购 32 艘，已服役 6 艘。远征快速运输舰目前也有 7 艘入役，原计划采购 11 艘，2015 年将建造数量增至 12 艘。该型舰采用了双体船型，拥有良好的适航性，能在近海区域快速机动，可实现战区范围内舰到舰和舰到岸的快速输送。

日本、印尼等国也在积极发展三体船舰艇。日本始终重视多体船型的技术研发，先是在民船领域发展了 1000 吨级到万吨级系列双体船，然后在"音响"级小水线面水声监听船等军辅船上实现，近年来又加快了高速多体战斗舰艇的研发步伐，先后启动了 3000 吨级双体和三体战斗舰艇研制工作，特别是 2014 年与美国达成合作协议，将在六年内完成新型三体近海战斗舰的相关研究，并装备日本海上自卫队。印尼正在建造一艘 63 米级三体隐身快速导弹巡逻艇（FMPV），计划 2017 年左右交付，后续将采购 19 艘。这种采用现代穿浪型的三体船设计，不再被海浪抬升，而是"穿过"海浪，减小了舰艇的升沉和横摇，提高了武器平台的稳定性。

（二）新概念舰船设计方案相继推出

英、法等国积极推出新概念舰船设计方案。英国海军 2015 年推出的"无畏 2050"设计方案，就是一款面向 2050 年的新型水面主战舰艇设计。该型舰采用隐身穿浪三体船型，外形呈扁平多面体，上层建筑为简单的小型多面型椎柱，顶部搭载一架四旋翼无人机。舰体外壳采用有机玻璃，外涂石墨烯涂层，既可有效降低阻力，也能增强隐身性能。舰尾大型可伸缩式机库可搭载多架无人机，飞行甲板可供 2 架无人机同时起降作业，舰尾飞行甲板周围的上层建筑还可旋转，扩大舰尾空间，供有人直升机起降。舰尾还设置有井甲板，既可搭载两栖登陆装备，也能布放和回收无人潜航器。

2016 年 10 月，法国 DCNS 公司披露了 SMX 3.0 新概念潜艇设计方案。该型艇水下排水量 3000 吨，计划装备垂直发射系统，可发射导弹和水下无人系统。安装新型探测设备、数据管理系统等，具有更好的态势感知能力和网络对抗能力。艇体采用新涂层，具备更好的隐身性能，而且将配备第二代燃料电池 AIP 系统。

（三）集成桅杆得到广泛应用

上层建筑集成化越来越成为水面舰船设计的一种潮流。美国"朱姆沃尔特"级驱逐舰采用集成上层建筑，将桅杆进行了高度集成，实现了甲板室、烟囱、桅杆等所有上层建筑的一体化，使上层建筑极为简洁，减轻了电磁干扰。相比美国，俄、德等欧洲国家尚未掌握类似的先进技术，更多的采用综合桅杆技术，实现桅杆的封闭化，优化桅杆结构。德国海军 F125 级护卫舰也采用综合桅杆和内置集成式孔径天线，其首舰"巴登·符腾堡"号于 2016 年 4 月开始海试。俄罗斯 2016 年开始建造的 20386 型护卫舰和 20380 型、20385 型护卫舰一样，都采用了综合桅杆技术，但设计经过大幅改良，采用了"金字塔"形封闭综合桅杆，其桅杆顶部采用多面体结构，各个面均为倾斜设计，并且在各面相交处采用圆角过渡。

英、法等国新发展的护卫舰也多采用综合桅杆技术。英国正在研发的 26 型护卫舰与 45 型驱逐舰都采用综合桅杆设计。该型护卫舰已于 2016 年 4 月获得英国国防部 4.72 亿英镑的资金，用于详细设计和采购先期设备。法国海军 2016 年 10 月公布的新一代中型护卫舰（FTI）方案，也采用综合桅杆设计。

二、燃料电池技术发展加快，替代能源技术加速向实战装备转化应用

（一）燃料电池技术不断应用于潜艇和无人系统

除了德国已经将燃料电池 AIP 技术应用于 214 型先进常规潜艇外，俄罗斯也正在推进潜艇燃料电池 AIP 技术研发。俄罗斯正在为下一代常规潜艇研发燃油重整燃料电池技术，可在潜艇中以燃油为原料进行重整制氢。俄罗斯红宝石海上工程中央设计局已在 2015 年研发出了柴电潜艇 AIP 系统，使用重整柴油燃料电池，提高潜艇水下续航力。俄设计局透露，正在建造一型特殊的浮动设施，用于试验艇 AIP 系统。日本海上自卫队已经宣布，后 4 艘"苍龙"级潜艇动力系统计划采用先进的锂离子电池和柴油机组合，以替代目前使用的斯特林发动机，目前，日本第 7 艘"苍龙"级潜艇"仁龙"号已经服役，计划采购 11 艘。

无人系统也将采用燃料电池系统提高续航力。2016 年，通用原子公司完成锂离子容错电池的水下载具试验。这种锂离子容错电池目前可用于有人或无人潜航器，能够在水下实现 60 小时无故障运行。当单电池失效时，故障不会传递至相邻单电池，避免了整个电池组的不可控燃烧等故障问题。此外，美国海军研究实验室还完成了通用汽车公司燃料电池系统用于无人潜航器样机的试验。这种燃料电池借鉴了 Gen2 燃料电池的相关技术，Gen2 燃料电池寿期超过 10 年，使用 300 个电池堆栈，效率约为 40%。

（二）美国海军加速推进替代燃料技术实用化进程

美国海军即将大规模推广使用生物燃料。2016 年 1 月，美国海军开始

"大绿舰队"演习。这支"大绿舰队"主要由"斯坦尼斯"号航空母舰打击群组成，全部5艘水面舰艇均使用了10∶90配比的生物-化石混合燃料。这种生物燃料属于第二代生物燃料，以废弃动物油脂为原料，可有效降低成本。目前，美国海军生物燃料使用量已从2012年的45万加仑增加至776万加仑，占海军全部燃料年消耗量的0.62%；价格则从26美元/加仑降低至2.05美元/加仑，与化石燃料相当。

应用研究联盟（ARA）等公司的生物燃料进行了试验。2016年8月，美国海军水面战中心的自防御测试舰完成了ARA公司和雪佛龙—鲁姆斯公司两种替代燃料的最终阶段测试。其中，自防御测试舰添加了两种约3万加仑的替代燃料，进行了正常巡航，表明这些燃料可实现"滴入式"使用，而且总体性能与化石燃料相同甚至更优。9月，美国海军在帕塔克森特河的海军航空站，成功展示了一种先进生物燃料含量达到100%的燃油在EA-18G电子战飞机上的应用，结果表明EA-18G的飞行表现与使用JP-5航空燃油的飞机没有明显差别。

三、信息技术受到普遍关注，信息获取、传输和利用技术取得新进展

（一）信息获取技术不断推陈出新

美国海军防空反导雷达研制进展顺利，并开始研制双波段替代型雷达工程样机。2016年7月，美国海军首部AMDR-S雷达系统交付太平洋导弹靶场，标志着AMDR项目进入实弹测试阶段。美国海军正在开发的新型"企业对空监视雷达"，将替代双波段雷达，成为"肯尼迪"号航空母舰以及后续"福特"级航空母舰、LHA-88两栖攻击舰的体搜索雷达。2016

年，美国海军还授予美国"系统规划与分析"公司一份合同，用于开发舰载雷达和数字信号处理（DSP）技术，主要涉及 AN/SPY‒6 防空反导雷达、AN/SPQ‒9BX 潜望镜探测雷达、双波段雷达升级等项目，旨在提升水面舰船防御巡航导弹、弹道导弹、攻击机和潜艇威胁的能力，包括近海杂乱环境、复杂电磁环境中的抗干扰能力和超视距探测能力。

美国海军无人系统组网探潜技术取得突破。2016 年 5 月，美国国防高级研究计划局（DARPA）投资研发的分布式敏捷反潜系统完成"猎潜"子系统海试。分布式敏捷反潜系统目的是保护己方航空母舰打击群等高价值目标，手段是利用数十个无人潜航器组网，采取自下而上的探潜模式，能够在 6 千米潜深仰视 18 万千米^2 的海域，发现试图攻击己方航空母舰打击群等高价值目标的潜艇。此外，美国海军在 2016 年"无人战士"演习期间演示了"自主无人水面艇"先进的探潜能力。这种"自主无人水面艇"使用搭载有先进声学传感器的滑翔式无人艇，可有效利用波浪能，将波浪的上下起伏转化为前进的动力，具备超长的续航力。而且，"自主无人水面艇"能够与 P‒8A 反潜机协同或多个"自主无人水面艇"组网作战，有效探测安静型常规潜艇和 UUV。

（二）跨域信息协同技术完成验证

美国海军完成无人系统跨域信息协同技术验证。2016 年 8 月，美国海军在"年度海军技术演习"中，成功完成无人机、水面和水下无人系统跨域投放、通信和控制试验。虽然此次试验是在低威胁环境下依托现有成熟无人系统实现，但展现出良好的应用和发展前景。无人系统、技术及概念将进行整合，海上综合作战能力进一步提升。特别是无人系统将在建立跨域探测通信网络、实施海上打击、防御等任务中发挥重要作用。通过此次试验，美国海军进一步验证了无人系统跨域投放、态势感知、控制和协同通信能力，探索了一种全新的跨域控制和通信方式，为全面整合空中、水面和水下无人系统协同作战奠定了重要的基础。

（三）海军指挥控制系统发展平稳

美国海军"海上一体化火控—防空"（NIFC－CA）系统继续取得进展。2016 年 9 月，美国海军在新墨西哥州白沙靶场，使用 F－35B 多用途战斗机作为空中传感器节点，在"海上一体化火控—防空"框架下，首次与"宙斯盾"作战系统进行了协同远程防空拦截实弹验证并取得成功。该次试验成功，标志着美国海军"海上一体化火控—防空"系统改进计划取得了重大进展。"海上一体化火控—防空"系统是美国海军为实现远程交战和超地平线防空拦截，根据"网络中心战"概念，将"协同交战能力"（CEC）系统、E－2D 预警机、"宙斯盾"系统和"标准"－6 导弹等装备系统集成后所形成的分布式、网络化航空母舰编队防空作战体系。与之前的同类作战体系相比，NIFC－CA 在继承 CEC 系统的基础上，实现了对空传感器、指控系统和拦截武器的整合，使航空母舰编队中的"宙斯盾"舰首次实现对舰载雷达视界之外空中目标的超视距拦截。

无人控制系统进展较快。2016 年初，美国海军完成 LDUUV 无人潜航器通用控制系统软件的测试，表明该系统具备对"大排水量无人潜航器"进行指挥控制的能力，而且该系统还能够适应空中、水面、水下和地面的各类无人系统。2016 年，美国海军"卡尔·文森"号航空母舰安装了首套无人机控制中心，将用于操控目前还处于研发阶段的 MQ－XX 无人作战飞机。雷声公司和美国海军航空系统司令部已经完成 MQ－8"火力侦察兵"无人机先进任务控制系统研发，将部署在"科罗拉多"号近海战斗舰上，使其能够在近海区域获得可靠、灵活的任务指示。

（四）信息对抗技术发展热度不减

DARPA 将把"X 计划"首次交付美军。2016 年 6 月，DARPA 发布了"X 计划"的产品，美国网络空间司令部作战人员将首次在背靠背"网络卫士"和"网络旗帜"联合演习中使用该产品。据悉，"X 计划"最终将于2017 年正式移交给美国国防部和美国网络空间司令部。"X 计划"始于2012 年，旨在实现网络作战战场空间的可视化，研发网络空间作战平台，使国防部像进行陆海空作战那样计划、实施和评估网络空间作战行动。它将为网络空间内作战的人员打造首套通用性作战规划，使士兵可利用其设计的工作流程完成各项作战任务。

美国海军"水面电子战改进计划"（SEWIP）取得多项进展。2016 年 1 月，美国海军授出合同，全面升级 SEWIP Block Ⅰ B3 模块。4 月，美国海军研究办公室授出合同，开发"联合光电/红外监视响应系统"，开展SEWIP Block Ⅳ技术预研。5 月，SEWIP Block Ⅲ通过关键设计评审，转入工程研制阶段。10 月，美国海军授出合同，升级 SEWIP Block Ⅱ的天线和接收机，并改进接口配置。

四、舰载导弹技术不断发展，制导炮弹和新概念武器技术逐步成熟

（一）舰载导弹技术取得较大发展

美国海军积极拓展多型导弹反舰作战能力，打造分布式、网络化、超视距反舰导弹体系。2016 年 1 月，美国海军改装后的"标准"－6 导弹成功完成首次超视距打击靶舰的试验。该型导弹主要升级改造了控制软件系统，加装了 GPS 制导系统，具备了很强的反舰能力。2 月，美国海军启动

"战术战斧"对陆攻击巡航导弹改装计划,主要采用新型导引头技术,使其具备打击地面或海上移动目标的能力。7 月,舰射型"远程反舰导弹"成功进行第三次飞行试验。此外,美国陆军于 10 月明确提出,进一步拓展 LRPF 新型战术地地弹道导弹的反舰功能。

俄罗斯海军成功试射世界首款高超声速反舰巡航导弹。2016 年 3 月,俄罗斯海军利用陆基发射装置进行"锆石"新型高超声速反舰导弹试射。根据披露的消息,该导弹射程 300～400 千米,飞行马赫数 5～6。新型导弹完成测试后,将装备俄罗斯第五代攻击型核潜艇以及未来将要升级改造的"彼得大帝"号核动力巡洋舰。

(二)制导炮弹技术发展逐步成熟

美军不断推动制导炮弹技术发展。2016 年 3 月,美国国防部战略能力办公室启动"超高速火炮武器系统"项目,重点研究将"超高速制导炮弹"用于现役舰炮和陆军榴弹炮的防空反导。"超高速制导炮弹"于 2012 年由美国海军研究办公室启动研发工作,旨在为电磁导轨炮提供配弹,并兼顾大口径舰炮使用。该型炮弹采用低阻外形和模块化设计,通用性强,速度快,射程远,成本低。

2016 年 7 月,BAE 系统公司开始对 Mk295 Mod1 炮弹的制导系统和导引头进行系列测试。这种新型炮弹在 Mk295 Mod0 非制导炮弹基础上加装了制导模块,可在发射后自主搜寻并打击目标,能够用于应对小型舰艇集群攻击战术。

(三)新概念武器技术取得新突破

美国电磁导轨炮电力系统技术取得重大进展。2016 年 5 月,雷声公司开始向美国海军交付脉冲电源封装箱(PPC),进行下一步开发和测试。封装箱采用模块化的标准集装箱,包括多个脉冲电力模块。封装了大量电容器和可充电电池，每次放电功率 18 千瓦。多个脉冲电源封装箱组合之后，可满足电磁导轨炮发射时的电力需求。

高能激光武器技术取得新进步。2016 年 6 月，美国海军授出合同，由诺斯罗普·格鲁曼公司负责百千瓦级"固体高能激光武器验证系统"（LWSD）技术研发，以应对敌方攻击快艇、无人机、情报监视侦察系统。合同分三个阶段执行，第一阶段完成初始设计，第二阶段开展地面试验，第三阶段将在海军自防御试验舰上试验。诺斯罗普·格鲁曼公司将设计、生产、集成一套 150 千瓦级固体电激光武器系统并承担舰上试验保障工作。另外，德国于 2016 年 2 月在海军舰艇上完成了 10 千瓦级高能激光武器样机的联合试验，验证了样机对无人机、小型水面艇、地面静止目标的跟踪。

五、基础性前沿性技术得到快速发展，将对未来海战产生重大影响

（一）超材料纷纷取得较大进展

光学、声学等领域超材料发展迅速。2016 年 3 月，爱荷华州立大学成功研发一种新型复合材料，具有自然界没有的特性，能够伸缩和调谐。通过伸缩、弯曲聚合物"皮肤"，这种新型超材料可降低较宽频段的雷达波反射强度，能够利用几列的小型液态金属设备覆盖目标，实现雷达隐身。2016 年 5 月，丹麦工业大学（DTU）研制出声学超材料，可抑制声波反射，有望使潜艇不被声纳探测到。声学超材料具有改变声波反射路径甚至内部消耗的能力，到达该材料的声波不产生回波而实现隐身。8 月，美国密歇根理工大学的研究人员研制出新型的隐身超材料，能够用于制造太赫兹和可见光波段的"隐身斗篷"。其原理是通过设计光子晶体的周期结构，使照射

在物体表面的电磁波偏转,绕过物体传播,实现隐身。

(二) 导航授时系统获得快速发展

2016 年 4 月,美国加州大学洛杉矶分校研制出全球首个 CMOS 芯片级光频合成器,得到了稳定的克尔光梳,频率相对不确定度达到 2.7×10^{-16},将加速光钟的广泛应用,代替原子钟成为互联网、卫星通信等军民用设施及装备的授时工具,同时还可提高光学测距精度及通信速率。9 月,DARPA 授出合同,正式启动"高稳原子钟"(ACES)项目,总投入达 1391.7 万美元,旨在开发小体积、轻质、低功耗(SWaP)平台,提高频率和授时精度。这些便携式原子钟上电后,应在最短时间内完成校准,并在军事应用中维持一定的时间和频率精度。

(三) 水下导航技术发展得到重视

2016 年 5 月,DARPA 授予 BAE 系统公司"深海定位导航系统"项目第一阶段合同,BAE 系统公司将联合华盛顿大学、麻省理工学院、德克萨斯大学奥斯汀分校完成项目第一阶段研发工作。该技术可使潜艇、UUV 等水下平台不需定期上浮接收 GPS 信号就能获得连续高精度的导航信息,不仅降低了暴露自身的风险,而且能够更高效地执行情报、监视与侦察等作战任务。12 月,俄罗斯宣称其也在发展先进的水下导航技术,且在导航的同时能够完成信息传输,预计 2018 年完成该技术的演示验证工作。

(海军装备研究院　李红军)

2016 年军用舰船总体技术发展综述

2016 年，国外舰船总体技术领域继续保持稳步发展态势，采用新船型的舰艇项目进展顺利，三体船型方案相继出台。集成桅杆成为当前舰艇上层建筑的重要发展方向，除在建舰艇广泛应用外，国外新研舰艇也普遍采用该项技术。隐身技术一直是舰艇发展的重点，当前材料技术尤其是超材料技术成为了隐身领域的重要发展方向，将对未来舰艇隐身产生重大影响。负载技术成为舰艇技术发展较快的领域，因此相关搭载技术也成为舰艇技术的发展重点，其中负载控制、负载布放与回收、负载接口等技术是当前的发展热点。伴随着新原理、新技术的突破，国外也提出了多项新概念舰艇设计方案，不断推进新原理的应用和新技术的集成创新，引领舰船技术的发展方向。

一、应用新船型的舰艇取得进展，三体船型方案逐渐增多

新船型技术的应用使舰船具备了常规排水船型所不具备的一些特点，如高速性、隐身性、安全性、适航性等，从而突破了人们的传统认识，使舰船综合性能不断得到提升，因此受到各国广泛重视。

（一）美国应用新船型技术的舰艇纷纷取得进展

美国"朱姆沃尔特"级驱逐舰采用了内倾穿浪单体船型，首舰于 2016 年 10 月服役。2016 年 4 月，近海战斗舰签署 25、26 号舰建造合同。近海战斗舰采用了半滑行单体船型和铝制三体船型两种船型设计，其中三体船型是首次在这种排水量达 3000 吨级的主战舰艇上使用，近海战斗舰目前已服役 6 艘，7、8 号舰处于海试阶段，9～18 号舰正处于建造中，19～24 号舰处于先期建造阶段。5 月，美国奥斯塔公司获得第 12 艘远征快速运输舰（原称联合高速船）采购合同，该型舰采用穿浪双体船型，是未来美国海军战区物资运输的重要舰艇。美国海军原计划建造 11 艘，2015 年将建造数量增加至 12 艘，目前已服役 7 艘。

（二）多国选择发展三体船舰艇

2014 年 3 月 19 日，印度尼西亚海军部长称将从印尼北海船厂采购一艘 63 米级三体隐身快速导弹巡逻艇（FMPV）。该艇在 2012 年 9 月下水不久后发生火灾被毁。FMPV 采用现代"穿浪型"三体船设计，使得舰艇可"穿过"海浪，而不是被海浪抬升，这种设计减小了舰艇的升沉和横摇，提高了武器平台的稳定性，使舰艇可在恶劣海况下保持高航速、高舒适性和安全性。2014 年 3 月，日本与美国两国就联合研制执行近海监视任务的高速舰达成协议，将在未来六年内完成新型三体近海战斗舰的相关研究，并实现在日本海上自卫队中服役。2015 年 1 月，莫桑比克政府下令启用首艘"海鹰"43 三体海洋监察船，该船由法国 CMN 造船厂建造以满足海军和特种作战部队需求。

二、集成桅杆得到广泛应用，推动了上层建筑的优化

随着电子信息技术的发展，上层建筑上装备的各种电子系统越来越繁

多，造成了上层建筑外观凌乱，电磁干扰严重的现象。近年来，随着集成化技术的快速发展，上层建筑集成化越来越成为一种潮流。美国"朱姆沃尔特"级驱逐舰率先采用了集成上层建筑，不仅将桅杆进行了高度集成，而且实现了甲板室、烟囱、桅杆等所有上层建筑的一体化，使上层建筑极为简洁。同时英国、俄罗斯等国虽然未掌握美国这么先进的技术，但在新一代舰艇上广泛使用综合桅杆技术，实现了桅杆的封闭化，极大优化了桅杆结构。2016 年，集成桅杆继续在各类舰艇上获得广泛应用。

（一）多型应用综合桅杆的舰艇项目取得进展

2016 年，美国海军"圣·安东尼奥"级两栖船坞运输舰 10 号舰海试、11 号舰下水，共计划建造 12 艘，该舰采用棱柱型综合桅杆。2016 年 4 月，德国海军 F125 型护卫舰首舰"巴登·符腾堡"号（F222）开始海试。该型舰由德国 ARGE 财团设计和建造，德国海军订购了 4 艘用以取代 20 世纪 80 年代初期开始服役的 F122 型护卫舰。F125 型护卫舰排水量约 6800 吨，长 145 米，宽 18.4 米，吃水 5 米，采用综合桅杆设计。2016 年 10 月，俄罗斯 20386 型"果敢"号护卫舰首舰在北方造船厂开工建造，该型舰与 20380 型和 20385 型护卫舰采用相似的设计，应用了综合桅杆技术，但设计经过有效改进，船体和上层建筑大大减少了雷达反射面。俄罗斯 22350 型护卫舰则处于稳步建造中，该级舰上层建筑采用碳纤维，设计较为简洁，采用了"金字塔"形封闭综合桅杆，其桅杆顶部采用多面体结构，各个面均为倾斜设计，并且在各面相交处采用圆角过渡。

（二）新研舰艇多采用综合桅杆技术

2016 年 4 月，英国国防部宣布将为 26 型护卫舰项目提供 4.72 亿英镑资金，继续推进该项目的演示验证，开展详细设计工作，采购先期设备，该型舰继承了 45 型驱逐舰的设计特点，采用综合桅杆设计。10 月，法国海军公布新一代中型护卫舰（FTI）设计方案，该型护卫舰排水量 4250 吨，采用了特殊的"内倾型船首"设计，从其构想图可见，该型舰也采用综合桅杆设计。

（三）"弗吉尼亚"级核潜艇装备紧凑型光电桅杆

2016 年 3 月，美国海军计划为"弗吉尼亚"级核潜艇采购 16 部非穿透式光电桅杆，这是第 4 代低信号特征光电桅杆项目研发和制造的紧凑型光电桅杆。非穿透式低信号特征光电桅杆拥有流线形的外观，从而显著地降低了潜望镜的信号特征，使潜艇更不易被发现。

三、隐身材料技术得到快速发展，将对未来舰艇隐身产生重大影响

随着探测技术与远程打击技术的发展，获取作战优先权和主动权不仅需要先进探测技术，也需要拥有先进的隐身性能，降低己方舰艇被敌探测的距离。舰艇隐身手段多种多样，减振降噪、喷射降温等，近年来，隐身材料技术发展尤为迅速。

（一）声光电超材料纷纷取得进展

2016 年 3 月，爱荷华州立大学成功研发一种新的柔性、可伸缩、可调谐的"超皮肤"，可利用几列的小型液态金属设备覆盖目标，实现雷达隐身。"超皮肤"是一种复合材料，具有自然界没有的特性，可控制电磁波。通过伸缩、弯曲聚合物"皮肤"，可降低较宽频段的雷达波反射强度。实验表明，在 8~10 吉赫频率范围内，雷达波抑制效果可提升 75%。如果目标被"超皮肤"覆盖，可抑制任意入射方向的雷达波，应用于舰艇将大幅提升舰艇的雷达波隐身性能。2016 年 5 月，丹麦工业大学（DTU）研制出一

种新的材料，这种能抑制声波反射的材料称为声学超材料，有望使潜艇不被声纳探测到。声学超材料具有改变声波反射路径甚至内部消耗的能力，到达该材料的声波不产生回波从而实现隐身。目前，水下舰艇的探测手段主要集中在声纳或其他声学手段，潜艇一旦实现声隐身，将对未来水下战局势产生巨大影响。2016 年 8 月，美国密歇根理工大学的研究人员通过设计光子晶体的周期结构，制成太赫兹频段与可见光频段的隐身超材料，能用于制造"隐身斗篷"。"隐身斗篷"的原理是使照射在物体表面的电磁波偏转，绕过物体传播，并补偿不同路径产生的相位差。这种新型材料用于制造太赫兹和可见光波段的"隐身斗篷"，在国家安全和军事等领域具有巨大应用前景。

（二）复合材料隐身依然是舰艇隐身的重要领域

美国"朱姆沃尔特"级驱逐舰的复合材料上层建筑拥有很好的雷达波吸波功能，能有效提升舰艇的雷达波隐身性能。当前，俄罗斯第五代核潜艇计划研发新型声隐身复合材料以提升潜艇隐身性能，这种新型声隐身材料为多层复合材料，结构和组成将显著降低潜艇对声信号的反射。这种复合材料具有较高的内部损耗因子，敌方声纳将难以获取足够强度的声信号，同时该材料可有效吸收声信号，降低振动噪声传播。

四、负载搭载技术得到较为全面的发展，是舰艇拓展作战能力的重要手段

舰艇负载已成为装备发展的核心，其快速更新换代带动着舰艇作战能力的提升。当前，负载控制技术、负载布放与回收技术、负载接口技术等均在快速发展。

（一）负载控制技术开始研发或装舰，为负载上舰或上艇应用奠定基础

1. 美国海军授出潜艇负载控制系统研制合同

2016 年 2 月，美国海军海上系统司令部授予后裔系统公司价值 547 万美元的合同，将为 AN/BYG – 1 潜艇作战控制系统设计并编写负载控制系统（PCS）的软件部分，合同为期 5 年，预计 2021 年完成。负载控制系统是 AN/BYG – 1 潜艇作战控制系统集成的关键任务子系统，可控制全部现有和未来潜艇负载，包括鱼雷、水雷、"战斧"巡航导弹和模块化重型潜航器（MUHV）、无人潜航器、无人机系统及水下对抗装置等。

2. 首个无人机控制中心装舰

2016 年 4 月，美国海军首个无人机控制中心安装到"卡尔·文森"号航空母舰上。据美军方称，停靠于诺福克港的"艾森豪威尔"号航空母舰也将于 2017 年安装此控制中心。此控制中心将用于操控目前正研发的 MQ – XX 无人机。MQ – XX 是 X – 47B 测试定型后的产物，将在 2020 年中旬投入使用。该型无人机是美国海军首款舰载无人作战飞机，可执行空中加油和侦察等任务。这种无人机被设计用来替换部分用于空中加油的 F/A – 18E/F "超级大黄蜂"战机。该型无人机可使航空母舰编队获得额外的情报监视与侦察能力，这就意味着整个战斗群的作战性和灵活性将得到提升。

（二）研发负载布放与回收辅助技术，提升负载利用效率

1. 新型着舰辅助技术降低着舰难度

2016 年 6 月，美国海军完成航空母舰精确进近和回收的海上增强引导综合控制技术（"魔毯"）的测试，数据显示：在最后进近阶段，飞行员对飞行路径的修正次数从数百次降至个位数，在飞行甲板上的着舰位置也"显著"接近目标点。"魔毯"使飞行员能更直接、更简单地控制飞行路径，不用考虑调整滚转、航向、俯仰，增加和减少推力，极大降低着舰难度，提升着舰成功率。

2. 四旋翼无人机辅助舰艇布放回收小型固定翼无人机

2016 年，美国因西图公司研发出一种四旋翼无人机"闪光"，用于投放和回收由其制造的舰载"扫描鹰"小型无人机。此前，舰载"扫描鹰"无人机采用配有柴油发电机和空气压缩机的倾斜装置，以类似"弹弓"方式弹射；回收装置为吊车，由"扫描鹰"翼梢的钩子勾住吊车的缆绳完成回收。这套发射回收装置体积较大，导致"扫描鹰"无人机使用范围受到一定限制。用"闪光"无人机投放和回收无人机的方式更加便捷，出航时，"扫描鹰"将由"闪光"无人机携带至空中投放；回收时，"闪光"无人机在空中盘旋等待归航的"扫描鹰"，释放出缆绳，"扫描鹰"勾住缆绳后，被吊放在舰上。"闪光"四旋翼无人机将舰载无人机发射回收装置整合在一起，大幅节省了舰船局促的空间。还能在周围有障碍物的地面发射回收小型无人机。该公司正在努力将"闪光"向海军推销，计划 2017 年开始小批量初始生产并交付使用。

3. 金属热障涂层助力航空母舰舰载机起降

根据英媒 2016 年 5 月报道，英国企业已经开发出一种金属热障涂层，可保护英国"伊丽莎白女王"号航空母舰飞行甲板，使其能承受 F－35B 舰载机发动机的高温尾焰。该涂层含有铝和钛，能承受高达 1500℃ 的高温。这种特殊的金属热障涂层通过机器人喷涂的方式应用于"伊丽莎白女王"号航空母舰飞行甲板区域，具体方法是利用约 10000℃ 的等离子体加热金属粉末，熔化后的金属形成液滴铺展开并迅速固化，形成 2.5 毫米厚的涂层。在"伊丽莎白女王"号航空母舰 19000 米^2 飞行甲板中，约 2000 米^2 将涂覆这种涂层。

（三）负载接口技术快速发展，但也遭遇挫折

1. 美国积极研制潜艇负载接口技术

2015 年 6 月，美国海军授予通用动力公司"弗吉尼亚"级核潜艇通用负载模块（VPM）开发合同。该负载模块需要在"弗吉尼亚"级潜艇 Block IV 中部增加一个 28.7 米长的舱段，可安装 4 个大直径多联装导弹发射筒，而且每个发射筒都配置甲板舱口和连接器，可供特种部队使用。这将提高美国海军广泛运用未来武器、传感器、附属航行器及其他负载的能力。"弗吉尼亚"级潜艇加装 VPM 后可为作战管理中心腾出空间，使潜艇能够协同作战，作为特种作战部队、UUV 等作战力量的司令部，使其更加胜任未来作战模式中协同作战的角色①。为了提供巡航导弹核潜艇（SSGN）的多负载能力，美国通用动力电船公司为其研发了"通用发射与回收模块"，使巡航导弹核潜艇能在潜水状态下对水下网络、UUV 等有效负载进行装填、发射和回收。"通用发射与回收模块"封装在筒形结构的负载筒中，可以安装在导弹发射筒里，能够使负载的尺寸和种类达到最大，同时还可以降低负载发射与回收时对潜艇自身的影响。

2. 近海战斗舰任务包更换概念遭遇挫折

2016 年 9 月，美国海军宣布放弃近海战斗舰任务包轮换概念，所有舰艇只安装单一功能任务包。任务包轮换使舰艇可通过"即插即用"的方式实现不同作战功能，可大幅提升平台的作战适应性及可用性，但技术难度大，美国海军原计划 1～4 天内完成任务包更换，但实际上目前耗时达 12～29 天，快速转换作战能力的需求无法达成，因此弃用了该方案。在未来护

---

① Ronald O'Rourke, Navy Virginia (SSN – 774) Class Attack Submarine Procurement：Background and Issues for Congress, 2015.

卫舰发展方面，美国海军已明确采用多功能化设计方案，不再采用任务包轮换方式。

五、不断推出新概念舰艇设计方案，推动舰艇平台创新发展

国外正积极发展新概念舰艇设计方案，或应用新原理，或采用新的设计思路，或实现当前新技术的集成创新。

（一）开展新原理舰艇设计

2016年6月28日，美国海军资助宾夕法尼亚州立大学应用研究实验室研发潜艇超空泡技术。根据加利福尼亚理工学院2001年的报道，使用超空泡技术，可将跨大西洋巡航时间减少至1小时，跨太平洋巡航减少至100分钟。然而，超空泡技术会使潜艇航行更加颠簸，目前宾夕法尼亚州立大学应用研究实验室已经解决了该问题。

（二）推出新概念设计方案

2016年10月17日，法国DCNS公司披露了SMX 3.0新概念潜艇设计方案。该艇水下排水量3000吨，将装备垂直发射系统，可发射导弹和水下无人系统，从而扩展其作战能力。信息作战方面，具有更好的网络对抗能力；同时由于采用了新型数据管理系统，潜艇拥有更好的态势感知能力。艇体采用新涂层，具备更好的隐身性能。潜艇可配备DCNS发展的第二代燃料电池AIP推进系统。目前，该系统正在进行试制，并将通过陆上试验验证其安全性和通用性。2015年9月，英国海军公布了向民间征集的一款面向2050年的水面艇概念方案——"无畏2050"，方案采用全新外形，集成大量新技术，应用了创新性的无人机桅杆，体现了水面主战舰艇设计的一种全新思路。"无畏2050"长155米，宽37米，采用隐身穿浪三体船型，

外形呈扁平多面体，两侧片体尾部安装喷水推进器；舰体外壳采用有机玻璃，外涂石墨烯涂层，既可有效降低阻力，也能强化隐身性能。舰艇上层建筑为简单的小型多面型椎柱，具有较好的雷达隐身性能，最突出的创新是在上层建筑顶部停放一架四旋翼无人机。无人机装雷达等传感器和激光武器，平时停放在上层建筑顶端，工作时飞至指定高度，具备大范围态势感知能力，还可通过高能激光武器拦截来袭导弹和飞机。无人机与上层建筑之间用碳纳米管线缆连接，传输电力，传递信息。设计方案集成了当前正在发展的电磁炮、激光武器等新概念武器。舰艇首部安装一部隐身外形设计的电磁导轨炮，射程200千米。外舷侧装有导弹垂直发射装置，用于拦截来袭空中目标；装备定向能武器，拦截来袭小型水面舰艇；舰艇两侧片体内侧携带航速高达300节的超空泡鱼雷。舰尾的大型可伸缩式机库可搭载大量无人机，飞行甲板可供2架无人机同时起降作业，舰尾飞行甲板周围的上层建筑还可旋转，扩大舰尾空间，供有人直升机起降；舰尾还设计有井甲板，既可搭载两栖登陆装备，也能布放和回收无人潜航器。

（中国船舶重工集团公司第七一四研究所　柳正华）

2016 年舰船动力能源技术发展综述

2016 年，舰船动力与能源技术取得了一系列的进步。无人系统动力能源技术、舰艇替代燃料技术取得多项重大突破，传统舰船燃气轮机、核动力、不依赖空气推进（AIP）、电力系统技术和推进技术稳步发展，不断升级更新。用于无人潜航器的锂离子电池、燃料电池、水下充电等技术快速发展，即将应用；替代燃料技术进一步成熟，美国海军开始"大绿舰队"演习，多种生物燃油获得军方认证。

一、无人系统动力能源技术成为海上能源领域发展重点

无人系统动力能源技术是近年国外海上能源发展的重要方向，核心是通过提高能量密度、进行中继补给两种思路，进一步提高无人系统续航力，扩大部署范围。

（一）利用锂离子电池、燃料电池等高比能系统技术提高无人系统续航力，开展试验验证

2016 年 4 月，通用原子公司电磁系统分部宣布锂离子容错电池（LiFT）

已在特种作战司令部水下载具上成功完成了舰用试验。锂离子容错电池由美国海军水面战中心克雷恩分部集成，通过了德国劳埃德船级社认证，目前在水下使用锂离子电池可实现60小时无故障运行。通用原子公司锂离子容错电池系统可用于有人或无人潜航器，单电池失效时，故障不会传递至相邻单电池，避免了整个电池组的不可控燃烧等故障问题。7月，通用汽车公司、美国海军研究局等联合试验了海军下一代无人潜航器的燃料电池系统。美国海军希望LDUUV可以实现60天的续航力。美国海军研究实验室近期在水面战中心卡迪洛克分部水池中，完成了通用汽车公司燃料电池系统用于UUV样机的试验。通用汽车UUV燃料电池借鉴了Gen2燃料电池的相关技术，Gen2燃料电池寿期超过10年，使用300个电池堆栈，效率约为40%；采用金属储氢罐，压力约700个大气压，约储存6.2千克氢气，可在3分钟内充满，总储能量为207千瓦时。

（二）开始研发无人系统中继补给技术，不断扩大活动范围

一是利用无人艇、充气囊等为无人水面艇补给燃油。2016年6月，美国海军研究局发布了一项招标书，希望利用无人系统对无人系统进行能源补给和数据交互。招标书主要是针对舰队级的无人水面艇，能源补给平台可以是其他无人水面艇、驳船、小型舰艇、充气囊或其他平台。两艘无人水面艇可自动安排补给顺序，操作者只需监视能源补给平台即可。为节约时间，无人水面艇可同时进行能源补给和数据传输。

二是在水下建设大量充电站，为无人潜航器进行中继充电。"前沿部署能源与通信基地"项目用于研发为UUV水下充电并提供数据中继的系统技术。2016年9月，SCALABLE网络技术公司宣布，美国海军将选用该公司的Exata模拟软件支持"前沿部署能源与通信基地"（FDECO）创新性海军样机项目。该公司主要业务是无线网络设计与优化设计工具，将支持"前沿部署能源与通信基地"的海底网络架构建模、结构管理、网络操作与任务计划。Exata 软件将模拟声学、光学和射频通信，帮助分析和评估网络性能和可恢复性。"前沿部署能源与通信基地"项目设想在 3000 米左右深度的海底布设一定数量的能源补给点，这些补给点的连线可绵延数百千米。潜航器在这条线执行任务时，就如同汽车在高速公路上行驶，能源补给点则如同高速公路上的加油站，潜航器可以在补给点补充能源并中转数据，保障了水下长航时、远航程作业。

二、加速替代燃料技术的实用化

近年，国外为提高作战能源安全，大力发展海上替代燃料技术，利用动物废脂、海藻油等为原料制备生物燃料，并与化石燃油以一定比例混合形成替代燃料。

（一）美国开始"大绿舰队"演习，替代燃料成本已降低至与化石燃油相当

2016 年 1 月，美国海军在北岛航空站举行"大绿舰队"部署仪式，"斯坦尼斯"号航空母舰打击群中全部 5 艘水面舰艇均使用了 10∶90 配比的生物—化石混合燃料。生物燃料使用量已从 2012 年的 45 万加仑增加至 776 万加仑，占海军全部燃料年消耗量的 0.62%；价格则从 26 美元/加仑降低至 2.05 美元/加仑，与化石燃料相当。这标志生物燃料开始大规模、普遍用于海军舰艇。为了降低成本，"大绿舰队"使用了以废弃动物油脂为原料的第二代生物燃料。生物燃料由 AltAir 公司提供，使用霍尼韦尔 UOP 公司的"可再生航空燃料精炼"工艺。该工艺由美国国防高级研究计划局在 2007 年资助研发，采用目前已经成熟的酯和脂肪酸加氢技术，可利用化石燃料

脱硫时的加氢工艺和设备，在催化剂作用下，经脱氧加氢、异构、分离等工艺，将废弃植物或动物油脂与氢气合成生物燃料。

（二）ARA 等公司生物燃料在自防御试验舰、EA–18G"咆哮者"上进行试验，通过军用标准检验，即将更大规模应用

2016 年 8 月，美国海军水面战中心怀尼米港分部的自防御试验舰完成了应用研究联盟（ARA）公司和雪佛龙—鲁姆斯公司两种替代燃料的最终阶段测试。试验的目标主要有两个，一是验证这些燃料可实现"滴入式"使用；二是确保替代燃料与现用化石燃料性能相同甚至更好。自防御试验舰航至圣迭戈，添加了两种约 3 万加仑的替代燃料，随后开始正常巡航。本次测试是美国海军 MIL-SPEC 认证项目的一部分。9 月，美国海军在帕塔克森特河的海军航空站，一种先进生物燃料含量达到 100% 的燃油，成功展示了在 EA–18G 电子战飞机上的应用。位于大西洋靶场的美国海军空战中心飞机分部（NAWCD）的实时无线电处理系统（RTPS）给出的测量结果表明，此次使用先进生物燃料含量 100% 燃油的飞机表现，与使用 JP–5 航空汽油的飞机表现没有明显差别。

三、持续推进舰艇电力系统技术发展

国外舰艇电力系统技术发展平稳，美国海军继续推进中压交流电力系统技术研发。2016 年 1 月，海上系统司令部宣布授予 RCT 电力系统公司 1240 万美元合同，将为 4160V/60Hz 舰上交流配电系统研发、建造、试验双向电力转换模块。双向电力转换模块可把舰上蓄电池组或飞轮储能系统与舰上电力负载相连接，用于未来舰艇下一代综合电力系统，为大功率探测装备、高能武器上舰做准备。此外，RCT 电力系统公司将为电力转换模块研发、分析、设计、试验相关储能系统。

2016 年 2 月，波音公司已向美国海军交付一套再生型燃料电池储能系统用于试验。该系统历经 16 个月研发，本次试验将验证其为军、民陆上设施供电的能力。系统首次应用了再生型固体氧化物燃料电池技术，利用可再生能源（如风能、太阳能等）发电，实现清洁、零排放。该系统可产生、压缩和储存氢气。电网电力不足时，系统作为一型燃料电池，消耗储氢发电。

四、稳步发展潜艇 AIP 系统技术，重点发展燃料电池

俄罗斯继续推进潜艇不依赖空气推进（AIP）系统技术研发。燃料电池 AIP 是常规潜艇动力的重要发展方向，俄罗斯正在为其下一代常规潜艇研发燃油重整燃料电池技术，可在潜艇中以燃油为原料进行重整制氢。俄罗斯红宝石海上工程中央设计局已在 2015 年研发出了柴电潜艇的不依赖空气推进系统，使用重整柴油燃料电池，提高潜艇水下续航力。2016 年 7 月，俄罗斯设计局透露，正在建造一型特殊的浮动设施，用于试验艇上 AIP 系统。

印度则放弃在"鲉鱼"级潜艇上安装其国产 AIP 系统。2016 年 11 月，印度海军称，由于技术尚不成熟，决定放弃在最后两艘"鲉鱼"级潜艇上安装国产不依赖空气推进（AIP）系统的计划。"鲉鱼"级潜艇由法国设计，首艇"卡尔瓦里"号于 2006 年开工，原计划 2012 年 3 月交付，但延迟到 2015 年 4 月才下水。该级潜艇的最后两艘印度计划在法国帮助下自行建造，并安装自主研制的 AIP 系统。

五、舰船燃气轮机技术稳步发展，俄加快燃气轮机国产化

2016 年 2 月，罗尔斯·罗伊斯公司完成了皇家海军 26 型全球战斗舰

首台 MT-30 燃气轮机的工厂验收试验，在布里斯托尔举行相关仪式，达到了该舰的建造里程碑。试验过程中，燃气轮机接受了为期一周的严格性能试验。

2016 年 10 月，俄罗斯联合发动机制造集团下属的雷宾斯克"土星"科研生产公司完成舰船用燃气轮机试验平台的建造工作。动力装置总成测试是燃气轮机生产试验过程中必要且重要的环节，以前这项工作只能在乌克兰的尼古拉耶夫进行。未来俄罗斯将实现独立完成燃气轮机的整个生产测试链，彻底摆脱对乌克兰的依赖。舰船用燃气轮机的建造在近几年将成为"土星"公司重要的营业收入。

六、浮动核电站等海上核动力技术进一步成熟

国外持续推进海上核动力技术发展。俄罗斯正在建设世界首个浮动核电站，并将开展第一艘核动力破冰船的退役工作。

2016 年 3 月，俄罗斯批准原子能公司 2016—2018 年投资计划，打算在未来 3 年投资 112 亿卢布，用于建设小型浮动核电站（FNPP）及其附属基础设施，整个 FNPP 项目建设经费将达到 374 亿卢布。浮动核电站的调试工作将于 2019 年正式开始。

七、舰艇推进技术不断进步，机电混合推进加速应用

2016 年 1 月，DRS 技术公司宣布向韩国海军未来 FFX-II 多功能护卫舰交付第一台机电混合动力系统。目前，韩国海军计划建造 8 艘 FFX-II 多功能护卫舰。第一艘护卫舰由韩国大宇造船与海洋工程公司设计并建造。

FFX-II多功能护卫舰主要用于替代韩国海军老旧的护卫舰和驱逐舰，并拥有更强的作战能力。FFX-II多功能护卫舰应用机电混合推进系统，推进效率高，同时噪声较小。DRS机电混合系统在尺寸、重量和功率等方面较传统技术均有较大的优势，同时相同电流下的扭矩也远高于传统系统。该系统将促进舰艇主机室的灵活设计，并有助于增加货仓容积，可靠性和耐久性均较好。

2016年6月，美国海军将"弗吉尼亚"级潜艇Block IV型的推进轴材料换成625合金，以降低其总成本。625合金是一种耐腐蚀性能良好但难以加工的镍基合金。为降低对成本和生产进度的影响，海军金属加工中心（NMC）调研了新型加工工具，冷却技术和其他改进工艺。NMC先进行了小尺寸的测试，并制定了一套初步工艺，包括焊帽移除、粗加工、精加工等，然后开展大量试验以得到最优的工艺参数。考虑每种工具的使用寿命和更换时间，与传统加工工艺相比，优化后工艺（包括工具、深度、速度和补给参数等）的加工效率提升2~3倍。此后，在更大尺寸进行了优化工艺的验证。此外，通过实验证明利用新工艺可实现625合金内螺纹的车削，且成本和质量上都有一定改善。这种新工艺将提高625合金推进轴的生产率，降低生产成本。初步估计，625合金的加工时间和成本将是HY钢的3倍。通过采用更有效的加工工艺，未来5年有望节省600万美元。通过将关键加工时间缩短大约150天，新工艺将大幅降低组件生产滞后，舰船交付延期导致成本以8.5万美元/天的速度增加的风险。

（中国船舶重工集团公司第七一四研究所　马晓晨）

2016 年舰载武器技术发展综述

2016 年，主要海军强国稳步推进舰炮装备技术发展；美国反舰导弹武器技术发展呈现新态势，推动武器装备性能发生变革性改变；鱼雷技术发展平稳；高能武器取得新进展。

一、美国推进舰炮炮弹精确制导技术发展

（一）美国舰炮制导炮弹技术取得突破，提高应对集群小艇能力

2016 年 7 月，BAE 系统公司开始对 Mk295 Mod1 炮弹的制导系统和导引头进行系列测试。Mk295 Mod1 在"快速攻击艇打击武器"项目下研制，在 Mk295 Mod0 非制导炮弹基础上加装了制导模块，用于应对小型舰艇集群攻击战术。

Mk295 Mod1 型制导炮弹加装了 4 片鸭式舵和一个多模成像导引头，有激光半主动和自寻的两种制导模式。采用半主动制导模式时，可由舰艇、直升机、无人机提供目标指示；采用自寻的制导模式时，操作人员在发射前向 Mod1 型制导炮弹内的弹载存储芯片上传目标信息，炮弹在发射后会自

主搜寻并打击目标。

BAE系统公司还在为Mk295研制多种非动能毁伤载荷，包括可干扰飞机和部分巡航导弹的电子战干扰器、可探雷的磁传感器、可根据敌方舰船动力系统信号探知目标的声传感器等。BAE系统公司未来还计划为Mk295换装钝感炸药装药以及毁伤威力可调战斗部。

（二）美推进"超高速制导炮弹"技术成熟

2016年3月，美国国防部战略能力办公室根据"第三次抵消战略"，启动"超高速火炮武器系统"项目，研究重点是将"超高速制导炮弹"用于现役舰炮和陆军榴弹炮的防空反导，并为此在2017财年预算中申请了2.46亿美元经费，计划于2017年开始实弹实靶射击试验。2012年，美国海军研究局在"电磁导轨炮创新性样机"项目下，启动了超高速制导炮弹的研发工作，主旨是为电磁导轨炮提供配弹，并兼顾大口径舰炮使用。

从当前设计方案看，"超高速制导炮弹"具有以下技术特点：一是采用低阻外形设计，由电磁导轨炮发射初速可达马赫数7，最大射程185千米；由127毫米舰炮发射初速为马赫数3，是常规炮弹的2倍。二是采用模块化设计，通用性强，是首型可由不同口径、不同机理火炮发射的制导炮弹。三是成本低，不带火箭发动机，单价约2.5万~5万美元；用于防空时，成本约是"改进型海麻雀"导弹的3%；在对陆打击和火力压制方面，成本不足海军"远程对陆攻击炮弹"的6%，约是陆军"神剑"炮弹的30%。

二、美俄印积极推进舰载导弹技术发展

（一）美国全面推进反舰导弹技术发展

2016年，美国反舰导弹技术取得多项突破，推动反舰武器装备发生变革性改变，有望改变目前反舰导弹型号单一，性能相对落后的局面，形成型号多样、性能领先的新型反舰导弹装备体系。

1. 远程反舰导弹完成"超级大黄蜂"机载适配性试验

2016 年初，远程反舰导弹完成了首次"超级大黄蜂"机载适配性试验，计划从 2018 年开始机载试射。目前，远程反舰导弹已进行了多次飞行试验，证明了可利用通用 Mk114 助推器由 Mk41 发射装置发射，典型试验有两次，一次是助推试验，另一次是受控飞行试验，两次试验均在白沙导弹靶场完成。

2. 通过软硬件技术升级使"标准" – 6 导弹具备反舰能力

2016 年 2 月，美国国防部长首次公开了"标准" – 6 的反舰能力计划，3 月，改进后的"标准" – 6 导弹成功击中 5 个目标，并刷新了射程记录。根据美国海军透露的情况，本次对"标准" – 6 导弹的控制软件系统进行了升级改进，并为导弹加装了 GPS 制导系统。改进后的"标准" – 6 导弹具备超声速远程反舰能力，将装备驱逐舰和巡洋舰。

3. 雷声公司突破"战斧"Block Ⅳ 新型导引头技术

2016 年 1 月，雷声公司成功完成新型"战斧"Block Ⅳ 主动雷达导引头的搭载飞行试验。试验中，由 T – 39 试验飞机搭载改进型"战斧"导弹制导系统。新型导引头采用了模块化多模处理器，使"战斧"导弹具备打击地面或海上移动目标的能力。据美国海军 2017 财年预算申请显示，5 年内将耗资 43.4 亿美元，升级 245 枚"战斧"Block Ⅳ；从 2021 年开始，逐步列装所有水面舰艇。此外，反舰型"战斧"导弹还将填补潜射型"鱼叉"导弹退役后的空白。

（二）俄积极推进高超声速反舰导弹技术发展

俄罗斯海军"彼得大帝"号核动力巡洋舰目前主要装备有"花岗岩"

超声速反舰导弹和"里夫"舰空导弹系统。据俄媒体报道，该舰将在2019—2022年间的升级改造中换装新一代的3M22型"锆石"高超声速反舰导弹。升级工作将在2019年第三或第四季度启动，升级工作在2022年底前完成。"锆石"高超声速反舰导弹射程可达400千米，速度可达马赫数5以上。

三、水中兵器在高空投放技术与制导控制技术方面取得新的进展

（一）美国展出鱼雷弹翼适配技术

2016年5月，波音公司在美国海军海空天展会上展出最新型高空投放反潜鱼雷。该雷是在现役Mk54轻型鱼雷上加装滑翔制导组件而成，可由海军P-8A"海神"反潜机携带投放，鱼雷接近水面后，滑翔组件脱落，降落伞打开，鱼雷减速后入水；入水后，动力系统启动工作，推进鱼雷朝向目标航行。该雷可使P-8A巡逻机在高空、远距离外跟踪、摧毁敌方潜艇，攻击高度超过9000米。波音公司计划在2017年为海军P-8A反潜巡逻机配备这种武器。

（二）美国升级Mk48 Mod7 CBASS鱼雷制导与控制技术

2016年5月，美国海军与洛克希德·马丁公司签署总价7280万美元的合同，用于升级与采购Mk48 Mod7 CBASS（通用宽带先进声纳系统）鱼雷制导与控制段。洛克希德·马丁公司还将提供Mk48 Mod7 CBASS鱼雷的升级套件、测试设备、备件、产品耗材、技术支持及硬件维修等，合同额可增加到4.25亿美元，相关工作预计2019年12月完成。

Mk48 Mod7 CBASS鱼雷是美国海军与澳大利亚海军联合研发的反舰/反

潜武器，可在恶劣浅水环境中对抗潜艇。该雷长 5.8 米，重 1676 千克，最大工作深度 365 米，最大航速约 55 节，装药量 292.5 千克，采用奥托 - Ⅱ燃料。鱼雷采用主动或被动自导方式，具有宽带发射和接收能力，采用宽带信号处理技术可改进鱼雷的搜索、跟踪和攻击能力；能有效对抗近海活动的安静型潜艇、高航速大潜深潜艇、高性能水面舰艇等目标。

四、新概念武器发展取得新的突破

（一）电磁导轨炮电力系统技术取得重大突破

2016 年 1 月，美国海军海上系统司令部与 L - 3 通信公司签署价值 710 万美元的合同，由后者研发 4 个用于电磁导轨炮脉冲电源的集装箱式储能及充电系统，用于海军电磁导轨炮样炮的演示验证。

2016 年 5 月，雷声公司开始向美国海军交付脉冲电源封装箱，进行下一步开发和测试。

（二）高能激光武器技术取得新进步

1. 诺斯罗普·格鲁曼公司研发百千瓦级高能舰载激光武器技术

2016 年 6 月，美国海军宣布正与诺斯罗普·格鲁曼公司联合执行一项为期 3 年的合同，开展"固体高能激光武器验证系统"（LWSD）技术研发，以应对敌方攻击快艇、无人机、情报监视侦察系统。合同初始金额为 5300 万美元，用来支持未来 12 个月的各项工作。LWSD 是美国海军舰载激光武器计划的延伸项目，将基于海军的 AN/SEQ - 3（XN - 1）"激光武器系统"的技术研制，采用多频谱目标探测和跟踪技术，以及先进的离轴光束定向器和改进的光纤激光器技术，可在更远距离上对抗目标。诺斯罗普·格鲁曼公司将在激光功率、光束质量、光学路径、发射周期和机械可维护性之间等寻找最佳的平衡点，全面提升激光武器的致命性、集成度、持续作战能力和可靠性。

合同分三个阶段执行，第一阶段完成初始设计，第二阶段开展地面试验，第三阶段将在海军自防御试验舰上试验。诺斯罗普·格鲁曼公司将设计、生产、集成一套150千瓦级固体电激光武器系统并承担舰上试验保障工作。

2. 德国完成海上高能激光武器系统测试

2016年2月，莱茵金属公司和德国国防军在德国海军舰艇上完成了高能激光武器样机的联合试验。激光武器样机安装在MLG27轻型舰炮炮座上，输出功率为10千瓦，用于测试海洋环境下的技术效能。试验期间，样机完成了对无人机、小型水面艇、地面静止目标的跟踪，试验结果将对未来研发海军用高能激光武器产生重要影响。MLG27舰炮集成有光电传感器，包括电视摄像机、热成像仪、激光测距仪、倾斜传感器、稳定镜系统、视频跟踪系统等，可自主或通过人工控制跟踪目标。

（中国船舶重工集团公司第七一四研究所　白旭尧）

2016 年舰船防护技术发展综述

现代水面舰船面临着日益严重的威胁环境，加强舰船防护技术研究已成为今后新型舰船研究的一个重要方向。2016 年，世界舰船防护技术保持快速发展态势，尤其在新型舰船设计、舰船防护材料以及舰船网络防护三方面取得了跨越式进展。美国海军不仅发展新一代的舰船隐身及防火材料，还积极开发舰载网络防护系统，大幅提升舰船防护能力。俄、英两国则通过新型水面舰船设计提升舰船防护能力。其他国家也在舰船材料方面开展了一系列的研发工作。

一、各国积极设计新型水面舰船，不断提升舰船防护能力

现代舰船在设计时不仅要考虑船体结构、船舶装置、保障系统、动力系统、电力系统、作战系统，还必须考虑把各类复杂的装备和分系统安装在受到种种条件约束的舰船中去。同时，设计时不但要使用新型的设计技术来提升舰船的防护能力，还要考虑到舰船的采购及建造成本。

2016 年，在舰船设计方面，舰船防护技术主要体现在上层建筑的隐身

性以及新型多功能护卫舰防护能力的提升。

在水面舰艇的隐身设计上，一般采取改变舰体设计和上层建筑形状的方式来降低雷达反射截面（RCS）值，例如对舷侧采用倾斜设计，避免与水面相互垂直，使雷达波异向反射，以减小回波的反射能量；上层建筑四周及相邻连接处避免直角，尽量采用圆弧过渡，防止产生尖角绕射，外露面积尽量减小等。目前在隐身上最为前卫的设计是美国海军"朱姆沃尔特"级驱逐舰。该舰于 2016 年 10 月 15 日正式在美国海军服役，其采用先进而全面的隐身设计，舰面上只有一个单一的全封闭式船楼结构，整个结构与上面的天线设计都由雷声公司负责。该结构是一体型的模块化结构，采用质量小、强度高、雷达反射性低且不会锈蚀的复合材料制造，整体造型由下往上向内收缩以降低雷达反射截面，其在雷达上显示的目标大小仅相当于一艘小渔船，隐蔽性极强。

2016 年 7 月，BAE 系统公司公布了"弯刀"级和"复仇者"级通用护卫舰概念设计。"弯刀"级护卫舰拥有完全的核生化防护能力，而"复仇者"级护卫舰虽然不具备完全的核生化防护能力，但提出了"避难所"概念，可使舰员在短期内躲避核生化攻击。同年，英国 BMT 防御系统公司推出"狩猎者"－110 型通用护卫舰的改进型。其在考虑舰船抗沉性方面，提出了以下几种设计方案：采用单机舱和单发电机舱，无冗余设备，不提供舱室损失冗余；分离的机舱布置，将动力和推进分别布置，为一舱进水或遭遇火灾情况提供冗余性，但是如果相邻的舱壁出现破裂则无冗余性；分离的机舱布置并且在舱室间设置防护型舱壁，为一舱进水或遭遇火灾情况提供冗余性，同时对断裂和小型武器威胁具有有限冗余能力；分离的机舱布置且至少一舱隔离，在进水、火灾和武器损坏时提供冗余性。以上方案对于舰船的防护性有着不同的影响，具体的设计方案还要根据英国海军的要求来定。

二、各国研发新型材料，助力舰船防护能力提升

（一）隐身材料

随着现代探测设备和武器（导弹、鱼雷、水雷）向高精度、远距离发展，舰船的暴露和被命中概率大幅提升，生存力和战斗力和受到严重威胁，为了对付这种现实的威胁，各国海军正在加紧发展舰船隐身技术，它通过改变自身物理场，以降低被敌方发现和被精确制导武器命中的概率。舰船隐身的目的就是减少和控制舰船被敌方探测的目标特征，从而降低敌方的探测距离和概率。而隐身材料是实现舰船隐身的物质基础。舰艇使用隐身材料之后，可以大大降低自身的信号特征，从而提高生存能力。目前，隐身技术和隐身材料的研究正在朝着薄、轻、宽和强等四个方向发展。隐身材料按照形态可以划分为隐身涂层材料和隐身结构材料，按照频谱划分可以分为声隐身材料、雷达隐身材料、红外隐身材料、可见光隐身材料、激光隐身材料和多波段兼容性隐身材料。2016 年，美、俄两国在声隐身材料方面都取得了跨越式的进展。

2016 年 6 月，美国海军声称其新型"弗吉尼亚"级攻击潜艇拥有先进的声学优势功能，使其成为首屈一指的核潜艇。美国海军官员表示，该核潜艇的很多创新细节都是秘密的，包括该核潜艇装备的大型垂直阵列、静噪技术以及新型涂层材料等。

2016 年 3 月，俄罗斯克雷洛夫国家研究中心顾问表示，俄罗斯第五代核潜艇将使用声隐身复合材料防止被敌方探测系统发现。该声隐身材料为多层复合材料，其结构和组成将显著降低潜艇对声纳信号的反射，实现有

效减振降噪等。该复合材料具有较高的内部损耗因子，敌方声纳将难以获取足够强度的声信号，其还可以有效吸收声信号，降低振动噪声的传播。同时，该复合材料可以降低潜艇结构的质量，提高可靠性、耐腐蚀、无需再次涂覆防腐涂层以及可减少运行维护成本。新型复合材料目前已开展试验，第一个使用这种复合材料的螺旋桨将于2018年进行海试。

除了美、俄在声隐身材料方面取得进展外，丹麦工业大学（DTU）也联合多所大学共同研制一种新材料，其有望使潜艇不被声纳探测到。这种能够抑制声波反射的材料被称为声学超材料，声学超材料具有改变声波反射路径的能力，例如到达该材料的声波不产生回波而实现隐身。这意味着它可能吸收而不是反射声波，因此使物体实现声隐身。

（二）其他防护材料

除了舰船隐身材料的发展，提高舰船综合防腐蚀、防海生物污染、防火等性能的材料也在不断发展中，研发和应用舰船防护材料技术，可以提高舰船的综合防腐蚀、防海生物污染、防火等性能，进而提高舰船的航行性能、使用寿命，降低维护费用等，具有重要的意义，故而受到各濒海国家的高度重视。现阶段各国正以环保、延寿为重点，持续开展舰船防护材料技术的研发与应用。

未来防护材料技术的主要发展趋势有以下四点：

（1）以高性能防护材料（如金属合金、纳米材料、生物仿生材料等）替代单一防护功能材料为发展方向，力争一材多用，一材足用。

（2）舰艇易腐蚀和污损部位（如海水管系、上层建筑、紧固件、液舱等）的腐蚀和污损特性、机理及涂层防护技术的研究，有的放矢、因地制宜、因材施用地解决不同部位的防护难题。

（3）鉴于适应新的国际海洋法的需求，以及海洋环境污染的严峻形势，在防护材料技术的发展过程中，加强防护性能的同时，以追求环保、经济性为重要指标。

（4）注重防滑、耐高温密封、防火、舱室高性能环保性装饰等舰船特殊材料技术的研发和应用等。

2016 年 4 月，美国海军与 Evolva 公司宣布已达成一项有限合作研究与开发协议（CRADA），双方将联合开发下一代舰船防火材料。根据协议，Evolva 公司将与美国海军合作开发、验证和商业化新型轻质防火复合材料，以降低火灾引起的伤害或损失。这种先进的防火材料将可用于飞机、舰船、装甲车辆以及建筑物。

这种复合材料基于一种可工业化生产的分子，利用先进的生物技术和发酵工艺，然后再用标准的制造技术进行聚合和成形。该项目有望为美国海军研制出下一代防火复合材料，比铝更轻但强度更大。此外，这种材料所需的资源更易获得，成本更低。

三、美国海军正在积极开发舰载系统的网络感知与防护工具

随着信息技术和网络技术的快速发展，网络空间将成为各国海军依赖程度越来越高且不可或缺的信息空间。由于网络空间具有易攻难防的特点，黑客、计算机病毒、逻辑炸弹、预置后门、恶意软件等使网络安全问题日益突出。几乎是任何人在任何时间、任何地点依靠一台计算机和一根网线就可以发动网络攻击，且其攻击效果不受时间和地点的影响，具有瞬间到达的特性，一旦成功，将对敌方军事系统造成极大的破坏。所以，世界各国不论其技术强弱，都极易遭受网络攻击。美国和俄罗斯每年都会遭受数百万次针对政府和军事部门的网络攻击，经济损失达数百亿美元。

鉴于网络空间在国家安全中的重要地位，网络作战力量将成为未来夺取网络优势、剥夺敌方网络优势、主导全维作战行动的重要力量。各军事强国纷纷组建网络空间作战力量：美国成立网络空间司令部、组建网络空间作战部队、建设"国家网络靶场"、策划"网络风暴"系列演习；英国宣扬"网络主权"意识；日本强调"信息安全是综合安保体系的核心"；韩国成立网络空间司令部；英、德等国大量招募网络精英；俄罗斯加强网络空间作战能力，提出了建设一支攻防兼备的网络空间作战力量，构建网络空间威慑力量等要求，并已将网络空间作战推进到实战化阶段。网络空间的竞争日趋激烈。

2015 年 9 月，美国海军提出发展柔性船体、机械和电气安全（RHIMES）系统，该系统旨在确保舰载机械及电气控制系统在遭受网络攻击后可快速恢复。RHIMES 的目标是保障美国海军在遭受网络攻击下的作战能力，不仅将保护舰载物理系统，还会在美国国家物理基础设施保护中起到重要作用。RHIMES 将保护的舰载系统包括损管、消防、锚定、气象监测、电力、液压、舵机、动力等系统，几乎遍布整个船体。RHIMES 与之前的安全系统不一样，它凭借网络柔性技术引入系统多样性，可立刻终止所有种类的网络攻击。绝大多数物理控制器具有冗余备份，可存储核心代码，在控制器发生故障时维持系统运行。但是，如果程序中不考虑多样性，很容易感染相同的病毒。其实，所有的控制器可使用一套代码，但 RHIMES 对每个控制器的程序做了微小改动，引入多样性。黑客必须针对每一个控制器设计不同的网络攻击方法。

2015 年 11 月，美国海军海上系统司令部（NAVSEA）宣布要加快网络安全感知能力建设。针对网络安全问题，美国海军已出台关于"海军系统网络安全"的 8 项技术标准，并且将在最近几年再出台 24 项。NAVSEA 工程主管部门（SEA 05）重点关注网络领域，侧重开发网络工具的应用，参与单位包括海军作战中心、学术界以及国家实验室，涉及态势感知、入侵防护系统、入侵探测系统、异常行为识别系统、柔性作战概念、柔性操作系统等多个方面。SEA 05 认为理想的网络安全工具应具有作战系统和机械控制系统通用性，不仅可以监控海军控制系统，还可监控系统内部的异常行为。另外，网络工具还应具有可扩展性，可用于多个系统，并基于软件可随时升级，应对不断变化的威胁。

综上所述，2016 年，世界各国海军在新型舰船设计、舰船防护材料以及舰船网络防护三个方面取得了重要进展。未来几年，世界各国海军还将在舰船隐身材料等舰船防护技术领域加大投入，以不断提升舰船的防护能力。

（中国船舶工业综合技术经济研究院　李仲铀　史腾飞）

2016 年舰船电子信息技术发展综述

2016 年，为了适应复杂多样的作战环境和目标威胁，充分发挥电子信息技术在舰船装备和海战中的作用，国外海军综合采取多种措施，大力升级和发展态势感知、指挥控制与通信、精确制导与导航、电子战等信息技术，提升基于信息系统的一体化、网络化海上攻防对抗能力，为实施相关海上军事战略奠定了基础。

一、着力攻关雷达技术，提高复杂环境下的综合态势感知能力

2016 年，为了适应日益复杂的海战场环境和日益多样化的目标，国外大力推进海上态势感知系统及其技术的升级改进，进一步提升了战术技术性能。

（一）发展下一代综合态势感知技术，重点应对低雷达截面目标威胁

2016 年 6 月中旬，美国海军研究局启动下一代海上态势感知系统"联合光电/红外监视与响应系统"项目（CESARS），用于应对新型反舰导弹、无人飞行器、快速攻击艇等威胁。该项目将首先由英国 BAE 系统公司开发

一个子系统，即新型"雷达跟踪海军光电/红外传感器系统"（LockNESS）。LockNESS 与现役舰载传感器整合，通过先进算法、数据融合技术、360°可视化技术、视觉显示跟踪地图等技术，可实现对低雷达截面目标的快速探测和跟踪。另外 LockNESS 系统采用模块化技术，可用于不同平台。

（二）推进雷达技术更新换代，聚焦强杂波干扰和复杂电磁环境下的高精度探测

1. 加强通用和前沿雷达技术开发

2016 年 2 月初，美国海军授予美国系统规划与分析公司一份合同，用于开发舰载雷达和数字信号处理（DSP）技术，以提升水面舰船防御巡航导弹、弹道导弹、攻击机和潜艇威胁的能力，包括近海杂乱环境、复杂电磁环境中的抗干扰能力和超视距探测能力。所涉及的子项目有：AN/SPY－6防空反导雷达（AMDR）、AN/SPQ－9B X 潜望镜探测雷达、双波段雷达升级、多任务信号处理器（MMSP）、先进雷达技术（ART）、SPY－1 雷达升级等。7 月中旬，美国海军分别授予"破雾研究"公司和 Hypres 公司在2021 年 7 月前开发两项突破性雷达技术的合同，即低温射频系统技术、先进低温核心数字与量子存储技术。

2. 推动雷达系统的集成和通用改造

2016 年 1 月中旬，美国雷声公司表示，正在开发"通用阵列模块"（CAB）。该模块主要包括一个高能量、具有协同作战能力的天线系统，将用于美国海军各种作战平台。CAB 系列天线采用氮化镓单片微波集成电路和风冷的冷却方式，包含多个传感器，功耗和成本低、可靠性高。CAB 可提供高质量的感知能力、综合火控能力和协同作战能力，并扩大作战平台的作战半径。4 月 25 日，美国海军研究局授予洛克希德·马丁等 12 家美国公司为期 5 年的"电磁指挥与控制"（EMC2）项目合同，旨在通过分布式射频电子装置和天线更紧密的集成，使通信、雷达和电子战系统共享天线，减少舰船、飞机、地面车辆上射频和微波天线的数量，以降低成本，减少射频干扰。

3. 优化水面舰艇的一体化防空反导态势感知能力

2016 年 6 月 6 日，美国海军在太平洋导弹靶场试验部署 AN/SPY – 6 新型雷达，用于针对空中、水面目标以及一体化防空反导防御的实战测试。8 月 19 日，美国雷声公司称，将在 2020 年前为美国海军进行"企业"级 S 波段对空监视相控阵雷达的工程开发。该雷达采用了 AN/SPY – 6 防空反导雷达相关技术，具有数字波束合成和多任务资源规划能力，并增加了空中交通管制能力，将全面优化美国海军水面舰艇的态势感知能力。

4. 强化小型化、多功能化的潜基态势感知能力建设

2016 年 9 月上旬，英国凯文·休斯公司表示，该公司的"鹰眼"雷达技术将应用于美国海军潜艇。"鹰眼"雷达将输出功率由舰载型的 25 千瓦降低到 300 瓦，降低了潜艇被探测到的概率；采用固态电子和多普勒技术，结构紧凑、外形尺寸小、抗杂波干扰能力强，可识别雷达反射截面积 0.5 米^2 的小目标。另外具备导航、水面搜索、作战管理系统双向通信等功能。

二、利用一体化、模块化和协同化技术，提升声纳系统战术技术性能

2016 年 6 月下旬，美国阿特拉斯电子公司首次研制出安装于同一个拖体上的深水和浅水拖曳声纳阵列。与使用单个拖曳线列阵声纳的舰艇相比，这种新型声纳既能降低重量、节约空间，又能降低成本；既能同时具备广域实时监视侦察能力和主动鱼雷探测能力，又能够减少操作系统的数量。6

月下旬，美国海军授予洛克希德·马丁公司采购升级版 AN/SSQ－89（A）15 综合反潜作战系统的合同。合同预计于 2017 年 6 月完成。该系统用于探测、识别、定位、跟踪潜艇、无人潜航器和水雷等水下目标；采用模块化、开放式的架构，可与其他舰载信息系统协同工作，具有多传感器数据融合能力，能将数据传回舰艇作战控制系统。10 月 15 日，美国海军"朱姆沃尔特"级驱逐舰首舰"朱姆沃尔特"号正式入役。该舰首次配置一种新型声纳系统，即"综合水下战"（IUW）系统。IUW 是一种双频声纳技术，其中中频声纳用于探测舰船和潜艇，高频声纳则用于规避海上水雷。

三、升级舰船综合作战系统，提升指挥控制和通信效能

2016 年，国外海军以通信技术开发与网络建设为抓手，不断加强舰船指挥控制系统的一体化和网络化水平，致力于发展攻防一体的、及时高效的跨域指挥控制网络。

（一）推进防空反导传感器信息的融合，发展一体化网络化防空反导能力

2016 年 1 月，美国海军"罗斯福"号航空母舰打击群首次将 E－2D"先进鹰眼"预警机纳入"海上一体化火控—防空"（NIFC－CA）系统，扩展了打击群雷达的探测距离。3 月 1 日，美国海军表示，为对付多种目标，美国海军需要拥有更多传感器和数据源，以便将以 NIFC－CA 系统为核心的"杀伤链"转变成"杀伤网"。利用"杀伤网"，美国海军就可向"宙斯盾"作战系统及时传送精确数据，并将"标准"－6 防空/反舰导弹导向目标。备选的传感器包括 E－2D"先进鹰眼"预警机、MQ－4C"海神"海上侦察无人机、MH－60R"海鹰"直升机、P－8A"海神"巡逻机等机载

传感器。

2016 年 7 月，美国海军与西班牙海军的舰艇通过发射拦截弹，共享通过 E-2 预警机、AN/SPY-1D 雷达和战术数据链获得的目标数据，完成最新"宙斯盾"基线 9. C1 作战系统的互操作性测试，验证了其一体化防空反导和区域防御能力。9 月，美国海军 F-35B "闪电"战斗机与"宙斯盾"基线 9. C1 作战系统首次完成联合实弹演习，首次成功演示验证了 F-35 与 NIFC-CA 系统的信息集成能力、"标准" -6 导弹利用 F-35B 战斗机提供的信息实施超视距拦截的能力，以及分布式杀伤能力。通过此举，美国海军扩展了反导系统拦截范围，实现了超视距拦截。

（二）升级改进指挥控制技术，构建更加高效的一体化作战网络

1. 更新指挥控制技术，提升作战管理效能

2016 年 8 月 8 日，俄罗斯联合仪器制造集团宣布，俄罗斯海军"基洛夫"级"纳希莫夫海军上将"号核动力巡洋舰将装备新的信息管理系统。预计改装将于 2018 年完成。作为改装升级计划的一部分，新系统将方便通信、缩短决策时间、提高管理效率。11 月 21 日，韩国大宇造船和海洋工程公司宣布，成功开发出首个国产潜艇综合作战管理系统。该系统作为潜艇的核心部分，可对敌方目标进行探测、跟踪和识别，并能评估战术和作战态势。该系统将首先用于"张保皋-I"级攻击型潜艇的升级项目，将于 2018 年前完成升级改装计划；未来还将用于韩国在建和在研的新型潜艇。

2. 推进指挥控制系统深度融合，提升跨域杀伤能力

2016 年 2 月下旬，美国海军授予洛克希德·马丁公司"潜艇 C^3I 系统工程与集成"（SE&I）后续服务合同，重点升级声纳、成像、BYG-1（战术控制和武器控制系统）以及通信等子系统的通用接口，并使之与"潜艇作战联合战术系统"（SWIFTS）集成为一个巨系统，并应用于美国海军所

有级别的潜艇。10 月初，美国海军作战部副部长表示，美国海军目前在空中、地面、水面及水下等作战域拥有有效的杀伤链，典型杀伤流程为传感器将获取的目标数据发送至平台，平台根据这些数据发射武器对目标进行杀伤，但跨域杀伤网尚未建立。为在所有作战域保持局部或暂时优势，美国海军需要通过建立跨域杀伤网，将武器和传感器紧密结合，使任意飞机或舰艇可跨域获得任意传感器的信息。

（三）聚焦安全有效和互联互通互操作，大力发展新型一体化网络化通信技术

1. 推进通信技术的通用化、网络化和集成化

2016 年 2 月上旬，美国海军启动"未来海军能力"（FNC）项目，寻求开发"一体化火力通信和互操作性"技术等一系列前沿技术。FNC 项目将包含 2 个方面：一是开发"通信即服务"装置，通过采用通用的数据接口技术，组建可任意组合的战术数据链网络，以实现火力集成。二是开发"基于任务的数据分发系统网络"，提高美国海军"协同作战能力"系统的数据容量、兼容性和可扩展性。9 月下旬，美国海军授予英国 BAE 系统公司开发"网络战术通用数据链"（NTCDL）系统的合同。NTCDL 将提高通信容量，改进信号波形，采用开放式、模块化、可扩展的系统架构，具有可重复编程能力。该系统将提供多源、实时 ISR 数据的同步收发能力、跨网指控信息共享和交换能力，使美国海军可同步开展多个网络化作战。

2. 加强通信网络的安全可靠性

2016 年 9 月 19 日，美国雷声公司表示，获得美国海军一项战术数据链加密技术开发合同，将在 2021 年 9 月前，通过增加高速射频波形等措施，完成改进北约 Link – 11/Link – 22 数据链通信安全系统（LLC 7M），提升北约各国的互操作性和协同作战能力。9 月，美国海军宣布将更换"俄亥俄"

级弹道导弹核潜艇的"大功率固定潜艇通信系统"的电子元器件,此项目预计 2019 年 8 月完成。该系统是美国海军主要的对潜通信系统,具备良好的大气噪声、海水穿透性以及全球覆盖能力等。

四、探索新型水下导航技术,提升水下精确定位水平

2016 年 3 月,美国国防部授予德雷珀实验室一份合同,为"深海定位导航系统"项目开发水下导航方案,预计在 2018 年对原型样机进行海试。目前由于存在暴露风险、信号衰减的弊端,无人潜航器仅使用有累积误差的惯导系统,而不使用 GPS 导航系统。为解决此问题,该项目将变革水下导航方式,把信标作为水下 GPS 系统置于海底,并形成"星座",使用声波发送信号,无人潜航器即可获得精确定位信息,而且少量信标就能覆盖全球。9 月初,美国海军发布 2016 年版《水下战科学技术目标》,新增两个重点关注领域,即水下机动战和水下精确导航与授时。其中后一个领域的发展目标是:促进相关技术成熟,持续可靠地获得高精度定位导航授时信息;促进新技术发展成熟,降低对传感器的依赖程度。

2016 年 10 月中旬,美国陆军通信电子研发与工程中心(CERDEC)定位导航与授时部表示,该中心主持的世界最小授时器"芯片级原子钟"(CSAC)研制工作已取得重要突破。目前,无线电台、网络和电子战系统主要依赖于嵌入于 GPS 信号的高精密授时器,一旦 GPS 受到敌方破坏,或者由于天气或地形问题信号消失,这些功能会失效。现有原子钟虽然可部分替代或弥补 GPS 信号损失,但尺寸和重量大、耗能多。CSAC 原子钟是一种微小型的芯片原子钟,芯片尺寸约 15 厘米^3,耗能较少,在进入大规模生产阶段成本低于 500 美元。CSAC 项目于 2002 年启动,目前只经过实验室验

证和有限的战场测试，美国陆军正在研究如何进行降噪管理、使芯片不易受极限天气等环境因素的影响等相关开发工作。按照计划，CASC 原子钟将于 2022 年左右部署，既可嵌入 GPS 设备，也可单独应用，将首先用于美国陆军车辆，未来可用于 GPS 不起作用的深水环境中，增强水下声纳和定位能力。

2016 年 12 月上旬，俄罗斯圣彼得堡海洋仪器康采恩表示，已完成研制新型水下导航定位系统，并将于 2018 年开始试验。俄罗斯军科院表示，通过该新型定位系统，俄罗斯将在无人潜航器的控制方面获得领先地位。这种独特的定位系统由"格洛纳斯"导航系统、装备有"信使－D1M"卫星通信系统的声纳浮标及无人潜航器组成，将布设在俄罗斯北冰洋大陆架底土上，借助深海浮标，为无人潜航器提供米级以下的定位精度，并同陆海空控制中心实时交换信息。该系统的声纳浮标安装了高精度坐标定位仪，定位深度最深可达水下 8 千米。俄罗斯有望以此系统为基础，建立水下监控和为油气开采服务的全球信息网络中心系统。

五、改进舰载武器信息系统，提高精确打击能力

舰载武器是实施海战的最终手段，也是对敌方海上力量实施有效毁伤的主要载体，而信息系统既是舰载武器发挥毁伤效能的制约因素，也是其战斗效能的倍增器。因此，国外十分重视信息技术在舰载武器上的应用，并在 2016 年取得重要进展。

（一）升级海基导弹制导装置，支持"分布式杀伤"概念

2016 年 1 月，美国海军在"海上一体化火控—防空"（NIFC－CA）系统的支持下，其具备反舰能力的"标准"－6 导弹成功完成首次超视距打击

靶舰的试验；2月，美军宣布为"标准"－6导弹增加反舰能力的计划、将部分"战术战斧"对陆攻击巡航导弹改装成反舰导弹的计划。对于"标准"－6导弹，主要升级其"通用弹药内置测试再编程设备"；对于"战术战斧"导弹，主要为之加装毫米波主动雷达导引头。7月中旬，美国海军滑翔制导炸弹"联合防区外武器"C－1（JSOW C－1）开始形成初始作战能力。JSOW C－1是美国海军首款空射型网络化武器，配备惯导＋GPS＋红外制导系统，加装 Link 16 双向数据链，可在飞行中重新瞄准目标，从而具备打击海上移动目标的能力。改进上述三种舰载武器均是美国海军实施"分布式杀伤"概念的重要举措，将大幅增强其水面反舰能力。

（二）升级潜射鱼雷信息系统，提高浅海水域使用效能

2016 年 5 月下旬，美国海军向洛克希德·马丁公司授予一项合同，用于升级潜射 Mk 48 鱼雷的自导控制系统、声纳系统和发射系统。其中，"宽带先进声纳系统"（CBASS）采用开放式架构、模块化设计，方便升级。CBASS 鱼雷采用宽带信号处理技术，具有多波段探测能力；能有效对抗近海活动的具有低多普勒效应、快速深潜的潜艇以及高性能水面舰艇；可发射后不管，或通过线导实现发射后监视和上传指令。CBASS 使鱼雷在声学环境恶劣的浅水环境能更有效地对抗潜艇。

六、大力发展和运用无人平台，拓展舰船电子信息系统作战范围和方式

2016 年，无人平台作为电子信息系统和技术的重要载体，得到海军强国的高度重视和大力发展。通过发展无人信息系统，国外舰船既提高了安全性、经济性，还延伸了其信息系统的作用范围，丰富了作战方式。

（一）探索有人/无人平台之间的跨域组网作战能力

2016 年 3 月底，美国海军表示，将于 2017 财年为攻击型核潜艇配备 150 套"黑翼"微型潜射无人机。8 月 16 日，美国海军利用"黑翼"无人机成功中继连接潜艇和无人潜航器集群。作为"潜艇无人系统支持的对抗移动目标的先进武器"（AWESUM）项目的一部分，"黑翼"是一种低成本、可回收无人机，配备光电和红外传感器、带抗欺骗模块的 GPS 系统、数字数据链，能在潜艇、无人潜航器和水面舰船之间进行高速信息传输。该无人机通过潜艇天线与潜艇进行双向通信；可沿同一路径陆续发射形成"菊花链"（Daisy Chain），提升通信和隐蔽能力；也可通过 Link-16 数据链向第三方提供超视距中继信息，或用于近距离空中支援和近海防卫，适用于"反介入/区域拒止"作战环境。8 月下旬，在美国年度海军技术演习（ANTX）中，诺斯罗普·格鲁曼公司演示了无人潜航器、无人水面艇、无人机跨域组网执行搜索、探测、跟踪、分类和对抗水下目标的能力。

（二）开发可自主式控制、蜂群式组网的无人水面感知平台

2016 年 4 月 7 日，美国国防高级研究计划局研制的"反潜战持续跟踪无人艇"（ACTUV）项目原型机正式命名为"海上猎手"号。该无人艇可半遥控、半自主运行，能一次性航行 1 万海里，航行时间数月，用于潜艇跟踪、反水雷活动等任务。它代表了自主航行及人机协作技术的突破，将于 2018 年列装。6 月 28 日，美国波音公司和液力机器人公司采用流媒体技术，成功演示验证 13 艘"搭载传感器的无人远程艇"（SHARC）编队将数据通过卫星实时传输至地面站的能力。SHARC 装备多种传感器，续航时间 6 个月以上，可像声纳浮标那样由飞机投放，并可代替传统军用平台（如 P-8A 海上巡逻机）实施预警探测，经济性更好。目前，美国海军已在夏威夷海域部署 SHARC，未来将部署大量类似 SHARC 的海上传感器节点，并实现

海洋与太空的网络连接。

（三）升级舰载无人机的多模、抗干扰和全天候态势感知技术

2016 年 8 月 11 日，美国航空环境公司宣布，美国海军完成 RQ – 20B "美洲狮"全环境小型无人机在"阿利·伯克"级 Flight Ⅰ 型驱逐舰上的部署和测试工作。该无人机可迅速发射和回收，配备光电和红外传感器以及安全性高的数字数据链，可有效提升舰船的态势感知能力。2016 年 9 月 22 日，美国海军宣布，MQ – 4C "海神"海上侦察无人机将进入低速初始生产阶段。MQ – 4C 携载海上雷达、光电/红外传感器、电子支援措施（ESM）、自动识别系统和通信中继设备，将于 2018 财年部署，并与现役 P – 8A 海上监视飞机搭配使用。2016 年 10 月中旬，美国海军宣布将为改进型 MQ – 8C "火力侦察"无人机配备 5 套"鱼鹰"有源相控阵雷达，用于测试与评估。该雷达采用电子波束技术进行高空扫描，可全天候工作。其主要特点是采用双平面板技术，无需使用悬挂式腹部吊舱，可提供 240° 瞬时视场角，以及多种数字模式，如天气侦察、空对空目标侦察、地面移动目标指示等。

七、开发新型制导和通信对抗技术，推进电子战系统现代化建设

鉴于电子战技术在现代战争的重要地位与作用，国外十分重视电子战系统的现代化升级与改造。2016 年 2 月 17 日，俄罗斯政府表示，在 2025 年前，将分两个阶段持续支持俄罗斯无线电电子行业创新和进口替代项目。4 月下旬，俄军表示，其电子战部队中现代化装备的比例已达 46%。10 月上旬，美国海军授予洛克希德·马丁公司一份合同，用于全速生产"水面舰艇电子战系统改进计划"（SEWIP）的模块 2 系统。模块 2 是经改进的最

新型舰载电子战系统，在原有系统上增配一个升级天线、接收器以及改进的接口，能识别潜在敌人是否使用传感器追踪舰艇，并迅速做出反应。

另一方面，发达国家加速列装新型电子对抗装备，开发新概念电子战技术。2016 年 3 月，俄罗斯东部军区首次报道"水银"－BM 新型陆基电子战系统。该系统通过干扰敌方炮弹或火箭弹的引信使其无法引爆战斗部，或者将其控制在安全距离上引爆，进而免受敌方炮兵火力袭击。7 月，俄罗斯无线电电子技术康采恩（KRET）表示，计划为 2025 年首飞的第六代无人机安装微波武器；美国空军授予雷声公司改装 3 枚 AGM－86C "常规空射巡航导弹"（CALCM）的合同，用于"反电子系统高功率微波先进导弹计划"（CHAMP）试验，并表示在未来 5 ~ 10 年内将由 B－52H、B－1B 或 B－2A 战略轰炸机携载配备"高功率微波"（HPM）战斗部的巡航导弹，如 AGM－158B "联合防区外空面导弹"（JASSM）。11 月下旬，俄罗斯联合仪表制造公司透露，完成设计一种新型武器，可通过电子干扰或者攻击方式，瘫痪微型无人机蜂群系统电子器件。11 月 14 日，俄新社称，为了对抗美国"网络中心战"构想，俄罗斯无线电技术集团（KRET）正在开发"摩尔曼斯克－BN"新型战略电子战系统，能有效压制美国与北约国家间的高频全球通信系统信号，也就是破坏其信息场，阻碍其及时接收、传递指令和目标信息，令其作战平台难以行动。

八、运用新型模拟试验技术，改进实战训练方式和通信网络

2016 年 4 月上旬，美国海军研究局通过"舰队集成综合训练/试验设施"（FIST2FAC），演示了增强现实技术在海军战斗训练中的应用，实现虚拟对手与实际行动演习的融合。FIST2FAC 由美国海军水下战中心自 2010 年

创建和开发，目前只用于岸基，未来可装备舰艇。它适应美国海军对舰艇便携式培训方式的迫切需求，采用无障碍设置、软件和游戏技术，允许美国海军在虚拟环境中与虚拟对手进行互动，同时训练执行多个任务。FIST2FAC 的软件可重复使用和修改成不同的虚拟环境，而且使用成本低，只需要花费 25 万美元就可获得关于航空母舰的现场培训，而一个航空母舰打击群 6～10 小时的现场演习需花费约百万美元。

2016 年 9 月 1 日，美国 SCALABLE 网络技术公司宣布，美国海军将选用该公司的 Exata 模拟软件支持"前沿部署能源与通信基地"（FDECO）创新性海军样机项目。通过 Exata 软件，该公司开发一种将网络模型，模拟受干扰、低带宽的水下通信（声、电磁、射频和激光），包括 FDECO 间的通信、潜艇与无人潜航器间的通信，评估 FDECO 的网络性能和可恢复性。

（中国船舶工业综合技术经济研究院　周伟）

2016 年水下战技术发展综述

21 世纪以来，为增强水下战场的透明度、弥补因经费不足造成的核潜艇缺口，美国大力发展水下战新技术。2016 年，水下探测和跟踪、通信和导航、预置平台、无人系统等技术领域均取得重大进展。其中，反潜探测装备机动能力强，可实现大范围精确监视，海底预置装备隐蔽性强，能对敌形成战略威慑，推动美国海军反潜装备体系构成发生结构性变革。

一、以创新的思路发展多种探测和跟踪技术，提升水下监视侦察能力

2016 年，为了适应复杂多变的水下环境，国外大力推进双基地声纳探测、组网探测、固定式水下网络、持续跟踪等技术，以提高水下探测、跟踪的有效性和可靠性。

（一）双基地声纳探测技术

2016 年 1 月，DARPA 发布了"移动舷外指挥、控制、方法"（MOC-CA）项目招标公告，旨在利用潜艇和无人潜航器（UUV）形成双基地主动

探测系统。随着潜艇变得越来越安静，被动声纳探测距离大幅缩短，传统的主动声纳主要探测潜艇、水面舰等目标的回波，但在探测目标的同时，主动声纳极容易暴露自身。研发基于 UUV 的双基地探测技术，由 UUV 搭载主动声纳声源，潜艇只被动接收探测声波，既可以利用主动声纳高效地进行探测，又不会暴露潜艇。相关技术包括适用于 UUV 搭载的紧凑型主动声源技术、信号处理技术、潜艇和 UUV 安全的水下通信技术等。在技术研发过程中还需注重对声源发射声波的控制，避免发射的声波或者散射声波照射到己方潜艇，破坏潜艇的隐身性。

（二）无人系统组网探测技术

2016 年 5 月，DARPA 投资研发的分布式敏捷反潜系统中的"猎潜"子系统完成了海试，并且披露无人潜航器、通信方式、作战应用等诸多关于该系统的细节。分布式敏捷反潜系统主要利用数十个无人潜航器组网，首创自下而上探潜模式，克服了海面、海底声散射的影响，在水下 6 千米深处能探测上方 18 万千米^2 的海域，保护航空母舰等高价值目标。

在 2016 年"无人战士"演习期间，4 艘携带传感器的自主无人水面艇成功探测到常规潜艇和无人潜航器，演示了无人水面艇先进的探测能力。"自主无人水面艇"为液力机器人和波音公司的项目。方案是应用滑翔式无人艇，开创了一种有效利用波浪能的方式，将波浪的上下起伏转化为前进的动力，实现超长续航力，并搭载先进声学传感器，与 P-8A 反潜机协同或多个"自主无人水面艇"组网作战，能有效探测安静型常规潜艇和无人潜航器。

（三）固定式水下网络探测技术

固定式水下网络可以部署在交通要道、热点水域，长期监视敌方往来的潜艇，平时收集潜艇特征信号和行动规律，战时可作为远程预警探测防线，能提升水下战场的掌控能力。

2016 年 6 月，美国《国家利益》期刊披露印度将与美日合作，在印度洋建造水下声学监视网络（SOSUS）系统，将成为美日印在印度洋的反潜利器，提升水下掌控能力，巩固印度在印度洋的战略地位。

2016 年 9 月媒体报道，俄罗斯正在研发一种先进的声纳系统以保护其北极领海。该先进的声纳系统包括浮标、水下传感器，探测水下和水面目标的声信号，并通过卫星通信链路将数据发送到岸基数据中心。目前，只披露了该系统的概念设计。俄罗斯国防部已经批准了该项目，即将开始研发工作，预计 2017 年结束。

（四）被动阵列探测技术

2016 年 1 月，芬兰赫尔辛基的 Image Soft 公司推出了新一代水下监视系统的升级版。该系统属于分布式、模块化系统，使用被动水听器基阵探测水下物体，可实现广域探测；具有实时检测、目标定位、目标管理、自动报警等功能；该系统可单独应用，也可形成广域的分布式系统；系统会记录信号在后端进行处理，使用实时分析工具确定目标属性；通过一套组件可创建并维护潜艇特征声学信号库；系统不存在暴露自身的危险，配有水下监视和战术训练模拟器，模拟器可训练新手操作，每名操作人员拥有一台工作站，以进行地图显示、分析显示、音频设备监听；模拟器可用于反潜作战训练，可扩展，并监视多艘潜艇、水面舰艇。

（五）创新贴身跟踪技术

2016 年 6 月，DARPA 研发的第一艘反潜战持续跟踪无人艇"海上猎手"号于加利福尼亚州圣迭戈海岸成功完成初始性能验证试验。此次海试中，测试了"海上猎手"号航速、机动性、稳定性、耐波性、加速/减速、燃料消耗、系统可靠性等指标，各指标均达到或超出预期要求。DARPA 和海军研究局计划对"海上猎手"号进行为期 2 年的测试，未来还将测试其传感器、自主系统、海上避碰系统，并进行作战概念演示。"海上猎手"号无人水面艇可对敌方潜艇进行长达数月的持续跟踪，作战半径可达上千千米，将解决潜艇跟踪困难问题，战时还可召唤其他平台打击潜艇，将改变未来反潜作战模式。

二、发展通信和导航技术，验证水上水下联合作战模式雏形

跨域指控和通信能力是水上、水下联合作战的关键，目前美国已经初步具备联合作战能力，值得关注。定位和导航技术使水下作战平台不会在大海中迷失自己，能够准确到达特定作战区域执行作战任务，不依赖 GPS 的水下导航技术更是大幅提高了水下平台的作战效率和安全性。

（一）水下跨域通信技术的演示验证取得成功

2016 年 8 月，在"年度海军技术演习"中，美国潜艇发射了一个"蓝鳍"–21 无人潜航器，"蓝鳍"–21 再释放两个微型"沙鲨"无人潜航器和一架"黑翼"无人机，执行情报监视侦察任务。演习中，由"黑翼"充当潜艇与"沙鲨"间的通信中继，实现了水下和水面的跨域通信和指控。在该次演习中，地面指控中心向无人水面艇发送指令，该艇作为通信中继，指挥洛克希德·马丁公司"枪鱼"MK2 无人潜航器成功发射多任务微型无人机"矢量鹰"，也演示验证了跨域通信和指控能力。

（二）适用于小型无人系统的定位技术取得进展

2016 年 4 月，Sonardyne 公司宣布，其生产的 Ranger2 超短基线定位系统可配装包括无人潜航器、拖曳基阵、海底着陆器等水下探测装备，能对所布放的各种探测器具有精确的定位能力，并可装备到各类性能先进的海

洋科考船上。

（三）不依赖 GPS 的水下导航技术提高水下平台持续作战能力

2016 年 5 月，DARPA 授予 BAE 系统公司"深海定位导航系统"项目第一阶段合同，BAE 系统公司将联合华盛顿大学、麻省理工学院、德克萨斯大学奥斯汀分校完成项目第一阶段研发工作。该技术可使潜艇、无人潜航器等水下平台不需定期上浮接收 GPS 信号就能获得连续高精度的导航信息，不仅降低了暴露自身的风险，而且能够更高效地执行情报、监视与侦察等作战任务。12 月，俄罗斯宣称其也在发展先进的水下导航技术，且在导航的同时能够完成信息传输，预计 2018 年完成该技术的演示验证工作。

三、水下预置装备技术完成运载器测试

海底预置装备是一种全新的水下装备，可以替代潜艇提前部署在关键海区的海底，长期待机。美国海军研发了"上浮式有效载荷"和"海德拉"两种预置装备。6 月，"上浮式有效载荷"系统完成运载器测试。该系统通过水面舰艇布放，预置在深海，由运载器、有效载荷、通信系统等组成，可在 4 千米深度待机 5 年，需要时可远程唤醒，快速释放无人机、传感器、导弹等载荷，执行情报、监视与侦察和打击任务；2013 年开始研发，2016 年 6 月完成运载器测试，按计划 2017 年完成第三阶段研制。

四、水下无人系统技术仍是当前各国发展热点

无人系统因其型号多样、易于建造、成本低廉、机动灵活等优势，未来将作为有人装备的有力补充，形成新的水下战能力。国外发展了多型无

人系统技术，如新型动力能源技术、自主控制技术等，将成为未来战场的新生力量。

2016 年 1 月，俄罗斯海军宣布，其正在投资一项具有"变革海军战争"潜力的未来技术，这项技术涉及无人潜航器和无人水面艇。俄罗斯海军还宣称：正在开发无人潜航器，并试图将这些颠覆性技术用于陆基、海基无人系统；无论是无人水面艇，或是正在开发的无人潜航器，俄罗斯都将发展具有强大反探测能力的技术，从装备发展看，开发长航时无人潜航器的可能性更大。迄今为止，由于技术还处于起步阶段，无人潜航器的应用受到限制，但未来潜力无限，隐身和低成本无人潜航器，将会变得如同空中无人机一样，成为"改变游戏规则"的装备。

2016 年 6 月，美国通用汽车公司与海军研究局及海军研究实验室对外宣布：将对汽车氢燃料电池系统进行合作研发，以期改进成能用于美国海军下一代无人潜航器的燃料电池。主要集中在如何将高能量氢气安全转化为水下氢燃料电池电能的技术研究，以提高无人潜航器的航程和持久力。内容包括，将改进后的燃料电池系统嵌入潜航器原理样机中，在海军水面战中心进行水下测试；通过对该样机进行一系列水下测试，证明燃料电池能够成为水下自主无人系统改变游戏规则的发展技术；通过进一步合作，为美国海军开发可靠、高能、低成本的电池技术，使之成为未来海军力量倍增器无人潜航器的重要技术；最终为军用无人潜航器研发一种水下可续航 60 天，二氧化碳零排放，几分钟便能快速充满电的核心能源技术。

2016 年 8 月，在美国海军研究局举办的第九届年度"水下机器人"竞赛活动中，来自世界各地（美、俄、印、中、泰、加）高等学府的团队圆满完成了一系列水下障碍物规避竞技活动及水下任务，即在各种 PVC 管道中自主规划路径；在指定区域做出投放标记，以规避水面舰船；寻找某个发出声纳信号的目标等。美国海军确信无人潜航器技术将用于反潜战、反水雷战、ISR 等应用领域。美国海军希望通过竞技活动，推动自主技术向前发展。

（中国船舶重工集团公司第七一四研究所　王晓静）

2016 年两栖作战和海上特战
装备技术发展综述

两栖作战和海上特战装备技术是提升海军和海军陆战队登陆作战、火力支援、海上搜救、袭击重要军事设施和其他要害目标等能力的基础。近年，为保持相关领域技术发展优势，美俄等国大力推动两栖作战技术和海上特战装备技术加速发展，并取得了重大进展。

一、两栖装备技术

当前各国积极加快推进两栖作战装备和相关技术的发展，包括应用无人机"蜂群"技术改变两栖作战方式、应用垂直发射技术提升远程火力支援能力、采用新型俘获空气腔技术设计新型两栖登陆等，在作战方式、火力支援、兵力投送等方面全面提升两栖作战能力。

（一）美国海军陆战队运用"无人机'蜂群'技术"变革两栖战作战方式

未来战争是多维战争，将通过电子战、网络攻击并借助无人机全域开展。为战胜实力相近的对手，美军加速推进新型作战概念。运用"无人机'蜂群'技术"（图1）减缓抗登陆防卫力量机动速度、减少海军陆战队人员损失。未来战争中，无人系统集群将首先参与作战，实现感知、定位及打击敌人，并可以有效降低成本，增加敌人反击难度。

图1 无人机"蜂群"图

2016年，美国海军陆战队宣布计划在未来几年部署一大批无人机来参与两栖作战行动。该计划将运用美国海军研究局（ONR）开发的"低成本无人机'蜂群'技术"（LOCUST），组建包括无人潜航器、无人水面艇以及反水雷无人机的小型舰队。作为试验措施，美国于2016年底选定海军陆战队4个营配备小型无人机，未来将实现在整个海军陆战队中推广。

（二）美国海军为两栖舰加装垂直发射系统提升远程火力支援能力

2016年10月，美国海军和海军陆战队表示计划将垂直发射技术应用于"圣安东尼奥"级两栖舰上，以提升其远程火力支援能力，扩大其攻击范围。

"圣安东尼奥"级两栖船坞运输舰原计划在艏部加装两部8单元的Mk41垂直发射系统，但该系统在首舰"圣安东尼奥"号研发过程中被取消。目前，该级舰仅配备"海拉姆"近程防御导弹。

将垂直发射技术应用于两栖舰，可为海军陆战队登陆提供更多火力支援选项。"朱姆沃尔特"级驱逐舰的建造目的是填补海军水面火力支援能力不足，其155毫米先进舰炮系统可发射远程对地攻击弹药（LRLAP），但该级舰现已削减为3艘。此外，海军也表示要用电磁导轨炮发射"超高速炮弹"作为远程制导武器，用于水面火力支撑和舰载防空反导，但这项技术实现列装可能还要10余年时间。

因此，美国海军和海军陆战队正在积极推进将垂直发射技术应用于"圣安东尼奥"级两栖舰，其配备的武器将包括"战斧"在内的多型导弹。加装垂直发射装置后，两栖运输舰的远程火力支援能力将全面跃升，使其在充当主力水面战舰的同时，还可用于执行人道主义救援、灾难救援、指挥控制、特种部队投送等任务。

（三）美国首次采用"俘获空气腔技术"提升海上力量投送能力

2016年，美国海军研究局采用创新性浮升技术——"俘获空气腔技术"研制的超重型两栖登陆艇（UHAC）进入全尺寸样艇研制阶段，表明这种技术进一步走向实用。UHAC运载能力相比美国海军现役LCAC气垫登陆艇提升两倍；能够穿越泥潭、翻越3米高障碍物，大幅拓展登陆抢滩地点选择的灵活性，显著增强两栖登陆作战能力（图2）。

为适应复杂地貌、恶劣海况等不良抢滩登陆条件，提高两栖投送效率，2010年美国海军启动超重型两栖登陆艇技术研发。项目由海军研究局负责，首次采用由美国国防高级研究计划局研发的"俘获空气腔技术"。2014年7月，美国海军成功试验了半尺寸的超重型两栖登陆艇技术样艇（重约38吨，长12.8米、宽7.9米、高5.5米），验证了技术方案的可行性。目前，海军研究局正在加快推进全尺寸样艇研制，计划2017年海试。样艇长25.6

图 2　美国海军超重型两栖登陆艇进行抢滩登陆试验

米，最大航速 20 节，续航力 320 千米，配备防护装甲和自卫武器系统，能装载 3 辆 M1A1 坦克或近 200 吨货物。

超重型两栖登陆艇适用于各种复杂、恶劣的海况和抢滩登陆环境，可高效地将重型武器装备和军用物资送上滩头，甚至将物资直接投送至距离海滩 50～100 千米的前沿部队，减少运载车辆从滩头重新装卸物资、编组车队等环节。特别是，在小规模或低强度大规模登陆作战中，超重型两栖登陆艇可与其他登陆平台配合使用，大幅降低作战成本。目前，美国海军正积极推进基于"俘获空气腔技术"的新型两栖登陆艇的全尺寸样艇研制，一旦技术成熟将提高两栖作战灵活性，极大丰富两栖战术选择，大幅提升两栖作战能力。

二、特种作战技术

美、俄是海上特种作战实力最强的国家，近年一直采取各种措施，大力发展海上特种作战技术，保持技术优势。例如，美国定期召开特种部队工业会议（Special Operations Forces Industry Conference，SOFIC），与各国特种作战部队交流作战经验，展示最新的装备和技术，并加强技术研发投入，开发新型特种作战装备；俄罗斯海军也开发新型海上突击艇，支持特种作战。

（一）召开特种作战部队工业会议，展示最新海上特种作战装备和技术

为发展全球特种作战合作网络以应对新兴威胁，2016 年 5 月，第七届 SOFIC 在美国佛罗里达州坦帕会议中心举行。会上，美国特种作战司令部总结了目前所开展的支持特种作战的科技项目，展示了特种作战部队所使用工具、装备及系统的具体尺寸、作用范围和技术能力，其中包括用于水下作战的浅水作战潜水器、"海豹"运输载具、干式甲板遮蔽舱、干式作战潜水器和潜水设备等；用于水面作战的重型、中型和攻击型作战艇。美国特种作战部队采办、技术与后勤中心重点介绍了最新开发的态势感知技术。会议还包括特种作战装备的能力展示，美国及法国、德国、比利时等国的特种作战部队展示了海上、陆地和空中的特种作战能力以及互操作性战术能力。例如，其中一个演示场景是直升机上的美国海军"海豹"突击队员通过掩护梯登上游艇并执行解救人质任务。

除展示海上特种作战装备和技术外，会上，美国特种作战司令部还介绍了最新研发的新型"塔罗斯"（TALOS）战术突击轻型作战服及项目进展，未来可应用于两栖和海上特种作战，增强士兵的防护水平和机动性。该项目于 2013 年由美国特种作战司令部与美国国防高级研究计划局牵头合作研发，于 2014 年研发出了第一代样品，并计划于 2018 年 8 月完成成品的研制。为满足美军特种作战要求，TALOS 作战服采用新型防弹衣技术，将配备外骨骼和力量辅助装置，头盔将采用骨传导技术来辅助士兵通信联络。

另外，特种作战司令部还计划将革命性的电激活液体防弹衣用于 TALOS 作战服项目，操控者只要将液体防弹衣接通电流或者磁性，防弹衣内的液体将在毫秒级时间内立刻转化为固体，可保护特种作战士兵的安全。此外，TALOS 作战服的头盔留有单兵夜视仪的接口、LED 电筒、电池模块以及单兵耳麦等，体现了先进的技术水平（图3）。

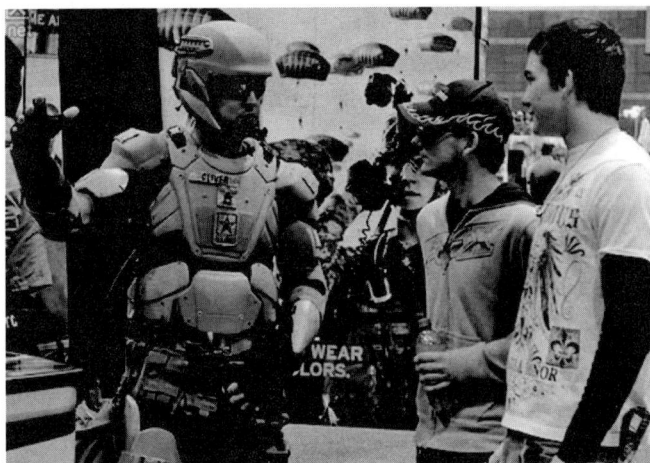

图 3　SOFIC 上展出的 TALOS 作战服

（二）采用新技术开发新型潜水器，增强隐蔽输送能力

为改进美国海军水下特种作战技术，增强其隐蔽运输能力，2016 年 7 月，美军特种作战司令部与洛克希德·马丁公司签署了价值 1.66 亿美元的合同，将在未来 5 年建造 3 艘新型干式作战潜水器。目前，美军在水下运送部队使用的是蛙人运载器，士兵必须从始至终佩戴水中呼吸装置和潜水装备，所以运载器的航程和下潜深度都受到限制。在新型干式作战潜水器中，士兵处于一个干燥的环境中，可以使用水下电话和特高频无线电收发报机进行通信联络，并可由潜水器输送到距离目标更近的海域；到达目标区域时，士兵乘坐封闭舱室浮出水面，然后登陆并开始执行任务，大幅提升水

下特种作战能力。

据洛克希德·马丁公司的消息，新型潜水器每艘重约30吨，主要基于该公司S301i和S302型商用潜水器的设计，采用更好的流体力学设计和更强推进技术，具备更长的续航时间和更大的下潜深度，并可以从水面舰艇发射。目前该型潜水器的具体尺寸尚未公布，若与S302型相似，则其长约9.36米，宽约2.34米，可下潜至100米，搭载驾驶员、副驾驶员以及6名特种作战人员。新型干式作战潜水器通过标准集装箱运输至部署位置的船上，其布置和回收通过吊车完成（图4）。

图4　新型干式作战潜水器

（三）俄罗斯海军接收首批新型高速突击艇，支持海上特种作战

为发展海上特种作战能力，俄罗斯海军也注重新型特种装备和技术的应用。2016年7月，俄罗斯卡拉什尼科夫公司向俄罗斯海军交付了首批数十艘BC-16高速突击艇。该型艇长16.45米，宽4米，可搭载两名艇员及另外19名特种作战人员，最大时速为75千米，最大续航时间大约24小时；加足一次燃料后，BC-16满载情况下航程大约为700千米；装有遥控武器站，能使用7.62毫米口径机枪和40毫米口径自动榴弹发射器等多种武器，其前甲板可以供小型无人机起降。艇上还装有雷达和全球定位系统，主要用于近海与河流巡逻，以及在特种作战时快速运送军队。与以往较小型突击艇相比，该型艇航速高，续航时间长，可满足俄罗斯海军特种作战部队的要求（图5）。

图 5　BC-16 突击艇

当前，世界两栖作战和海上特种作战总体上呈现作战样式创新、技术发展速度加快等新趋势新特点。各国海军通过加快相关领域技术创新和发展，积极推动两栖作战和海上特种作战的平台结构优化、作战能力提升，全面提升两栖作战和特种作战能力。

（中国船舶工业综合技术经济研究院　董姗姗　周明贵）

重要专题分析

美国海军发布系列科技战略规划

科学技术进步推动军事发展，对改变作战游戏规则、影响作战进程、决定战争胜负起到关键作用，科学技术成为各军事大国战略角逐的重要领域。美国海军始终重视海军科学技术战略规划，海军研究局作为海军权威科学技术管理机构，以"走在技术的前面"为理念，每两年更新一版《美国海军科学技术战略》。该战略作为海军科学技术发展重要战略性指导文件，旨在明确海军未来作战能力需求，提出科技创新重点领域，引领海军科学技术发展方向，平衡和管理海军科学技术投资。2016 年，美国海军以2015 年版《美国海军科学技术战略》为指导，进一步明确海军各领域科学技术发展目标，重点对水下战、空间战、航空兵构想及科学技术战略提出具体实施举措，旨在指导科技投资选项，确保与作战需求相一致。

一、发布《水下战科学技术战略》和《水下战科学技术目标》，明确发展目标

2015 年版《美国海军科学技术战略》以科技创新为主调，明确提出了

确保海战场进入、自主系统与无人系统、电磁机动作战、远征与非正规作战、制信息权、平台设计与生命力、动力与能源、力量投送与综合防御、作战人员能力等 9 大领域 35 项科学技术重点，并对每个领域的战略驱动、构想、未来发展目标等进行了详细阐述。针对《美国海军科学技术战略》中提到的 8 项与水下战相关的科技领域，为进一步明确水下战科学技术领域，构建水下战科学技术发展路线，以及支持水下战科技战略的组织架构及角色任务，美国海军先后发布了 2016 年版《水下战科学技术战略》和《水下战科学技术目标》，成为 2016 年以后美国海军水下战科学技术发展指南性纲领文件。

《水下战科学技术战略》由潜艇部队司令、太平洋舰队潜艇部队司令、潜艇项目执行办公室主任、水下战主任联合签发，替换 2010 年 2 月发布的首版《水下战科学技术战略计划》，成为当前美军水下战领域科技发展的战略性文件。该战略以"实现水下部队战略革新"为构想，反映如何构建水下战科学技术优先级，以及指导水下战科学技术战略投资。明确指出当前和未来美国海军水下战科学技术主要聚焦以下 10 个领域：确保海战场进入；自主与无人系统；水下机动战；远征与非正规作战；制信息权与网络；平台设计与生命力；动力与能源；打击与综合防御；作战人员能力；水下精确导航与授时。其中结合水下战未来能力需求，增加了 2 个与未来水下战直接相关的重要技术领域——"水下机动战"和"水下精确导航与授时"。"水下机动战"聚焦开发一些新能力，使水下部队不仅可执行传统任务，还可以扩展到反制敌人诸如海底作战、传感器部署、无人系统和水下基础设施相关水下战能力。"水下精确导航与授时"主要增强应对"反介入/区域拒止"威胁能力，以及水下部队如何维持精确航行，执行当前及未来任务。

支持水下战科技战略的组织架构建设则专注于构建流畅水下战能力的开发和形成链条，有效监管和协调近期及远期水下战能力。包括水下战主任委员会、水下战首席技术官（USW CTO）、未来能力组（FCG）、转化咨询委员会（TAB）、潜艇战术需求组（STRG）、潜艇信息技术管理组（SITG）、潜艇现代化组（SMG）等，其中，水下战主任委员会负责全面监管组织架构机能运行，其他机构则聚焦开发未来水下战技术概念、水下战能力需求优先级、指导和协调科学技术，以及研究和开发投资，确保技术方案满足水下战需求，为作战人员提供水下战能力。此外，美国海军未来水下战能力将按照"20年以上—10年—5年—部署"的研发链条发展，其中20年以上集中为高风险、改变游戏规则的技术；10年为演示验证，科学技术和研究开发向采办阶段转化；5年为形成一体化能力。

《水下战科学技术目标》是《水下战科学技术战略》的深化版，每两年更新一版，由水下战首席技术官发布，2016年版为第3版，主要基于2016年版《水下战科学技术战略》中10个科技领域，结合海军作战部长航海计划、水下战概念、水下战构想2025、水下战设计、空海一体战等一系列指南性文件，提出具体的64项技术发展重点以及开发程序，对水下战科技发展与投资具有直接指导作用。2016年版《水下战科学技术目标》重申了国防高级研究计划局、海军研究局、海军海上系统司令部、潜艇项目执行办公室等在水下战科学技术发展流程中承担的任务角色。重点阐述了水下战首席技术官的职责，包括监督执行水下战科学技术战略以及开发水下战目标，确保科学技术投资满足近期、中期和远期能力需求。作为水下战转化咨询委员会的成员，应向咨询委员会提交水下战科学技术目标、协调海军研究局局长和国防高级研究计划局局长之间的联系、评估正在进行的科技活动进展情况，通过比较预期结果与进展，推动科学技术项目向采办项目转化，并周期性审查科学技术投资，在海军范围内平衡具备经济可承受性的水下战科学与技术活动等。

二、《海军航空兵构想》指引空战装备科技前沿发展方向

美国海军、海军陆战队联合发布《海军航空兵 2025 构想》和《海军航空兵构想》。这两份文件成为确保 2016 年以后海军航空兵完善战备和能力的路线图，旨在支持《21 世纪海上力量合作战略》中提到的 5 项能力：全域进入、威慑、海上控制、力量投送和海上安全。通过上述构想，美国海军航空兵重在推动形成一体化作战能力，确保多系统可跨平台、武器、网络和传感器等协同作战，并在协同环境下，高效提高火力的致命性。而技术革新将有助于主要制造技术快速成熟和转化，海军航空系统正在从"以硬件为中心"向"以软件为中心"转化，通过采用通用开发标准和模块化部件，并抓住网络空间和电磁频谱成为独立作战域的有利时机，朝着更宏大的战术和技术一体化目标发展。其中在加强航空技术前沿发展方面，美国海军航空兵将依靠海军研究局协调海军部各类科学与技术投资，并通过发展和关注以下项目和领域保持技术优势：F - 35B/C"闪电"Ⅱ第五代战斗机、无人系统系列、开放式体系结构、从龙骨到桅杆再设计的"福特"级航空母舰、模块化武器、网络战。

美国海军围绕构建一体化作战优势提出了以下航空领域构想，具体包括：

（1）空战方面，保持海上制空权。由于当今敌方装备更先进，使得需要监控和潜在控制的空域范围扩大，整合 E - 2D、F - 35B/C、EA - 18G 等海军飞机以及 MQ - 4C 无人机等海上情报、监视与侦察平台将提供更广泛

的控制空域供作战飞机行动。通过"协同作战能力"系统和"海上一体化火控—防控"（NIFC - CA）系统等，将进一步实现与海军水面平台的一体化，不仅能够扩大控制区域，而且将增加各平台上武器的射程。通过跨域一体化与空军和陆军合作，还将消除个别易受攻击点。而在全球栅格内实现网络信息共享将进一步增加感知范围。此外，上述许多能力还将进一步扩展到盟国。

（2）反潜战方面，无处可遁，无处藏匿。美国海军认为，未来的反潜作战很可能是包括 P - 3C 和 P - 8A 在内的海上巡逻机、CG 69 及其 MH - 60R 反潜直升机之间的协同作战。而这三种航空平台和水面舰艇的整合凸显了新系统的重要性，并强调未来对 P - 8A 进行升级，改进其通信系统和采用开发式体系结构。P - 8A 上所有机载传感器的信息将融合形成统一战术态势显示，并可基于军用标准和互联网协议数据链等实现共享，从而使美军和盟军能够进行无缝、精确的信息交流。

（3）水雷战方面，应对来自海底的威胁——机载水雷对抗措施。实施有效的水雷战是"反介入/区域拒止"战略的关键要素，机载水雷对抗措施将在应对"反介入/区域拒止"中发挥重要作用。随着水雷战任务包达到初始作战能力，机载水雷对抗措施将成为近海战斗舰的一体化任务系统之一，而集成机载水雷对抗措施的关键是数据链、全动感视频以及流遥测技术的成熟。这些技术将实现近实时的任务事后分析，缩减机载水雷对抗措施杀伤链，并与诸如 P - 8A 等机载平台共享信息。此外，美国海军航空兵将继续投资开发无人潜航器，这将使机载水雷对抗措施概念发生改变，并将继续保留 MH - 53E，以在转型期间确保必要的能力。

（4）攻击作战方面，一体化杀伤力。美国海军航空兵的打击战能力主要是通过 E - 2D 提供战斗管理与情报支撑，由 F - 35B/C、F/A - 18E/F 以及 EA－18G 具体实现。F－35B/C 将为未来的航空联队提供所需的隐身、感知及指挥与控制能力，同时还将与 F/A－18E/F 共享作战图像，使其得以用防区外武器实施攻击和防空作战。F－35B/C 将整合各种飞机的主被动传感器，形成统一作战图像。在这一进程中将自动规划对各个目标的攻击轨迹，并与其他飞机和舰艇共享，使其能够随即与目标交战。

（5）远征作战方面，由海上，随时准备作战。在全球遂行作战任务时，需要海军陆战队航空兵随时随地为陆上的海军陆战队员提供空中运输、再补充和火力支援。技术方面，实现数字化互通将使海军陆战队作为一个整体，从而提高行动的效力和效率。数字化互通是指海军陆战队远征特混部队的各个分队之间能够实现相关战术信息的无缝数字化交流。全球数字化互通不仅仅是能够将战场节点连接在一起，而且还能够实现相关战术信息的有效交流，从而为决策者提供更多的时间和信息。为此，海军陆战队航空兵将采购能够为海军陆战队远征特混部队和联合部队提供分布式电子战以及情报、监视与侦察能力的系统。为确保每个平台都能作为一个传感器、一个电子战节点、一个射手和一个连接器，美国海军陆战队航空兵将使传统的和新获得的各种装备实现最优化。

（6）信息战方面，确保优势。信息战是与水面战、水下战、空天战等具有同等地位的作战域，主要是为指挥官提供战场态势感知能力、可靠的指挥与控制能力以及一体化火力打击能力。未来，随着全球信息和作战环境的发展，将进一步推动美国海军信息战能力不断提高。在电子战领域，美国海军航空兵将继续发展有助于保持电子战优势的项目和技术，包括：电子战战斗管理技术；开发下一代干扰系统，于 2021 年开始替代 ALQ－99 装备 EA－18G；在现役电子战飞机上装备低波段发射机，干扰低频雷达和通信目标等。在战场感知领域，将开发一系列系统，建造能被各种有人和无人飞机投送的通用传感器负载。此外，在指挥、控制与通信领域，一体化火力、网络空间和信息行动等领域都将开发相应的能力和技术。

（7）水面战方面，分布式杀伤。美国海军水面战部队实施的分布式杀伤概念与海军航空兵实现一体化水面战行动的目标是一致的。首个装备"海上一体化火控—防空"系统的航空母舰打击大队实现部署仅仅是开端，今后将有功能更强大的航空母舰打击大队实现部署。

三、《空间战战略计划》提出获取从海上到空间网络优势的科技目标

为快速形成从水面到太空的网络战能力，美国海军空间与海战系统司令部颁布了 2016 年版《空间战战略计划》，详细罗列了构想目标，明确了 2016 年应实施的举措和应实现的里程碑，美国海军在网络空间开展的项目、报告和交流都需要围绕构想目标和里程碑开展。

《空间战战略计划》着重提出了 2016 年以后美国海军空间战科技目标为：①加速和高效化形成舰队新的能力和先进技术，维持美国技术优势和作战优势；②实现先进的、现代化 IT 和网络能力，提供现代化 IT 基础设施服务和用户服务，在网络域将概念转化为作战和机动；③提供海军范围的网络技术领先，构建持久的空间战组织架构，获得网络技术领先，实现海军与其他军兵种网络安全统一技术方法，交付系统和服务，实现可持久的网络战备平台；④减少作战成本，确保形成具备经济可承受性的作战解决方案，优化空间战的实验室基础设施，优化支持有效决策的信息，减少重复劳作和优化资源；⑤优化组织和人员，预测需求和优化劳动力，进行人才管理以满足需求。

根据上述目标,《空间战战略计划》还具体列出了 2016 年和 2017 年应达到的 100 余个里程碑事件以及性能衡量措施,为美国海军实现空间战战略目标提供详细的指导。

(海军装备研究院　李玉荣)

美国海军科学技术发展进入新阶段

为保持技术优势，进而取得作战优势，美国海军一直高度重视科学技术的发展与创新。2015 年初，美国推出《美国海军科学技术战略》，首次将科学技术发展提升到战略层面，标志着美国海军科学技术发展进入新的发展时期，并将进一步促进技术优势向作战优势的转化。

一、推出科技新战略

2015 年 2 月 4 日，美国海军研究局发布《美国海军科学技术战略》（以下简称《战略》），阐述了美国海军科学技术战略及目标、未来构想以及重点关注的九大领域。

给出了科学技术战略："在短期和较长一段时间内，通过合理的发展模式，对能够取得突破性进展的科研项目、创新性技术和高素质人才培养进行投资，为海军研制和生产决定性的武器装备。"

勾画了科学技术未来构想：开展基础研究，发展革命性的新型能力；使科技研发成果成熟并转化，完善现有海军能力；快速响应目前舰队和作战部队的关键需求；预测和应对潜在的技术突袭；提供可承受的解决方案，防止不确定性带来的损失，降低风险。

明确了重点关注的九大领域：一是确保海战场进入。该领域重点关注在复杂多变的环境条件下，与战区进入能力密切相关的反潜战、反水雷战和特种作战技术。该领域强调了海洋—大气环境下高精度感知和预报对作战的重要作用，优先关注分布式和自主海洋系统，以及复杂战区环境的新型建模和仿真方法等。二是自主与无人系统。该领域旨在大量应用低成本的自主和无人系统，作为有人系统的必要补充，降低成本、规避风险；同时建立有人—无人联合编队，增强感知、理解、预报、通信、计划、决策和执行能力。与 2011 版不同，《战略》特别强调分布式无人系统的重要性，更加关注仿生系统和微型机器人系统的应用，并指出了长续航力无人系统的重要性。三是电磁机动作战。这是新增领域。电磁机动作战旨在全面掌控电磁频谱，开发新频段、减少使用阻塞频段，使美军可利用全频谱范围的监视、侦察和通信系统，实现制频谱权。该领域重点关注制频谱权、电子战及相关基础技术，包括利用全电磁谱系，促进作战空间感知、威胁评估、进攻和防御作战，影响和控制敌方作战空间；研发全谱系电子探测手段，促进综合与协同电子攻击。相关基础技术包括超带宽孔径和电子器件，反干扰和高效频谱技术，机器智能学习技术，作战力量、系统和设备间频谱管理的控制算法等。四是远征与非正规作战。该领域重点关注机动性、通信、后勤和训练等技术。与 2011 版相比，《战略》提出实现战场信息自动传送，促进战场感知；促进模块化、自主化、可升级的陆上平台及技术的应用；并强调了战术层面的网络技术应用。五是制信息权——网络。该领域强调构建全方位网络作战空间，结合计算机网络攻击、防御和应用技术，保护己方数据和网络；同时获取、解析和处理敌方数据，通过抑制或欺骗将敌方网络为己所用。与 2011 版相比，《战略》强调了网络技术的重要性，重点关注全方位网络空间作战技术、大数据分析和决策技术等。六是平台设计与生命力。该领域重点关注机动性、耐用性、持续性、优化负载能力和全寿期管理 5 个方面，并指出将利用自动防护等技术提高未来海军平台状况诊断能力和耐用性；还将针对电子战、软杀伤等防护系统，建立平台与环境相互作用的计算模型；优化负载能力、促进模块化和标准化设计，提升平台全寿期的生命力和可维护性。七是动力与能源。该领域关注海军陆战队低成本、高性能和便携式能源技术，包括便携式太阳能电池、燃料电池、低能耗海水淡化等，以及未来海军平台的高能量密度电力系统和新型配电技术。与 2011 年版相比，《战略》重点关注分布式传感器供能和能量回收技术对提高能效的作用，并指出高功率密度和脉冲电源需重视热量管理技术。八是力量投送与综合防御。该领域重点关注小型和手持武器、蛙人、小艇、弹道导弹、巡航导弹等威胁探测、识别和软/硬杀伤技术，并要求未来武器系统同时具备攻击和防御能力。与 2011 年版相比，《战略》强调了定向能武器的重要性，并通过提高武器联合作战的效能，扩大作战优势。九是作战人员能力。该领域重点关注作战人员的能力和防护技术，提高海军士兵级、战斗队级和舰队级的战备状态，促进损伤恢复，提高生命力，降低士兵成本。与 2011 年版相比，《战略》重点关注作战演习、辅助决策和训练的计算机认知模型，利用生物系统提高作战人员能力，以及加强作战人员对生理和心理压力的恢复能力。

二、新特点新变化

《战略》是美国海军科学技术发展的顶层指导性文件，自 2007 年以来每两年修订一次（2013 年未发布），现为第四版。与以前的版本相比，《战略》具有了一些新特点新变化。

（一）首次将海军科学技术发展规划升级为"战略"

美国海军前三版科技发展报告均以"Strategic Plan"的形式出现，而本版则以"Strategy"的形式出现，这表明，随着尖端科技的不断发展和新技术的不断涌现，美国海军科学技术的地位和作用日益凸显，已经上升到"战略"的高度。美国海军认为，科学技术是一种高效的战力倍增器，能够极大提升美国海军在军事行动中的统治力，美国海军比以往任何时期更加依赖科技进步。美国推出《战略》，能够优化海军投资，研制和生产决定性的武器装备，使科学技术发展满足美国海军使命任务和未来作战能力需求。

（二）全面更新了美国海军科学技术发展重点领域

随着科学技术的日新月异以及新型威胁的出现，海军科技的更新周期正在不断缩短，因此《战略》进行了大幅度更新和充实，包括特别强调分布式无人系统的重要性，更加关注仿生系统和微型机器人系统的应用；提出实现战场信息自动传送，促进战场感知；重点关注分布式传感器供能和能量回收技术对提高能效的作用；强调定向能武器的重要性；重点关注作战演习、辅助决策和训练的计算机认知模型，利用生物系统提高作战人员能力等。通过加快科技发展调整频率，更新科技发展重点领域，美国海军试图抓住全球技术发展机遇，避免遭遇"技术突袭"，始终保持对竞争对手的技术优势。

（三）聚焦新领域成为美国海军科技发展重要方向

与 2011 版《美国海军科学技术战略规划》相比，《战略》虽然没有增加重点领域的数量，但用新领域"电磁机动作战"取代了"总拥有费用"，并将其顺序前提，这表明电磁频谱作为一个关键的作战机动空间和一种重要的资源，其重要性不断增加。同时，商业领域也在不断抢占电磁频谱。因此，美国海军为了应对日益拥塞的电磁频谱，全面掌控电磁频谱，夺取制频谱权，正式将"电磁机动作战"增列为美国海军科学技术发展的一个重点领域。此外，《战略》还对制信息权领域的研发重点进行了调整，更加关注网络。这主要是因为网络风险持续增加且迅速扩散，网络技术的重要性进一步凸显，必须构建全方位网络作战空间，结合计算机网络攻防，保护己方数据和网络。

（四）发展海军特色装备仍是美国海军的投资重点

《战略》继续将"海洋声学""水中兵器""海军工程""水下医学"和"海基航空兵"等五大领域定义为"国家海军责任"。与其他研究领域不同，这些特色领域既不是其他军种的研究领域，也不是国家机构和私营企业的主要研究方向，而是海军特有的重点研究领域。五大领域科学技术研究能否健康推进，相关领域武器装备能否快速发展，完全依赖于海军。美国海军通过将海军特色学科上升为国家责任，形成海军独特的科技文化，并持续加大经费投入力度和培养国家级领军人才，推动海军特色装备的发展。

三、几点启示

通过对《战略》进行研究，可得出以下启示：

（一）科技发展应坚持"长远发展"与"短期适应"相结合

科技发展需要统筹兼顾近期、中期和远期科技研发，努力实现可持续发展。美国海军研究局通过科学筹划四类科技研发组合①，具体是快速反应

---

① 另有 5% 的机动经费。

（8%）、技术成熟（30%）、超前创新（12%）和发现与发明（45%），既保证了中远期项目能够平稳推进，保持对未知技术及其未来应用的连续探索性研究，实现了海军科技长期稳步发展，又能够资助立竿见影的短期科研项目，对随时出现的新技术和新挑战做出快速反应，从而使技术发展更加贴近作战需求并更加利于转化。

（二）海军科技发展需要专职机构进行集中统管

随着海军科技复杂性和尖端性的不断增加，海军科技发展谋划和管理的要求也越来越高，这就从客观上需要专职机构和人员对科技发展进行集中统管。美国海军研究局作为美国海军科技发展的集中统管部门，成立于1946年，近70年来，始终是美国海军应对技术突袭和新威胁出现的最为信赖的首要部门。该部门是美国海军唯一一家同时管理基础研究、应用研究和先期技术开发预算支出的机构，熟悉海军科技项目从概念到样机的全部过程，便于集中管理，实现了美国海军科技活动的灵活高效。

（三）科研项目高效执行需要严格的监督与评审

严格把关科研项目是美国海军科技发展的重要特点。一是海军部副部长、美国负责研发和采购的海军助理部长、海军作战部副部长等组成研究、开发、试验与鉴定联合委员会，负责项目推进和投资指导。二是各重点科技领域分别由一名高级行政官领导，而且每两年评审一次，根据结果适时调整。三是科技项目持续开展同行评议，评审人员至少有三名专业人员参与。四是海军研究局每年12月进行一次投资差额评审，其结果将用于支持预算编制和执行。通过这些措施，美国海军实现了科研项目的高效执行，确保了项目质量和进度。

（四）基础研究应得到高度重视和重点扶持

基础研究是技术创新与发现的基础。20世纪40年代后期，美国海军研究局资助了美国大约40%的基础研究项目。虽然这些投资往往不能立马见效，通常需要持续20年时间才能满足海军需求，但从历史角度来看，正是全球定位系统（GPS）、雷达、自主系统、石墨烯等基础性研究，成为驱动美国海军科技发展的重要引擎，开创了美国科学的黄金时代。目前，美国海军在基础研究领域的投资经费约占海军科技开发预算的30%。而且，《战略》提出，美国海军研究局将继续大力投资基础研究领域，充分发挥基础科学的价值，为未来创新和发展奠定基础。

（五）广纳顶尖人才是保持科技健康发展的关键

科技人才培养是一项重要的战略工程。《战略》认为，投资人力资源并大力培养人才，不仅对于国防建设至关重要，而且与国家安全休戚相关，必须培养高素质人才队伍，造就下一代海军科学家和工程师。到2020年，美国海军将有超过50%的科技研发人员退休。鉴于此，美国海军研究局将致力于海军科技研发团队的未来建设。例如，美国海军研究局将大多数基础研究经费投入到大学中，通过奖学金项目支持为美国海军工作的教师和学生，同时还积极吸引美国学生从事科学、技术、工程和数学领域的职业。只有广纳顶尖人才，建设精英团队，才能使科技发展和人才队伍水平始终保持世界领先。

（六）充分借助外力是推动科技发展的有效途径

充分借助外部力量，广泛开展合作是提高海军科研能力的有效途径。目前，美国海军研究局在全球拥有一支庞大的合作队伍，覆盖50个国家（地区）和914家公司，总计3340名主要研究人员和3000名研究生。美国海军吸纳外部科研力量的工作主要由海军研究局全球办公室负责，具体通过实施各种国际科学计划，推动全球科研力量的参与。例如，"科学家参观计划"支持国外科学家到美国短期旅行，交流创新的科技理念和研究成果;"合作性科研计划"为国际研讨会提供资金支持;"国际海军科技合作机会计划"为国外科学家提供直接研究支持,协助其解决海军科技难题。

(海军装备研究院　李红军)

美国发布新版水下战科学技术战略/目标

2016 年 9 月，美国海军发布《水下战科学技术战略》（以下简称《战略》），这是继 2010 年 2 月发布《水下战科学技术战略计划》之后，时隔 6 年再一次更新水下战科学技术战略。与《战略》相配套，美国海军同时发布了《水下战科学技术目标》（以下简称《目标》）。两者相互结合，详细阐述了美国水下战重点研究领域，相关领域的重点技术、战略的产生及贯彻执行等，为美国海军水下战研究和投资紧贴水下战需求提供了保障。

一、制定背景及基本框架

近年来，美国国防部和海军的预算持续紧缩，水下领域既要保持基础研究及变革性技术探索，又要满足近期需求，因此不断在使用和维护现有平台/系统、采购改进型/变革性新能力两方面保持平衡。新版《战略》及《目标》即反映了这一状况。

《战略》和《目标》共同阐述了美国水下战重点发展领域、贯彻实施方式、具体技术目标、研究开发流程等，通篇强调所有投资必须瞄准水下战需求，从全寿期角度考虑开发总成本。其中，《战略》描绘了水下战科研体系的目标，结合水下战特点确立了 10 个重点开发的领域，藉此影响海军研发机构的科技投资，并审视相关投资与当前水下战学说的匹配情况。《目标》根据《战略》确定的领域，细化了各领域的技术重点，制定了开发流程，规定了不同部门的职能。

二、报告主要内容

（一）提出 10 个重点研究领域

《战略》以《国防部科技重点》《海军科学技术战略》、潜艇部队司令官在潜艇部队和后勤组织方面的意图、海军作战部长办公厅水下战部队《综合水下未来投资战略》（IUFIS）等文件为基础，结合水下战领域特殊需求，提出 10 个重点研究领域。包括：

（1）确保海战场进入（AA）。

（2）自主与无人系统（AUS）。

（3）水下机动战（UMW）。

（4）远征和非正规作战（EIW）。

（5）制信息权与网络空间（IDC）。

（6）平台设计与生命力（PDS）。

（7）动力与能源（PE）。

（8）打击与综合防御（SID）。

（9）作战人员能力（WP）。

（10）水下精确导航与授时（UPNT）。

上述 10 个重点研究领域有 8 个与海军科学技术战略保持一致。其中，水下机动战和水下精确导航与授时为新增领域。水下机动战是指利用水下区域的不透明特性，采用灵活机动的欺骗和干扰，削弱对手作战能力，为己方提供作战保障。水下精确导航与授时旨在为前沿对抗环境中部署的装备提供新型高精度定位技术，减少对海上、空中、空间传感器的依赖。

《战略》认为，对重点领域的研究可显著增强未来先进水下战能力，同时有助于提高部队战备水平、提高部队作战能力，并有助于士兵的训练等。

（二）确定各重点领域的研究任务和目标

《目标》围绕 10 个重点领域，分别论述了各领域所要实现的目的，并设置了具体的任务目标。

（1）确保海战场进入。其目的是确保进入全球海域和沿海地区，控制高危险性的战略及战术目标；感知和预报全球海域及沿海地区的环境特征，支撑战术、战略规划及作战；使系统适应当前及不断变化的环境，提高作战性能。具体的任务目标包括开发各类感知技术、隐身技术、辅助决策系统等。

（2）自主与无人系统。其目的是在水下作战领域实现有人和无人/水下自主系统的无缝结合；开发支撑无人/自主系统作战的通用控制体系和接口。具体的任务目标包括开发多目标作战能力、有人/无人结合能力、对抗水下无人系统的技术、无人系统网络化作战能力等。

（3）水下机动战。其目的是干扰、混淆对手海上态势感知能力，限制对手的海上机动能力，同时为己方的集结和疏散提供便利。具体的任务目标包括改进水下信号控制、扩大频谱应用、研究水下无人系统相关技术等。

（4）远征与非正规作战。其目的是为远征和非正规战争提供更高效的技术，减少兵力部署和回收的时间及复杂度。具体的任务目标包括改进平台接口技术、隐蔽通信技术、潜射无人机等。

（5）制信息权与网络空间。其目的是提高己方战场态势感知能力，形成有效的网络空间防御能力。具体的任务目标包括发展基于无人系统的隐蔽通信能力、研发电子攻击和电子防护能力等。

（6）平台设计与生命力。其目的是通过研究新的设计及工程工具，使平台的研究、制造、维护等更为便捷高效。具体的任务目标包括开发平台设计及工程工具，验证和改进平台模型、船体监控技术等。

（7）动力与能源。其目的是提高水下动力与能源系统的能量密度、安全性和可靠性；促进水下部队利用环境中存在的能源。具体的任务目标包括开发低成本、高效率的能源管理、发电、传递、运输、部署和储存技术，以及能源故障诊断能力等。

（8）打击与综合防御。其目的是提高水下武器系统的性能、生产能力、续航力、经济性和射程，包括定向能武器的研发和集成；使水下系统具备躲避、探测和/或对抗敌方攻击的能力。具体的任务目标包括提高进攻型水下武器的打击能力、增加潜艇负载能力、提高武器系统的模块化设计能力等。

（9）作战人员能力。其目的是提高以用户为中心的设计能力、开发人机接口、提高虚拟训练能力、改进艇员身心健康等。具体的任务目标包括开发以人为中心的分析技术，发展舰上适应性训练工具，提高潜艇在浅水域逃脱、营救和生存的技术等。

（10）水下精确导航与授时。其目的是使水下设备在变化的前沿部署环境中，持续可靠地实现高精度、最小不确定度的定位和授时；减少对海上、空中、空间传感器的依赖。具体的任务目标包括研究水下替代导航方案、发展数据融合技术、开发支持潜艇导航的计划编制工具等。

（三）确定《战略》与《目标》贯彻实施的责任分工

《战略》指出，潜艇部队司令官指派水下战首席技术官监督《战略》的实施。水下战首席技术官通过了解、影响及安排水下战科学技术工作，确保科学技术投资保持均衡，满足水下战领域近期、中期和远期能力需求。其主要工作包括：

更新《目标》：每两年，水下战首席技术官将组织所有相关单位召开研讨会，对《目标》进行新一轮的评定和核对。《目标》将提出支持水下战的远期科学技术目标，并作为确定、排序、校准及同步科学技术投资的基础。

确保技术开发的经济可承受性：世界动荡局势的加剧以及国防预算的减少，迫使每一项技术开发都要考虑经济可承受性。在《战略》和《目标》里，对经济可承受性的要求无处不在。

促进水下领域研究的国际合作：水下战首席技术官将与国际技术项目官（TPO）、资深盟友的军事伙伴建立科研数据和信息的交换关系、合作开展研究，以使美国海军部队，包括水下部队，获得领域/技术上的利益。

对水下战科学技术投资组合进行评估：每年都要对投资组合的健康度进行评估，确定哪些科研领域较弱需要加强，哪些领域有条件进一步开拓，哪些领域出现能力需求。该评估将影响相关领域投资的发起、继续或终止决策，也影响对水下战科学技术投资组合的调整。

（中国船舶重工集团公司第七一四研究所　朱鹏飞　王晓静　王国亮）

美国海军陆战队发布新版作战概念

2016 年 9 月 28 日，美国海军陆战队发布新版《海军陆战队作战概念》（简称 MOC），再次强调机动作战，旨在指导海军陆战队 2025 年前的部队建设、能力发展、兵力部署以及未来如何有效应对 21 世纪复杂战争形势和强大的竞争对手。该文件将替代美国海军陆战队 2014 年发布的《21 世纪的远征部队》，成为其新的顶层纲领文件，且文件中的核心思想契合美军正在修订的"全球公域介入与机动联合"概念，将对海军陆战队的未来发展和建设产生深刻影响。

一、新版作战概念提出的背景分析

（一）未来作战环境复杂、多变

美军认为，未来作战环境具有以下五方面的特征：一是复杂地形使战场信息和人为因素增加，对手凭借复杂地形可削弱美国海军陆战队在技术、装备机动性和火力攻击方面的优势，而在高度城镇化或人口密集地区，作战行动易被发现，对陆战队的隐蔽和突袭能力提出挑战；二是技术扩散使竞争对手的"反介入/区域拒止"能力不断增强，并开发出反舰巡航导弹、精确制导武器、无人机系统等武器，威胁美国的战略范围和机动作战自由；三是信息技术给美军作战带来更多不确定因素，使美军获取和维持最新准确情报变得更加困难，信息还可能被恐怖组织利用，加剧部分国家和地区间的矛盾，引起战争或混乱，对海军陆战队信息战能力提出更高要求；四是特征信号控制对未来作战中的影响更为重要，海军陆战队需加强特征信号的管理和控制，在作战时提升探测敌人信号特征的能力，并保护己方信号不被敌人发现；五是各国的海上控制能力逐渐增强，竞争对手的远程打击能力不断提升，使美国海军和陆战队开展海上控制及力量投送任务面临更多威胁。在此背景下，美国海军陆战队当前的结构、训练和装备难以满足未来作战环境的需求，需出台新型作战概念，提升海军陆战队的作战能力。

（二）已有纲领性文件不适于指导海军陆战队的发展

自美国从伊拉克战场撤军以来，为巩固自身地位和作用，美国海军陆战队以"回归远征"为旗帜推进部队转型，最具代表性的是 2014 年发布的《21 世纪的远征部队》纲领性文件。该文件重点是发展海军陆战队的远征能力，为海军陆战队迈向 21 世纪海军远征军提供了初始发展方向，强调了远征对于海军陆战队的意义，并提出了海军陆战队实现远征所需努力的方向。两年后，面临新兴威胁和实力不断增强的竞争对手，海军陆战队需完成高信息对抗环境下的全维机动、多样化任务，以"回归远征"为核心的《21 世纪的远征部队》不再适用于指导部队发展，急需出台新的作战概念，规划海军陆战队的发展重点，加快部队建设，将海军陆战队打造为一支更为卓越的军事力量。

二、提出未来 10 年作战概念，明确五项使命任务

（一）未来 10 年作战概念：全维度机动作战，全域联合作战

21 世纪的海军陆战队空地特遣部队在现实和潜在冲突中遂行机动作战，占据心理、技术、时空优势；通过联合各种作战力量开展机动作战，采用信息作战手段实现在陆、海、空、天、电五个领域中的互补作用；避免采用线式作战等传统作战方法，通过整合机动作战和联合作战形成在整个任务范围同时行动所需的战斗力量。作为海军或联合作战部队的重要组成部分，21 世纪的海军陆战队空地特遣部队将进行海上和登陆作战。

（二）明确五项使命任务

为指导海军陆战队的组织、训练和装备建设，支持其作战并赢得胜利，MOC 明确了海军陆战队五项使命任务。一是融合海军部队的力量，执行海上和登陆作战，包括整合海军和海军陆战队的指挥结构，以及在海军海上控制和力量投送任务中为海军陆战队空地特遣部队找到合适的定位；二是发展海军陆战队空地特遣部队，保持其强大的海军陆战队远征部队结构，并设置适合分布式作战的小分队；三是在竞争激烈的网络环境中灵活作战，掌握网络加固和信号发射管理能力，确保在电磁频谱作战环境中完成任务并保障海军陆战队员的安全；四是增强部队机动能力，提高海上和沿海的机动作战以及利用各种地形、后勤支援来灵活调动小型和大型部队、步兵和支援部队的能力；五是充分发挥海军陆战队队员的潜能，并提高对培训和教育的投入。

三、呈现新变化，更加重视信息、自主技术发展

（一）更为强调机动作战和联合作战

相较于《21 世纪的远征部队》对近海战场空间（空中、陆地、海洋）内机动作战及陆、海、空领域联合作战的重视，新版作战概念出现了新变化：一是更加重视复杂环境下多维空间内的机动性，将机动作战的概念拓展到现实和潜在冲突中，而不再局限于近海战场空间，从而占据心理、技术和时空优势；二是更为强调在太空和网络空间领域的联合作战，将联合作战概念延伸至陆、海、空、天、电等领域，要求海军陆战队采用信息战手段实现五大领域的互补效果。新版作战概念丰富了机动作战和联合作战的维度，是美军提升一体化联合作战能力的重要内容，核心思想契合了美军正在修订的"全球公域介入与机动联合"概念。

（二）进一步明确信息技术的作用

《21 世纪的远征部队》中将信息技术的飞速发展作为未来作战环境的基本特征，指出海军陆战队需利用先进的信息技术，加强信息搜集、处理和共享能力。新版作战概念在重视信息技术发展的基础上，更为关注信息技术给作战带来的不确定影响，在海军陆战队使命任务中明确要求其整合指挥控制与信息工具，转变信息处理能力为战术优势，并通过建立信息作战组织和相应机构等途径大幅提升信息战能力。

（三）首次提出利用自主技术发展海军陆战队空地特遣部队的能力

自动化技术可带来无人系统、机器人自主系统等装备的飞跃发展，在降低人员伤亡、提升工作效率等方面具有重大应用前景。《21 世纪的远征部队》中仅针对无人机系统提出了几点发展目标，并未提及自主技术的应用。

新版作战概念在强调无人机系统重要性的基础上，更为关注先进的自主技术，首次提出应支持、利用关键的机器人自主系统，并将其与有人平台/海军陆战队员有机结合，同时发展无人侦察和监视系统，以构建综合平衡的作战力量。

综上所述，新版作战概念更为强调现实和潜在冲突中的机动作战以及陆、海、空、天、电五大领域的联合作战能力，是美军正在修订的联合作战概念的重要组成，将为海军陆战队未来作战及如何赢得战争提供重要指导，并牵引海军陆战队未来的建设和发展方向。根据该概念，美国海军陆战队将由"实现远征"为主向完成高对抗环境下的全维机动、多样化任务转变。未来，美国海军陆战队的全维联合作战能力将提高，全域联合作战也将成为重要的作战方式，信息、自主技术的应用也将带来更多重大影响，应继续密切跟踪关注。

（中国船舶工业综合技术经济研究院　周明贵）

美国水下战能力建设成果频现

2016 年，美国国防高级研究计划局、海军研究局等研发的"分布式敏捷反潜系统""反潜战持续跟踪无人艇""上浮式有效载荷"等多个颠覆性反潜装备项目取得重大进展。它们是美国近些年推进新型水下战技术发展成果的一部分。近年来，美国海军积极与 DARPA 合作，探索构建广域反潜探测、潜艇无人协同、水下保障、海底预置为代表的新型装备体系，创新理念和技术成果频现，可能会对未来水下战装备构成和作战模式产生重大影响。

一、发展背景

受浪、流、温、海底地貌等影响，水下声波探测和通信距离、精度、可靠性受到极大影响，客观上使得水下难以实现"透明化"，从而也就成为美国海军不能完全掌控的作战空间；随着潜艇主被动降噪技术的广泛应用，先进的安静型潜艇低速航行时的辐射噪声接近甚至低于海洋环境噪声水平，被美国海军视为巨大的威胁。为此，21 世纪以来美国海军将发展新型水下战能力作为装备建设重点，开启了创新水下战概念和手段之路。

装备建设经费投入不足也是促使美国海军水下战能力创新的另一个重要原因。美国海军一贯依托其先进而庞大的攻击型核潜艇部队控制全球关键海域和要道海峡，冷战结束后的前五年，美国海军攻击型核潜艇总规模保持在大约 90 艘的水平，此后由于建造和运行经费的不足，潜艇规模一路下滑，21世纪初降到 55 艘的水平。此后几年，美国海军试图将 55 艘作为其攻击型核潜艇长期保有的底线目标，认为低于这个水平，难以有效承担水下战使命。但由于作为水下战主力的"洛杉矶"级核潜艇进入批量退役期，替代艇"弗吉尼亚"级受制于经费不足，建造速度难以加快，从 2006 年起，美国海军将攻击型核潜艇保有底线调减为 48 艘，并一直延续至今。目前，美国海军现役攻击型核潜艇虽仍有 52 艘，但根据造舰计划安排，2022 年将降到 48 艘这个底线，2025—2036 年的 12 年间将低于这个数量，最低时降到 40 艘以下。

面对这种情况，美国海军认为按传统水下战方式，核潜艇规模的缺口不仅已经存在而且在继续拉大，急需寻求新的途径，建立全新的水下优势。为此，美国海军 2011 年发布的《水下战纲要》，强调必须用其他装备部分替代核潜艇执行水下战任务，随后加大了新型水下战能力的方案论证和装备技术研发验证。美国海军的这个能力建设思路得到国防部的认可，2014年启动"第三次抵消战略"后，立即将水下战作为征集、筛选"远期研究与发展规划"颠覆性技术的五大领域之一，目前已纳入"第三次抵消战略"初步确定的六大颠覆性能力之列。

二、主要成果

相对于大气和太空，水下"透明化"程度极低，超越传统水下战能力的边界，开发新型水下战装备和技术，难度极高，必须要靠创新的思维和颠覆性技术，才能取得突破；发展新型水下战能力，直接关系到美国对全球海洋控制力的大局。基于这两个原因，DARPA 成为水下战装备技术创新的主力，主管美国海军部基础科技工作的海军研究局也开展了大量研究工作，一些企业也参与其中，近两年以较快的频次推出一批创新成果。

（一）通过多种创新方式，实现对潜艇大范围跟踪探测

由于无人系统适用海域广，美国海军将其作为弥补潜艇规模不足、创生新型水下战能力的首选。

DARPA 先后开展了"分布式敏捷反潜系统"和"反潜战持续跟踪无人艇"两个重点项目，研究验证水下和水面无人系统用于反潜作战的方式。前者的方案是利用数十个无人潜航器潜伏海底组成网络，向上仰视监测大面积海域。这个方案首创了自下而上探潜的模式，可以克服海面、海底散射对声探测的不利影响。理论上，潜伏在水下 6 千米的无人潜航器网络能够监视 18 万平方千米水域敌方潜艇的活动。项目于 2010 年启动，2013 年完成大潜深试验，2016 年完成组网海试。后者旨在利用无人水面艇贴身跟踪目标潜艇。DARPA 委托美国科学应用国际公司研制一型三体无人艇进行概念和技术验证，艇长 40 米，最大航速 27 节，可对敌方潜艇进行长达 70 天的持续跟踪，首创持续贴身跟踪的反潜模式；该艇 2010 年开始研发，2016 年 6 月首艇"海上猎手"号完成航速、机动性、稳定性等性能的海上试验，预计 2018 年服役，以后可能将批量建造。

海军研究局 2007 年启动"深海主动探测系统"研发项目，旨在研发一套由水面浮标、声源、体积阵组成的无人值守探测系统，通过水面舰布放，一套系统探测近 1 万千米^2 的海域，多套系统组网，实现大范围探测。2009 年该系统完成样机海试，2011 年完成升级版海试，目前作为向型号转化的备选方案。

液力机器人公司和波音公司联合开展了"自主无人水面艇"项目，目标是用滑翔式无人艇，将波浪的上下起伏转化为前进的动力，实现超长续航力。艇上搭载先进传感器，能有效探测安静型常规潜艇和无人潜航器。应用设想是，与 P-8A 反潜巡逻机协同探潜，或由多个水面艇组网探潜。2015 年完成与 P-8A 反潜机的联合应用试验；在 2016 年"无人战士"演习期间，完成 4 艘无人艇的组网探潜试验。

（二）利用潜布系统，形成新型水下集群作战能力

潜布系统以潜艇为母艇，布放后前出执行情报、监视与侦察和打击任务，美国海军将其视为延伸潜艇"手眼"、扩大潜艇控制范围、保护潜艇安全的有效手段。目前发展的主要潜布系统包括"近海水下持久监视网络"、大排水量无人潜航器、"蓝鳍"-21 无人潜航器等。

"近海水下持久监视网络"是海军研究局的项目。方案是利用核潜艇搭载和布放固定式水听器阵、多种无人潜航器，众多设备各司其职，形成作战集群，能对 1 万千米^2 水域内的常规潜艇进行数月乃至数年的探测、识别、定位、跟踪；2005 年开始样机研发，2012 年完成样机研发，2013 年完成样机海试，现在正处于舰队转化阶段。

大排水量无人潜航器也是海军研究局的项目。方案是研制长 13.5 米、排水量 10 吨、续航力超过 120 天的察打一体化无人潜航器，搭载声学传感器组网探测潜艇，可发射轻型鱼雷攻潜，还可搭载和布放多个小型无人潜航器。2015 年 4 月，海军研究局首次展出大排水量无人潜航器样机，8 月通过低风险评审，按计划 2017 年服役。

金枪鱼机器人公司研发的"蓝鳍"-21 和"沙鲨"无人潜航器，航空环境公司研发的"黑翼"无人机参与了 2016 年"海军技术演习"。演习中，

潜艇发射了一个"蓝鳍"－21无人潜航器，"蓝鳍"－21再释放两个微型"沙鲨"无人潜航器和一架"黑翼"无人机，执行情报监视侦察任务。演习中，由"黑翼"完成潜艇和"沙鲨"间的通信中继，实现了水下和水面的跨域通信和指控。

（三）发展新型补给和导航技术，提高持续作战能力

为了弥补水下平台续航力的不足并减少对GPS的依赖，DARPA于2016年5月启动了"深海定位导航系统"项目，方案是通过在深海中布放可连续高精度定位的声源，使潜艇、无人潜航器等获得连续高精度导航信息，无需定期上浮修正累积误差。此前，在美国海军研究局的支持下，波特罗公司开展了"无人潜航器水下母港"研究工作，研发对无人潜航器进行无线数据中继和充电的技术。方案是布放数个"无人潜航器水下母港"，对无人潜航器进行补给，提高其持续作战能力。2007年开始研制该技术，2011年技术成熟度达到7级，2015年充电功率达到1700瓦。

（四）发展变革性海底预置装备，控制关键海区

海底预置装备是一种全新的水下装备，可以替代潜艇提前部署在关键海区的海底，长期待机。DARPA于2013年设立了"上浮式有效载荷"和"海德拉"两种预置装备研发项目。前者通过水面舰艇布放，预置在深海，由运载器、有效载荷、通信系统等组成，可在4千米深海中待机5年，需要时远程唤醒，快速释放无人机、传感器、导弹等载荷，执行情报监视侦察和打击任务。2016年6月完成运载器测试，按计划2017年完成第三阶段研制。后者预置在近海，可搭载数个小型无人机和无人潜航器，由水面舰、潜艇、飞机投放，在水下待机数月，需要时唤醒，自主指挥负载执行反潜任务，预计2018年完成试验验证。

（五）逐步构建水下战新技术体系，夺取未来水下作战优势

为满足水下战需求，创新水下战能力，美国海军从 2010 年起制定水下战科学技术专项战略。2016 年 9 月，美国海军发布新版《水下战科学技术战略》，确定了 10 个领域作为水下战技术发展的重点。其中，"水下机动战"和"水下精确导航与授时"两个领域是根据水下战新特点而增加，目的是提高前沿对抗环境中的水下优势。美国国防部正在深化论证的"远期研究与发展规划"明确将水下战作为推进颠覆性技术发展的重点领域，届时可能会提出新的技术发展思路和重点方向。

三、前景展望

（一）美国海军反潜装备体系构成将发生结构性变革

目前美军反潜装备主要包括海洋监视卫星、固定翼反潜巡逻机、反潜直升机、水面舰艇、核潜艇、水下固定式声纳阵等。正在发展的新型反潜探测装备部署后，反潜装备体系构成将发生重大变革：空中将增加反潜无人机，水面将增加反潜无人艇，水下将增加海底预置装备、潜艇布放水下作战群、其他平台布放水下探测网等新型装备。

（二）新型反潜探测装备机动能力强，可实现大范围精确监视

在集群技术和自主技术的支持下，美国海军将实现水下情报保障从固定、局域监视为主，向大范围机动监视转变，并能够提供更加精确的情报信息。包括在近海海域针对性探测情报信息、在公海形成大范围监控区域、形成以潜艇为中心的探测网络，以及通过持续跟踪的方式随时掌握目标潜艇的位置信息等。新型反潜探测装备部署机动灵活，可提供持久情报保障。

（三）海底预置装备隐蔽性强，能对敌形成战略威慑

海底预置装备是美国海军构建未来水下非对称优势，实现战略突袭最为典型的一类装备，部署后，难以探测和破坏。可在敌近海和远海要点预置攻击型无人机、无人潜航器、导弹，实现战前"按需"隐蔽部署，构筑探测网络，埋伏突袭力量，对敌陆地、空中、海上和水下目标执行探测、打击等任务。

（中国船舶重工集团公司第七一四研究所　王晓静　朱鹏飞　王国亮）

美国海军实验室深入推进科技创新发展

美国国防领域的"实验室"是对各类研究实验室和研发中心的统称。美国海军实验室包括海军研究实验室以及海军空战中心、海军水面作战中心、海军水下战中心、海军空战中心所属各类研发机构，是美国海军直接拥有和管理的科技创新研发机构，这些机构以"走在技术的前面"为基本理念，不断突破关键技术，取得创新成果，为海军武器装备的科技创新和发展提供了强有力的支撑。

一、实验室科技战略体系化，牵引科技创新长远发展

美国联邦政府和国防部高度重视国防领域实验室等科技力量的建设，强化实验室科技创新发展方向和目标。美国海军将科技创新置于重要战略地位，2007 年以来，每两年制定一版科技战略规划，指导与推动海军科技创新发展。

美国海军 2015 年发布《美国海军科学技术战略》，明确了自主与无人系统、电磁机动作战、远征与非正规作战、制信息权、动力与能源、力量

投送与综合防御等科技创新领域，提出海军未来作战能力需求，引领海军科学技术发展目标。2016 年 7 月，美国海军发布新版《2016 年—2025 年海军航空愿景》，分析了海军当前面临的压力，进一步提出海军需要重点关注的创新目标和技术领域，包括构建海军创新网络、提高海军队伍创新能力、改变海军信息使用方式、促进新技术转化、开发颠覆性技术及作战概念等。

为适应海军舰上激光武器、电磁导轨炮和计算机等对电力的指数级增长需求，海军水面作战中心科罗纳分部专门制定《海军电力系统技术发展路线》，重点开展舰上电力产生和存储技术研究，以改进舰上电力的存储、产生和输出能力。美国海军研究实验室发布《美国海军研究实验室北极行动》，指导开展北极环境研究，并通过研发新技术以收集北极数据，完善美国海军北极气象预测系统。

上述系列文件成为美国海军实验室具体实施科技创新活动的指导与参考，有效牵引实验室科技创新长远发展。

二、实验室科技管理集约化，推动科技创新有序开展

美国海军实验室是海军最主要的科技研发组织，是产生重大科技创新成果的重要基地。美国海军科技研发领域归海军部统一管理，海军部自上而下构建了顺畅、简约的科技研发管理架构体系，将科学技术研发管理的权限集中化，在海军部长的指导下，由美国海军研究局集中协调、规划并实施美国海军和海军陆战队科技项目的管理权限，可以有效提升海军实验室科技研发活动效率，高效推动实验室科技创新发展。

海军研究局集中管理海军基础研究、应用研究、先期技术开发等科技研发流程，既负责开展耗时较长的基础研究项目，还承担高风险、高回报、

突破性的创新技术，以及可以满足现实作战需求的较为成熟的技术开发与转化。海军研究局为了提高科技创新效率，加强创新项目管理，设立了创新办公室，负责提高、促进和开发海军部创新型科学、技术、程序和政策，识别和扫除阻碍创新的障碍，领导建设海军创新网络，提高创新进程。此外，为了确保科学技术项目投资与科技战略相一致，海军部专门成立"海军研究、开发、试验与鉴定（RDT&E）联合委员会"，监督和指导海军科技研发项目的选择与投资。

美国海军科技项目管理机构和海军实验室等科技研发组织的设置与海军能力领域相适应，并且将各领域的研究项目集群化，不仅利于科技创新项目的管理，而且有助于加速推进科技成果向作战能力的转化。

三、实验室运行机制规范化，保障科技创新高效运行

美国海军实验室始终以满足国防战略需求、维护国家安全为核心任务，以推进海军武器装备发展为根本目标，通过合理布局实验室结构体系、加强团队创新能力建设、完善相关运行机制等手段，保障实验室科技创新高效开展。

从专业布局看，美国海军实验室覆盖了船舶、兵器、航空、信息网络、电子、生化和军事医学、军队指挥控制学等军事关键技术领域；从技术链条看，覆盖了基础研究、应用研究、先期技术开发、先期部件验证、系统开发验证、研发管理支持和作战系统开发等国防研发全流程，满足国防科技和海军高新技术武器装备发展的基础理论研究和关键技术支撑。

为保持科研团队创新活力，除常规的人才招募手段外，部分实验室还采取"海军创新科学与工程计划"、"实验室演示计划"、"直接聘用授权计

划"等多项措施不断引入"新鲜血液"。同时,为充分保障科研人员的职业发展,实验室设计了雇员项目、继续教育、专业人员发展等多种类型的人才培养项目,广泛吸引全球科技人才。

在开展科研活动过程中,美国海军实验室不断加强与其他国防部实验室的交流互动,注重与工业界、学术界以及其他联邦科研机构的研发合作,深入推进协同创新。此外,实验室结合海军实际作战需求,制定能力演示方案,开展样机研制与试验工作,充分验证科技成果快速形成作战能力的可行性。

四、实验室创新成果规模化,助力武器装备快速发展

在顶层科技战略的引导下,在集约化科技管理模式的推动下,在规范化运行机制的保障下,美国海军实验室产生一大批革命性成果,不断抢占国防科技制高点,直接引领美国国防科技乃至世界军事和科学技术的发展,为美国海军力量的建设发展发挥了巨大作用。

在近百年的发展历程中,海军实验室的科学家们攻克了一系列技术难题,发明了美国的第一部雷达,研制了美国的第一部用于作战的声纳,冷战期间研制了第一颗情报卫星,之后,提出和开发了现在的全球定位系统的概念和原型系统。海军实验室于 2003 年开始电磁导轨炮关键技术研究工作,2011 年 10 月实现大口径电磁导轨炮样机的 1000 次发射试验,达到关键里程碑节点,2012 年 2 月在海军水面战中心达尔格林分部开展全尺寸样机测试工作,2015 年 6 月海军对电磁导轨炮进行首次舰载测试。与此同时,海军实验室成功突破了大功率纤维激光系统传输技术,并首次对非相干合成高功率光纤激光器的使用进行了模拟,为海军新的激光武器系统的研制

和使用奠定了坚实基础。2016 年 1 月,海军的电磁导轨炮和激光武器项目均已经从理论概念阶段迈向了实际研发阶段。未来,电磁导轨炮和激光武器的成功开发和部署,或将成为美国海军舰艇应对敌方导弹的"游戏改变者",甚至会发生颠覆性的改变。

为提高海军作战能力,应对潜在的网络空间安全威胁,海军水面战中心达尔格林分部正联合水面战中心费城分部和科罗纳分部、海军空战中心莱克赫斯特航空分部和帕塔克森特河航空分部,打造虚拟网络空间试验床,在海军水面、水下和空中作战系统面临网络空间攻击时提供防护,或在系统崩溃后快速恢复系统。该技术可协助工程师在所有设施中确保网络空间安全,并将确保美国海上系统司令部水面战中心关于将战舰打造成网络空间安全战舰的设想成为现实。

(中国船舶工业综合技术经济研究院　王振　吕建荣)

美国海军实验室运行与管理机制分析

为保持全球军事优势地位和维护国家安全，美国建立了规模庞大、体系完整、具有世界领先水平的国防实验室。美国海军实验室在近百年的发展历程中更取得了一系列令人瞩目的创新成果，对促进海军武器装备发展起到"中流砥柱"的作用。其做法值得借鉴。

一、美国海军实验室发展历程

美国海军实验室建设最早可以追溯到 1923 年，在曾任美国海军技术顾问委员会主席爱迪生的建议下，由联邦政府出资组建海军研究实验室，专门从事海军军事技术研究。第二次世界大战前后，"曼哈顿"工程的实施，使美国深刻认识到了国防科技对于国家安全和军事作战的重要作用，海军实验室也随之得到了蓬勃发展，政府组建或重点资助了海军空战中心武器分部、海军水面战中心克雷恩分部、空间与海洋作战系统太平洋中心等。冷战结束后，根据国防战略和军事作战需求变化，政府合并调整了一批海军实验室，逐步形成稳定的海军实验室体系布局。

二、美国海军实验室建设和布局

（一）定位和任务

美国海军实验室主要包括海军研究实验室、海军航空作战中心、海军水面作战中心、海军水下作战中心等实验室和作战中心，是维持国防科技和海军武器装备强大技术优势、保障美国全面领先军事地位的重要战略科技力量。其中，海军研究实验室主要任务是为满足海军及海军陆战队需要，广泛进行科学研究以及先进技术开发；作战中心主要任务是执行全方位武器和作战系统的研究、开发、试验与鉴定等工作，为美国海军以及联军部队提供创新、集成以及主导性作战效果。

美国海军实验室产权属政府所有，且具有独立法人地位，人数从数百人到数千人不等。实验室依法设立，其成立、变更和调整需签署法律性文件，实验室战略目标、使命任务由政府确定，建设伊始就具有明确的国家战略目的，核心科研力量始终以满足海军战略需求、维护国家安全为己任，直接服务于海军技术需求和国防科技发展。

（二）布局和规模

美国海军实验室共25个，约3.4万人，主要隶属于海军研究局、海上系统司令部、海军航空系统司令部、空间与海战司令部、海军医学教育培训司令部等。从专业布局看，海军实验室覆盖了船舶、兵器、航空、信息网络、电子、生化和军事医学、军队指挥控制学等军事关键技术领域；从技术链条看，海军实验室覆盖了基础研究、应用研究、先期技术开发、先期部件验证、系统开发验证、研发管理支持和作战系统开发等国防研发全流程，满足国防科技和海军高新技术武器装备发展的基础理论研究和关键技术支撑。

海军研究局下属海军研究实验室主要从事空间作战环境、电子战、信息系统、纳米材料等研究，科研人员 2600 余人，其中 867 人具有博士学位，建筑面积 33 万平方米，资产总值 17.7 亿美元，2016 年度总经费约 11 亿美元。

海上系统司令部下属水面作战中心有 10 个二级机构、水下作战中心有 2 个二级机构，共计约 1.3 万人。海军水面作战中心主要覆盖舰艇设计、无人技术、电子系统测试评估、武器作战系统性能测试、排爆技术、水面导弹发射等技术领域；海军水下作战中心主要覆盖潜艇水下通信、电子对抗、潜艇作战、鱼雷性能测试等技术领域。如海军水面作战中心卡德洛克分部拥有工作人员约 3200 人，科研人员约 1200 人，学科分布从基础科学到应用工程 40 多项，2016 年度总经费约 15.9 亿美元，主要从事船舶设计集成、船体外形和推进器、结构与材料、新型舰船系统设计等方面的研究，为航运业提供支持。

海军航空系统司令部下属海军航空作战中心有 4 个二级机构，主要覆盖飞行器推进、航空发动机、航空电子设备、电子战、电磁兼容等技术领域，约 6200 人。如海军航空作战中心武器分部主要任务是进行武器系统的开发测试与能力评估，拥有研究人员 2300 余人，占地 4451 平方千米，主要建筑物和设施 1800 多处，每年开展的相关测试实验达到 1500 余次。

空间与海战司令部下属实验室 3 个，主要覆盖通信与网络、微机电系统、图像识别等技术领域；海军医学教育培训司令部下属实验室 5 个，主要覆盖生理机能、行为学、创伤治疗、流行病学、潜艇人因工程等技术领域。

三、美国海军实验室运行与管理

（一）管理体制

美国海军实验室主要采用国有国营（GOGO）模式，即政府拥有资产、政府直接管理运营，实验室人员均为联邦政府雇员，其管理相对简单直接，由主管部门根据国家战略和武器装备发展需要制定实验室的研究计划并负责执行。海军实验室组织结构如图1所示。

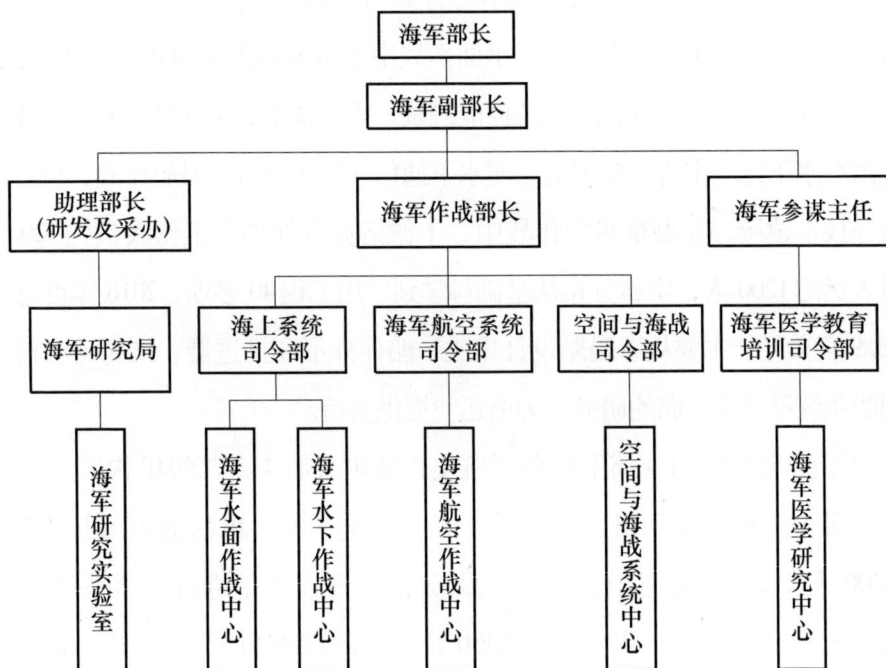

图1　海军实验室组织结构图

海军实验室实行政府主管部门领导下的主任负责制，主任由政府主管部门直接任命，政府对实验室的建设、科研、人事、资产、运行等实施日常监管。

（二）人才管理

美国海军实验室吸引和培养了一批世界顶级科学家，稳定了一支强大的基础研究队伍，积累了雄厚的人才资源和技术储备，为美国军事技术发展提供了强大的智力保障。海军研究实验室制定了专门的访问科学家计划，吸引国外一流科学家来实验室工作，或通过项目资助等形式开展合作研究。美国海军实验室采取灵活的用人政策，呈多元化、多层次的特点。不同地区、不同部门、不同岗位、不同领域实行不同的考评和薪酬管理政策，吸引全世界优秀人才，最大限度地调动人才的积极性和创造性，发挥人才作用。

海军实验室人员大致分为科研人员、技术支撑人员、行政管理人员三大类，其中科研人员又包括固定人员和流动人员两类。科研人员和技术支撑人员决定如何实现最好的科学研究；行政管理人员负责为实验室的长期基础性研究提供良好的科学研究环境，包括：引进并且保证实验室拥有世界级水平的研究人员；创造能够保证科学研究团队完整性与核心竞争力的环境，并使其科学活动脱离有政治压力的学术与组织环境；邀请同行领域专家，对实验室人员的学术研究进行评价。实验室中还包括少部分军职人员，他们主要从事行政管理工作。

（三）设施管理

美国海军实验室在设施管理方面主要依据《联邦政府采购法》和总统预算管理办公室颁布的《关于对高等教育机构、医院及非盈利机构给予资助的统一管理要求》等法律法规。海军实验室设施所有权归联邦政府，使用权归实验室，设施报废处理需上报主管部门批准。设施日常管理要求标识明确、实物登记、记录齐全、操作流程规范。在不影响项目的情况下，实验室有义务将设施按以下顺序开放：本实验室项目使用；给予实验室资助的联邦政府部门；其他联邦政府部门的项目；工业界等（须经联邦政府批准且收费）。

（四）考核评价

对实验室绩效的考评是保证科技创新质量的重要环节，其结果决定着实验室获得财政拨款的情况。目前，美国联邦政府对实验室的绩效评估已经形成了一套科学的目标和指标体系，并拥有一套严格完整的评估程序和方法，这种考评方式包括主管部门的绩效评估和同行评议。绩效评估从两个方面来进行：一方面是对实验室科学技术成就的评估，另一方面是对实验室管理和运行成绩的评估。同行评议成员既有同领域的高水平技术专家，也包括一些财务管理方面的专家。由于利益中立，同行评议具有较强的权威性。

海军实验室内外相结合的考评制度，能够激励创新，提高主动性和积极性。这既是避免评估流于形式、提高评估质量的有效手段，也是严格海军实验室管理、提高科研效益和管理效率的一项重要举措。

四、美国海军实验室地位和作用

美国海军实验室在贯彻国防科技战略、保持全球技术领先、维护国家海上安全等方面发挥了强大支撑和保障作用。

（一）引领国防科技创新

美国海军实验室着眼于未来 10～20 年甚至更长远的发展需求，超前开展基础研究，引领了美国国防科技乃至世界军事技术的发展。如海军研究实验室长期开展大功率光纤激光器和电磁导轨炮等新概念武器研究，是美国定向能和动能武器科研计划的组织者和领导者。

（二）牵头实施国家重大科技计划

美国海军实验室牵头实施众多国家重大科技计划，产出一大批具有划时代意义的革命性成果。近年来，美国政府实施的"大数据研究与发展计划"、"材料基因组计划"等重大科研计划中，海军实验室均发挥了重要作用。

（三）管理运营众多世界先进的科研设施

美国海军实验室拥有众多世界一流甚至唯一的科研设施，是从事高水平研究的物质基础。通过对外开放和共享，辐射整个国防科技发展。如海军水面战中心拥有规模和技术水平世界一流的泰勒船模水池，美军多型主力舰艇在此完成船模测试；海军空战中心武器分部建有完善的场地和设备，是美国海军最大的武器测试中心。

（四）汇聚世界一流人才

美国海军实验室培养和吸引了一批世界顶级科学家，为美国国防技术发展提供了丰富的智力资源。仅海军研究实验室就产生了 2 位诺贝尔奖获得者，每年大约有来自全球的 200 余名客座研究人员到实验室工作。

五、结束语

美国海军实验室为保持美国海军全球优势地位做出了巨大贡献，其完整的实验室体系是保持军事优势、维护国家安全的战略基石，产出革命性成果和世界级科学家是国防实验室的根本使命，政府部门的长期投入和有效管控是海军实验室发挥作用的重要保障。

（中国船舶工业综合技术经济研究院　王振　杨尚洪）

"弹射＋滑跃"组合式起飞技术体现
俄航空母舰发展新思路

2015 年 7 月，俄罗斯舰船科学技术研究机构克雷洛夫国立科学中心在"圣彼得堡国际海军展"上，展出了"风暴"级航空母舰（23000E）方案，这是俄官方机构首次展示的航空母舰设计方案（图 1）。该方案创造性地采用双滑跃甲板和"弹射＋滑跃"的组合式起飞模式，与俄罗斯及其他国家现役航空母舰设计存在明显差异，表明俄罗斯在航空母舰研发设计思想上发生重大转变。

图 1　俄罗斯"风暴"级航空母舰概念图

一、首次采用"弹射＋滑跃"的组合式舰载机起飞技术

新航空母舰设计长330米，水线宽40米，飞行甲板宽约80米，吃水11米，最大航速30节，自持力120天，可在7级海况下正常作业，人员编制4000～5000人。俄罗斯新航空母舰设计方案吸收了美国航空母舰大型化、倚重海基航空兵、强调编队攻防等特点。与现役"库兹涅佐夫"号航空母舰相比，排水量由5.9万吨提升至10万吨，采用双舰岛布局，缩小了上层建筑的横向尺寸，加大了飞行甲板宽度；载机量由39架增加至90架，强调通过数量多、功能强的多用途舰载机遂行反舰和对陆作战任务，为舰艇编队提供防空掩护、支持两栖登陆作战；不再配备重型远程反舰导弹，仅携带末端防御系统，配备4部弹炮合一近防武器系统和2部鱼雷防御发射装置。

而方案中最值得关注的是，首次采用"弹射＋滑跃"的组合式舰载机起飞技术。与美国现役航空母舰一样，俄罗斯新航空母舰采用了直通甲板和斜角甲板，设置4个飞机起飞位，但在两个甲板艏部均设置滑跃跑道，装备2部弹射装置，首创双滑跃甲板布局及"弹射＋滑跃"的舰载机起飞模式，显著区别于俄印现役航空母舰滑跃起飞、美法航空母舰弹射起飞模式，解决了舰载机最大起飞重量受限等问题，提高了起飞作业的灵活度。

二、"弹射＋滑跃"的组合式起飞技术基于俄罗斯技术储备

俄罗斯提出"弹射＋滑跃"的组合式航空母舰设计方案出于以下两点考虑：一是拥有舰载机弹射起飞技术研发基础。苏联开展过蒸汽弹射装置的研发，并开展了陆基试验，但并未上舰应用，缺乏相关弹射起飞经验，

但具有丰富的滑跃起飞经验，选择"弹射＋滑跃"的舰载机起飞方式，可保障作业的可靠性。二是弹射装置技术成熟度和可靠性有待验证。目前俄罗斯正在加快推进弹射装置研发，但仍未完全验证其方案可靠性和技术可行性，弹射装置可能无法保证大型舰载机安全、可靠的弹射起飞，需增设滑跃甲板弥补弹射器弹射性能的不足。

三、采用"弹射＋滑跃"的组合式起飞技术可充分发挥二者优势

航空母舰滑跃甲板可向舰载机提供固定的离舰迎角，依靠迎角降低舰载机对起飞速度的要求，适合现代高推比先进战斗机的舰上起飞需要。但滑跃起飞的劣势也很突出：一是限制舰载机起飞重量；二是延长的滑跑距离干涉舰载机降落，导致起飞间隔时间长，影响出动架次率；三是无法在滑跃位置停机。平甲板弹射可以弥补滑跃起飞的不足，但无法提供舰载机离舰起飞迎角，不能避免航空母舰纵摇的不利影响。综上，弹射起飞是保证提高载荷的最佳手段，而滑跃起飞提供的附加迎角是抵消飞行甲板状态对起飞性能影响的最佳手段。"弹射＋滑跃"组合式开创了航空母舰舰载机起飞的新模式，采用"弹射＋滑跃"的组合式起飞技术可兼具这两种起飞方式的优点，有助于增强舰载航空兵的综合作战能力以及对复杂战场环境的适应能力。

四、采用"弹射＋滑跃"的组合式起飞技术可有效提升舰载机作业效率和可靠性

舰载机可满载起飞，提升作业效率和灵活性。采用"弹射＋滑跃"的

组合式起飞技术可实现舰载机载弹量与燃油携带量的最大化，弹油配比更加灵活，采用"弹射＋滑跃"组合方式，有利于实现舰载机满载弹药与燃油起飞，可消除舰载机在特殊作战需求下的空中加油程序，提升舰载机作战效率。

提高战时舰载机使用的可靠性。美法等国单独采用弹射起飞方案的航空母舰，一旦弹射器损毁或故障，将极大影响舰载机起飞能力。"弹射＋滑跃"的组合方式具有更高的可靠性，可在弹射装置失效情况下，通过甲板的简单维修，恢复舰载机起飞能力（图2）。

图2　俄罗斯展出的"风暴"级航空母舰模型

俄罗斯航空母舰正在设计之中，尚未最终定型。但作为俄罗斯航空母舰设计的主要单位，克雷洛夫国立科学中心提出的"风暴"级航空母舰方案另辟蹊径，首次采用"弹射＋滑跃"的组合式舰载机起飞技术，是对航空母舰研发设计新思路的一种积极探索实践，或将影响未来航空母舰技术发展方向。

（中国船舶工业综合技术经济研究院　李仲铀）

英国"无畏2050"水面舰概念
拓展海上平台发展新思路

　　2015年9月，英国海军公布了一款面向2050年的水面舰概念方案——"无畏2050"（图1）。"无畏2050"舰长155米，宽37米，采用隐身穿浪三体船型，外形呈扁平多面体，两侧片体尾部安装喷水推进器；舰上没有沿用传统的上层建筑架设雷达的设计，创新性地采用无人机作为桅杆；舰体外壳采用有机玻璃，外涂石墨烯涂层，既可有效降低阻力，也能强化隐身

图1　"无畏2050"水面舰艇概念方案图

性能；舰尾配备 3D 打印机，可制造维修部件，或现场打印所需的作战装备。"无畏 2050"方案通过全新外形，集成大量新技术创新设想，体现了水面主战舰艇设计的一种全新思路。

一、"无畏 2050"融合当前多种新技术打造未来战舰

首创无人机桅杆，大幅提升舰艇的态势感知能力。"无畏 2050"上层建筑为简单的小型多面型椎柱，具有较好的雷达隐身性能，最大胆的创新是在上层建筑顶部架设一架四旋翼无人机。无人机装雷达等传感器和激光武器，平时停放在上层建筑顶端，工作时飞至指定高度，具备大范围态势感知能力，还可通过高能激光武器拦截来袭导弹和飞机。无人机与上层建筑之间用碳纳米管线缆连接，传输电力，传递信息（图2）。

四旋翼无人机

碳纳米管线缆

图2　"无畏2050"释放的无人机及用碳纳米管线缆连接

搭载多种新型武器和无人系统，拥有高效的远程打击能力。"无畏2050"概念集成了当前正在发展的电磁炮、激光武器等新概念武器。舰首

部安装一部隐身外形设计的电磁导轨炮，射程200千米。外舷侧装有导弹垂直发射装置，用于拦截来袭空中目标；装备定向能武器，拦截来袭小型水面舰艇（图3）；舰艇两侧片体内侧携带航速高达300节的超空泡鱼雷。舰尾的大型可伸缩式机库可搭载大量无人机（图4），飞行甲板可供2架无人机同时起降作业，舰尾飞行甲板周围的上层建筑还可旋转，扩大舰尾空间，供有人直升机起降；舰尾还设置有井甲板，既可搭载两栖登陆装备，也能布放和回收无人潜航器。

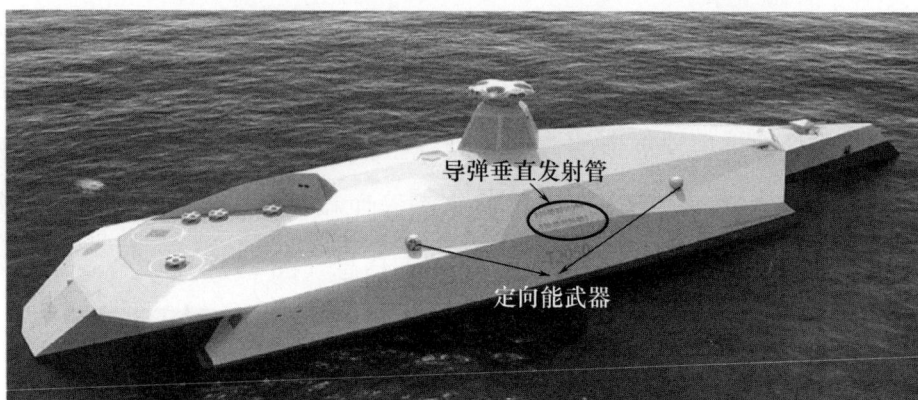

图3 "无畏2050"舷侧导弹垂直发射系统与定向能武器

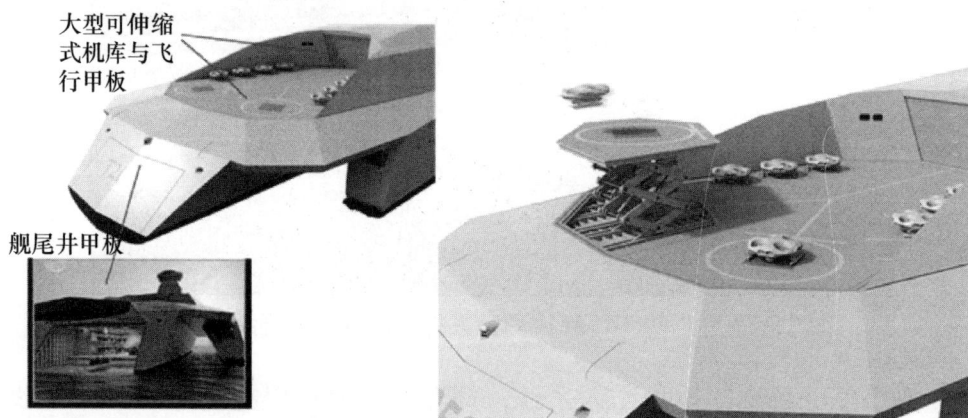

图4 "无畏2050"舰尾可伸缩式机库、飞行甲板及井甲板

实时显示三维战场态势及信息共享，强化整体决策指挥能力。作战室采用3D全息成像指控台和360°全景屏幕，能显示数千米外从深空到深海特定区域态势；由较小的悬挂式全息屏幕显示具体部位细节信息。全部作战指控人员仅5~6人，远少于当前舰艇的20多人。所有作战信息可实时加密，通过语音、视频或数据实时高效共享（图5）。

图5　"无畏2050"作战室

二、"无畏2050"的设计思路对未来舰艇发展具有借鉴意义

"无畏2050"设计方案具有极强的超前性，从总体设计到负载形式都充满创意。虽然部分技术短期无法变成现实，但设计思路对未来水面舰创新发展具有借鉴意义。

无人系统在未来舰艇上占据重要地位，能够有效提升舰艇的攻防能力。"无畏2050"采取多种措施广泛应用了无人系统，使用无人机作为监视系统搭载平台，实现远程监视，并具备使用激光武器拦截空中目标的能力。舰尾平台搭载多架无人机，具备较强的空中作战能力，联系美国海军正在发展的"战术侦察节点"（通过水面主战舰艇搭载多架无人机的设计），可以推测这将是国外海军装备发展的一大趋势，能有效在航空母舰基础上补充空中作战力量。此外，还搭载无人潜航器，可有利于提升水下作战能力，降低潜艇威胁。由此可见，通过无人系统的搭载，可强化舰艇攻防两端的能力。

集成高能武器显著提升舰艇防空、反舰、对陆攻击能力。除了导弹、鱼雷等常规武器外，舰艇还装备电磁导轨炮、激光武器等，有利于提升其对陆打击能力和防空作战能力。美国也在积极发展电磁导轨炮、激光武器，并计划在下一代水面主战舰艇构想中使用，鉴于这两种武器强大的攻防能力，尤其是激光武器反应迅捷、弹药无限等优点，对于未来舰艇的防空、反舰、对陆攻击能力均能实现重大提升。

重视隐身性能，确保"先敌发现，先敌攻击"。从舰艇外形设计、舰艇材料看，"无畏2050"在隐身方面可谓颇费心思。首先上层建筑极端简化，仅由小型多面型椎柱构成，可谓缩减到了极致。此外，舰艇水面部分，广泛应用多面体设计，已没有传统水面舰艇所谓干舷的特征，电子武备等系统全面隐藏。舰尾机库增加伸缩罩设计，能够使全舰外形形成闭合系统，极大降低舰艇的雷达波。在各种外形隐身设计下，舰艇还涂有石墨烯涂层，进一步强化其隐身能力，可以想象，该舰将大幅缩短敌方的雷达波探测距离，有利于在对抗中实现"先敌发现，先敌打击"。

（中国船舶重工集团公司第七一四研究所　柳正华）

美国海军放弃近海战斗舰创新性设计概念

2016 年 9 月 8 日，美国海军宣布，未来所有舰艇将装备单一作战任务包，并采用蓝/金人员配备模式，此举意味着近海战斗舰的"模块化任务包快速转换"及"3 – 2 – 1 人员轮换"的创新性设计概念已被弃用。

一、近海战斗舰的发展背景及设计理念

（一）发展背景

20 世纪 90 年代海湾战争以来，美国海军舰队几乎都是在对手近海区域面对各种非对称威胁。根据美国海军在"反介入/区域拒止"中提出的"确保介入"作战概念，在近海作战区域，美国海军的主战舰艇（包括航空母舰、巡洋舰、驱逐舰）将主要负责摧毁敌人陆基区域的"反介入/区域拒止"力量；保护主战舰艇和摧毁敌人近海装备（如水雷、潜艇、小型快速水面舰艇）的任务，则由网络化作战的中小型舰艇（护卫舰、扫雷舰）承担。

美国当时的中小型水面舰艇在执行近海作战任务时能力单一，如"佩

里"级更加注重反潜作战，欠缺反水雷和反小艇能力，扫雷舰仅具备反水雷能力，反潜反小艇能力缺失。要在复杂的近海应对复杂多变的威胁，海军需配置多型舰种分别承担各种不同任务。

（二）设计理念

2001 年，美国海军提出了近海战斗舰概念，希望按照模块化开放式体系结构的要求，在同一船体（也称"海上架构"）上以"即插即用"的方式使用不同模块，保证每一种任务模块均能为近海战斗舰提供功能齐全的、实施各种具体任务的能力，以"一人饰多角"的形式，弥补安静型柴电潜艇、小型快速水面舰艇和浅水水雷等不对称威胁的增加而造成的关键能力差距。

为此，美国海军推出了反潜战、水面战和水雷战任务包，既能在不增加舰艇规模的前提下，保证每艘近海战斗舰通过任务包快速更换，满足海军前沿作战需要和多种战术行动，同时也便于对任务包进行持续技术更新，在舰艇部署期间完成能力升级，快速应对瞬息万变的作战威胁和想定。

为了提升舰艇可用率，在不增加舰队规模的情况下增加舰艇可用量，美国海军为近海战斗舰提出了创新性的人员配备方案，即 3－2－1 人员轮换概念，3 批舰员服役于 2 艘舰艇，任何时间保证有 1 艘舰艇处于前沿部署状态。当一批舰员处于前沿部署状态时，第二批舰员则在基地的舰艇上开展部署训练，第三批舰员则在部署结束后重新启动岸基训练及休假。

二、近海战斗舰发展受挫及原因分析

为提高建造速度，美国海军开创性地采用了两种近海战斗舰设计方案，其一为洛克希德·马丁公司的钢制单体船型，其二为通用动力公司的铝制三体船型。首舰"自由"号2008年10月服役，2号舰"独立"号2010年1月服役。近海战斗舰最初计划建造52艘，截至2016年10月，1~6号舰已服役，7~24号舰分别于2011财年—2015财年拨付建造资金并处于建造中，25~26号舰于2016财年拨付了建造资金，27~28号舰计划2017财年拨付建造资金。

但在发展中，近海战斗舰故障频发，同时随着对手的崛起及威胁的变化，近海战斗舰的生存能力、打击能力备受诟病，且在发展过程中事故频发，项目引发多方强烈反对。在这一背景下，2014年1月15日，美国国防部正式将海军近海战斗舰采购数量减少至32艘，并组建特别任务小组研究替代方案，以满足新形势下的作战需求。

2016年9月15日，美国海军宣布将放弃近海战斗舰最有价值的设计概念（可更换任务包、创新但复杂的人员配备）。海军决定将首批服役的4艘近海战斗舰转换为训练舰，预示着美国海军近海战斗舰当时最具创新性的两大概念被弃用。

美国海军放弃近海战斗舰设计概念的原因如下：

（一）任务包难以快速更换使得该设计概念难以发挥实效

根据美国海军近海战斗舰作战概念要求，近海战斗舰在部署过程中应能根据作战需求在1~4天内快速进行任务包更换，从而快速转换任务能力，遂行相应使命任务。但针对已投入使用的具备部分能力的水雷、水面战任务包的评估发现，目前这项转换任务无法在几天内完成，更换一次时长可能达12~29天，这使该舰失去了灵活的战术性反应。更有甚者，根据政府问责局评估（GAO）报告所述，在新加坡部署过程中，近海战斗舰从未开展过任务包更换作业，仅在弗吉尼亚海军基地开展过更换作业，其任务包更换设计形同虚设。

而根据近期 GAO 报告评述，为实现自动化，近海战斗舰降低了人员配置，全舰仅配备 80 余人，根本无法胜任更换任务包的作业。综上几点，美国海军放弃任务包更换概念也在情理之中，但实际上舰艇依然保持更换任务包的能力，在任务需求时依然可实现不同作战能力转换。

（二）3－2－1 的人员轮换难以保障舰艇的高可用率

根据美国近海战斗舰 3－2－1 人员配备概念，舰艇的部署周期达 16 个月，每 4 个月轮换一批舰员，通过这种方式，使舰艇保持 50% 以上的可用率。然而，目前已服役的舰艇在部署过程中，各种状况频出，最近即发生了多起严重事故（表1），严重影响了其可用率，如"自由"号由于机械故障而导致其 2013 年海上部署时间仅 35%。

表 1　近海战斗舰近期事故

2015 年 11 月 11 日	近海战斗舰"密尔沃基"号，在服役仅 3 周后，推进系统出现故障并被拖往基地维修
2016 年 1 月 24 日	"福特·沃斯"号近海战斗舰，在新加坡港口期间出现并车齿轮损伤，初步原因认定为在维护期间未遵守既定规程
2016 年 8 月 3 日	不当的响应程序导致"自由"号主推进柴油发动机发生大面积损伤，并且很有可能需要替换
2016 年 8 月 29 日	"科罗纳多"号在从夏威夷前往新加坡部署途中遭遇事故，导致其为了整修而返回夏威夷

美国海军分析，3－2－1 的人员轮换方式导致 3 组舰员在 2 艘舰艇上轮换，使得舰员难以对舰艇状态保持充分了解，从而在操纵过程中采用不恰当的响应程序，这是舰艇事故率增加的重要原因，影响了舰艇可用率。而传统的蓝/金队员模式，1 艘舰艇上配置 2 组舰员轮换，每组舰员仅对应 1 艘舰艇，有利于其充分了解舰艇状态，降低操纵事故率，提高舰艇可用率。

三、结束语

任务包轮换是舰艇功能模块化的一次重大应用，但其技术难度又远远超出单纯的功能模块化，因为还涉及同一接口需要承载不同的负载的问题。美国海军至今为止无法达成快速更换的目标，这方面的技术难点应该也是重要原因之一。

美国原计划通过任务包轮换和人员轮换概念，实现近海战斗舰的多功能化和高在航率，鉴于其较大的建造规模，此番放弃两大概念难免对美国海军的反潜战、反水雷战、反水面战造成不利影响。但随着美国海军逐步重回制海战略，作战区域逐步向远海拓展，近海战斗舰的这些功能缺失造成的负面影响又能有一定程度的缓解。从目前的发展态势看，近海战斗舰未来更多的作为专属功能作战舰艇使用，如反潜舰、反水雷舰等，而其替代护卫舰则将实现多功能化，将全面具备防空、反舰、反潜作战能力。

（中国船舶重工集团公司第七一四研究所　柳正华）

从俄罗斯新型多用途轻型护卫舰设计看未来护卫舰发展

2016 年 10 月 28 日，俄罗斯海军最新研制的 20386 型轻型多用途护卫舰首舰在圣彼得堡北方造船厂开工建造。从型号名称看，同样由"金刚石"设计局设计的 20386 型属已入役并正在批量建造的 20380 型轻护舰系列，但其总体外形设计非常简洁，与现有 20380 型系列舰截然不同（表 1、图 1）。

表 1   20386 型轻型护卫舰基本战术技术性能

排水量		约 2400 吨
主尺度	长	106 米
	宽	13 米
	吃水	4 米
最高航速		约 26 节
续航力		约 3000 海里
自持力		约 20 天
主动力装置		全柴或柴—燃

图 1   20386 型轻型护卫舰

综合最近几年有关公开报道信息，20386 型舰应为俄罗斯军方自 2010 年 9 月以来提出的新型轻型护卫舰设计方案之一。根据俄罗斯军方要求，新型轻型护卫舰应是一种高速、高机动性、多用途舰艇，具有可容纳 1 架直升机的机库，武器和关键设备完全模块化，主要在近海（偶尔远海）独立或在同类型和不同类型舰艇编队中遂行广泛的任务，包括近海水区的警戒、护航、反潜和反水雷等。

一、多用途轻型护卫舰兴起的背景

俄罗斯科研专家在分析比较新旧世纪之交（1996—2001 年）和 2009—2014 年的全球舰艇编成发现，各国海军舰艇编成的平均建成时间速度增长不明显（为 7%），随后主要作战舰艇数量缩减约 1/3（从约 3200 艘减少至约 2200 艘）；同时，另一重要发展方向则是利用多用途舰艇替代专业化舰艇，从而以更少的数量规模遂行更大范围的任务（图 2）。然而，在同一舰艇上配备大量不同类型武器装备必然导致造价高昂，这意味着其建造数量较少。因此，在武器装备配置方面相对少而简单的轻型护卫舰，开始在许多国家舰艇建造计划中占据显要地位，即护卫舰年平均建造数量同期降低至少40%，而轻型护卫舰的建造速度却增长了2.2~2.3倍。此外，巡逻型舰艇（OPV）的建造也明显兴起，其数量比轻型护卫舰更多。

显然，上述发展趋势是各国军政高层在舰艇造价不断增长的背景下共同的折中选择，即以一定程度降低相当部分舰艇作战能力为代价，维持必要的舰艇数量规模水平。这样，在许多国家海军中，造价较低却能承担水面舰艇几乎所有基本任务的多用途轻型护卫舰，开始占据水面舰艇部队的重要甚至中心位置。

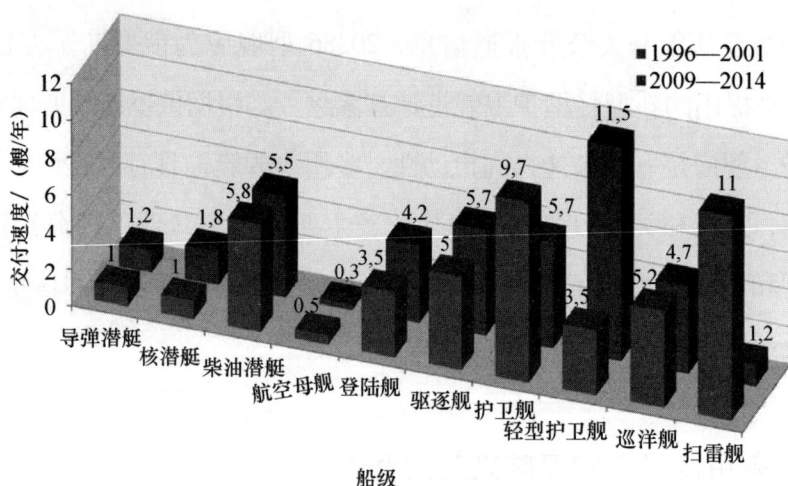

图 2　各类舰艇年平均建造数量

二、多用途轻型护卫舰模块化两大发展理念：固定模块与可更换模块

冷战后，特别是进入 21 世纪以来，新的作战环境要求舰艇具有更多的

功能，即除承担传统任务（如反舰、反潜、防空和对岸火力支援）外，还能遂行其他更多样化的任务，如经济专属区内的扫雷、巡逻和侦察监视，经济作业区（如石油开采和渔业区域）内的警戒、搜救、灾难救援等。

对轻型护卫舰而言，受排水量和造价限制，要满足上述要求，最可行和有效的途径就是采用可更换武器装备的模块化设计理念。随着时间推移，这一理念形成了两条明显不同的发展理念：

一是研制一型基础的舰艇平台，在其建造过程中安装相应标准化模块的武器装备和设备。其中最著名的解决方案就是德国"梅科"（MEKO，多用途组合）护卫舰计划。上述模块化概念的缺点是所有模块化设备只能在同型设计方案中，且舰艇建成后仅能遂行固定和有限的任务。

二是舰艇在使用过程中可更换模块化装备和设备的设计概念。按照扩大遂行任务范围的要求，所配备的模块数量应大于艇上装配位置的数量。按照这一概念发展的第一批舰艇为20世纪末丹麦海军的StanFlex – 300轻型护卫舰。虽然丹麦海军的最初尝试并不成功，但临时更换模块的概念在丹麦海军之后发展的多种舰艇（如"阿布萨隆"级支援舰、"伊瓦尔·休特菲尔德"级护卫舰、"克鲁德·拉斯姆森"级北极巡逻船和MSF型扫雷舰）以及美、英、德、意等国海军中陆续得到应用与发展（图3）。

图3　多用途轻型护卫舰转换舱

在第二种设计理念之下，存在着不同的设计方案。从国外海军的实践看，这些不同设计方案最终都会涉及标准集装箱化的装备模块。第一种采用标准集装箱模块的典型设计方案是美国海军的近海战斗舰。

三、采用可更换模块概念对轻型多用途护卫舰的技术要求分析

（一）总体要求

对排水量较大的多数主战水面舰艇，可更换的标准集装箱化装备模块上舰难度相对较小；但对排水量受限的多用途轻型护卫舰，则相对复杂，需要额外的舰上容积（排水量）来满足临时安装集装箱模块的需要，即在方案设计过程中通过增加相应排水量、加高船体高度和加大上层建筑尺度，达到额外增加舰艇装载量的目的。俄罗斯海军舰艇研制实践表明，如设计方案排水量较原基础设计方案增加 25%～27%，船体平衡性能仍可接受；当然，此时还应相应增加动力装置的功率，以满足其他方面的需求。

从美国海军近海战斗舰可看到，对于在排水量 2500～3000 吨的多用途舰艇，临时安装集装箱化模块的专门舱室（可称为任务转换舱）可位于船体内，或船体底部舱室（如美国海军"自由"级近海战斗舰），但后者降低了通用性。对于排水量低于 1000 吨的轻型护卫舰，集装箱模块将只能置于开放的甲板。

俄罗斯舰艇专家认为，为有效实现集装箱化模块的方案，用于临时按照装备模块的任务转换舱总面积应不小于船体设计吃水线面积的 30%，高度不小于两层甲板。在排水量有限的轻型护卫舰级别的舰艇上划分出这样的巨大空间，再考虑到排水量增加的因素，将是非常大的挑战。可行的实

现方法有：

（1）缩减舰上固定的武器装备配置。

（2）缩减舰员编制。实现途径包括提高舰载设备可靠性、采用一体化显控台和装备自动化等，可在舰艇无损情况下整体缩减舰员 20% ～ 30%。同时，需在舰上设保养和操作集装箱模块所需人员的住舱。

（二）装卸集装箱模块上舰对舰艇平台子系统的特殊要求

集装箱化模块的上舰运用，显然将对舰艇平台其他子系统提出特殊要求。其中首要变化就是不同种类的装卸载系统和运输设备的比重将明显增加（俄罗斯研究表明达排水量的 2% ～ 2.5%）。此外，为从海面接收、布放和回收其他舷外设备和无人装置，还需研制大功率通用型布放/回收设备。对于临时安装设备模块的运输设备如起重机、绞盘和拖车等，也应尽可能为通用型，而其附属用具可存放于岸上。用于保障直升机在机库与飞行甲板之间移动的大功率垂直升降机，将使解决上述问题更为轻松。

此外，舰上还应具备把临时安装的武器装备固定在规定位置上的相关设备，其中包括高海况紧固设备、施放和回收失效设备的快速连接接头、不同电压和功率的电源以及双向通信和控制设备等。

（三）对船体平台的要求

从概念、特点和定位看，轻型护卫舰应是在一系列相关设计参数相互约束后处于平衡点上的折中型舰艇，若这个点相对某个参数的哪怕不明显的偏移，都可能导致设计失败。因此，现代轻型护卫舰设计人员大都寻求一系列非传统方案。

1. 总体布局

上文已述，为有效实现集装箱化设备模块方案，须划分出大面积的任务转换舱。其中一个解决方案是把直升机库与任务转换舱结合起来。俄罗斯专家认为，轻型护卫舰排水量有限，布置直升机机库难度很大，但若将特点相同的舱室（如大面积的任务转换舱）相结合，则问题解决就会容易得多。而且，若将机库布置于甲板下，直升机出入库使用垂直升降机，还可用于集装箱模块进出任务转换舱，同时也能够作为弹药、食品和大尺寸设备的垂直输送线路使用。

2. 动力系统

不同任务方向的集装箱化装备模块的上舰，对舰艇动力系统的要求自然也不尽相同。如跟踪和追击逃离的敌舰时，需要舰艇能具有足够快的速度；遂行其他任务如扫雷、巡逻或搜索潜艇时，要求舰艇具有低噪声型的动力装置，且在低速航行时操控性能良好以保证平台定位的精确性；此外，在遂行跨洋远距离航渡时，需要低油耗的经济型动力系统，使舰艇具备足够的续航力。上述要求很难在一种发动机上实现，最佳的解决方案便是混合型动力装置，如电力推进的机电混合动力装置和燃气轮机。俄罗斯研究结论显示，采用这种动力装置，相对于同类型的传统舰艇平台，其设备电气化比率（千瓦/吨）将增加 1.5 ~ 2 倍。

该装置的组成中包括高速航行所需的燃气轮机，以及保证低航速、低噪声航速航行的发电机组和推进电机。

3. 船型

船型的选择对舰艇高航速性能影响巨大。在设计要求中所规定的最大航速，不仅要求在静水中达到的，还要求在有着波浪的动态海面上实现，而对于排水量不大的轻型护卫舰，对附加应力也有要求。

近年来，为提高舰艇在高海况海浪中的航速，多船体结构船型（双体船和三体船）和小水线面并具有主动平衡设备的船型在军用舰船中得到了广泛应用，但对于大批量建造的舰艇如轻型护卫舰，更具发展前途的可能是被称为穿浪船型的应用。这种船型的特点是小曲度的水线和细窄的艏端。当然,在有限排水量舰艇的实际设计中,受吨位和纵倾平衡等硬性要求的制约,穿浪船型将无法达到最佳船体形态,因此将与其他众多方案一样在设计上有所妥协。总之,相比于传统船体,穿浪船型在高海况的速度增加15%,也就是说,在6~7级海况下,舰艇仍达到22~24节的航速并保证武器和直升机的正常使用(图4)。

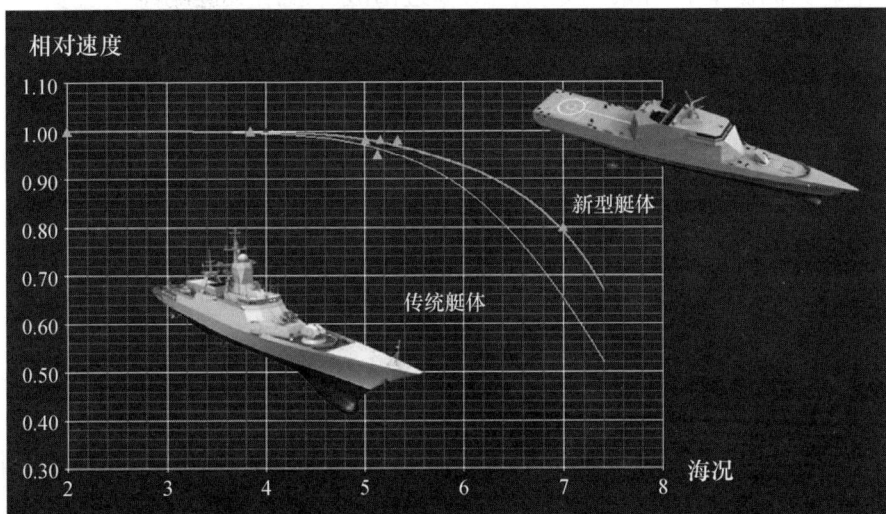

图4　非传统船体的航速受海况的影响更小

(四)人员缩减方面的技术要求

随着科技进步及其在武器装备、作战指挥和通信系统等方面的运用,维持舰艇正常战备状态所需的舰员数量需求正在降低。其中,武器与技术装备自动化和无人化的贡献最为重要,如舰上所有武器能够时刻处于就绪状态并自动装填,战斗计划制定和武器控制通过舰载高速信息网络实现远程控制。在所有武器系统中将采用"飞行员式"控制理念,使操作人员在根据直接用途使用时的工作准备动作最少。无人平台的使用减少了敌我直接接触，扩大了舰艇遂行任务的范围，提高了舰艇的战斗效能。

有别于作战行动，在日常条件下舰员还应遂行其他任务，包括维持舰艇技术设备的正常状态、保持舰艇生命力（损管）、舰艇保养和装/卸载弹药物资。这些任务需要一定数量的舰员，并接近于同类型舰艇人数，明显多于仅参加战斗行动所需人数。俄罗斯专家认为，为避免舰员编制急剧缩减产生的负面影响，可采用如美国海军近海战斗舰所实施的两组舰员方案。

在俄罗斯新型轻型护卫舰上，为满足人员缩减后的工作环境，在方案设计过程中还可能采取其他技术和保障措施，如：

（1）提高武器和技术装备的可靠性，从而在规定自持力范围内只利用热转换和部件更换的方法排除设备故障。

（2）当舰艇在海上时，不再定期检测（启动）武器和技术设备。

（3）采用更有效的、无需大量人力直接参与的防火防水设备。

（4）弹药和物资的装/卸载只在驻泊地进行。

（5）通过合并，减少舱室和战位的数量，使得在理想状态下，舰上战位不多于 2～3 个。

（五）对保障模式和其他新技术运用的要求

任务模块的集装箱化和人员缩减对基地驻泊和技术保障也提出了更高要求。为此，需修订一系列指导性文件，包括全舰战术训练、专业训练的组织和舰员在岸上的分配规则等。此外，可更换的各类武器和技术装备的组合方案、对更换时间和技术准备程度的要求，也需要与舰艇使用模式和各类相关任务的出现频率紧密相关。

实现可更换装备模块的新一代多用途轻型护卫舰概念，还依赖于一系列新技术装备和生产工艺的应用，否则诸多问题将难以有效解决。例如，面对轻型护卫舰排水量受限的问题，可在上层建筑上广泛使用复合材料，并采用真空注入工艺的结构；在船舷水线以上部分和上层建筑的大尺寸开口可使用舷门遮蔽，以更好地解决隐身问题；为在有限排水量情况下布置各种输送装备、驱动设备和船用设备，可使用紧凑的大功率驱动装置和液压系统，以及新的材料和控制系统。另外，对生命保障系统和环境防护等其他方面，也需要引入创新的解决方案。

（海军装备研究院　黎晓川）

美国首次采用"俘获空气腔技术"
研制新型两栖登陆艇

2015 年 11 月，美国海军研究局采用创新性浮升技术——"俘获空气腔技术"研制的超重型两栖登陆艇（UHAC）半尺寸样艇完成功能验证，进入全尺寸样艇研制阶段，表明该项技术进一步走向实用。UHAC 运载能力相比美国海军现役 LCAC 气垫登陆艇提升两倍；可穿越泥潭和翻越 3 米高障碍物，大幅拓展抢滩登陆地点选择的灵活性，显著增强两栖登陆作战能力（图 1）。

图 1　美国海军超重型两栖登陆艇进行抢滩登陆试验

　　登陆艇两侧的履带由数十个带空腔的履带块构成，浮力来自两部分，一部分由轻质材料制成的履带块自身提供浮力，另一部分由相邻两个履带块闭合后，多孔空腔形成的"气垫"补充。行进中，入水端履带块空腔迅速将空气带入水下，相邻履带块闭合后，空腔内充满空气，下半部分履带整体形成稳定的"气垫"，为艇体提供浮力。登陆艇在水中利用两端履带块划水提供推力（图2）。

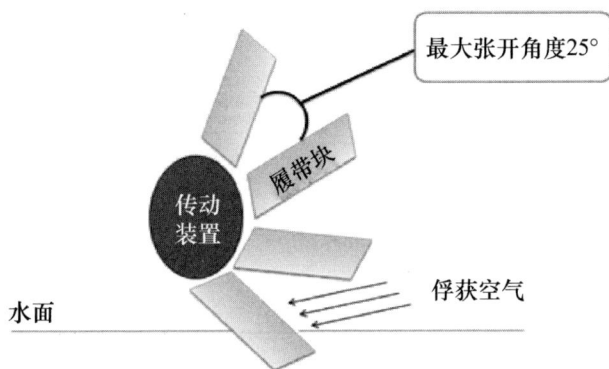

图 2　原理示意图

　　与传统气垫登陆艇相比，采用"俘获空气腔技术"的新型两栖登陆艇优势突出：一是环境适应能力更强。新型登陆艇凭借履带特有的越野机动优势，对抢滩环境要求较低，登陆后可轻松通过泥潭，攀越高达3米的障碍物。二是战场生存力更强。采用气垫式结构的传统登陆艇在岸上行进完全依赖气垫，一旦遭受打击损坏，将丧失机动能力。新型登陆艇浮力存备单元相对独立，即使少量履带块受损，其功能损失也较小，对登陆艇机动能力影响有限。三是单位装载能力更强。传统气垫船由于气垫和风扇体积较大，整体空间利用率低。采用履带设计取代气垫，将大幅拓展横向装载空间，实现横向全尺寸装载，同等尺寸下大幅提升了艇内空间利用率（图3）。

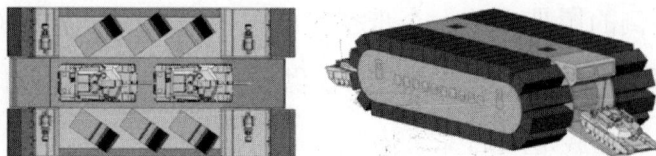

图 3　超重型两栖登陆艇运载、投送装备过程示意图

为适应复杂地貌、恶劣海况等不良抢滩登陆条件，提高两栖投送效率，2010 年美国海军启动超重型两栖登陆艇技术研发。项目由海军研究局负责，首次采用由美国国防高级研究计划局研发的"俘获空气腔技术"。2014 年 7 月，美国海军成功试验了半尺寸的超重型两栖登陆艇技术样艇（重约 38 吨），验证了技术方案的可行性。目前，海军研究局正在加快推进全尺寸样艇研制，计划 2017 年海试（表 1、图 4）。

表 1　LCAC 与 UHAC 参数对比表

型号 参数	LCAC 气垫登陆艇	UHAC 两栖登陆艇
艇长	26.8 米	25.6 米
艇宽	14.32 米	15.8 米
艇高		11 米
吃水	0.9 米	
标准排水量	87.2 吨	150 吨
最大航速	40 节	20 节
续航能力	300 海里	200 海里
运输能力	24 名士兵 + 1 辆主 战坦克或 150 名士兵	3 辆 M1A1 坦克或 近 200 吨货物
远离海岸距离	20～30 海里	50～100 千米
武器配备	2 挺 12.7 毫米大口径机枪	
动力系统	4 具"亚佛可·莱康明"燃气涡轮机	

图4 机动登陆平台和 UHAC 协同作业想象图

近年来，为提高美国海军前沿军事存在能力，节省前沿存在的成本，美军提出了军用半潜船的概念，将其冠名为"机动登陆平台"。2012 年 11 月下水的首艘机动登陆平台"蒙特福特角"号（最大航程 9500 海里，满载排水量超过 8 万吨，船上拥有车辆集结待命区、舷侧斜坡、大型系留装置、油水存储设备、起重机，以及直升机起降点和 3 条气垫登陆艇通道。多样化的功能区不仅有利于存放车辆和装备，还可装载 38 万加仑的航空燃油）是由 1 艘油船改建而成的。在两栖作战中，利用该平台可将物资装备、登陆人员快速转移至气垫登陆艇等投送平台上，以便快速向滩头发起攻击或进行后续支援（图 5）。

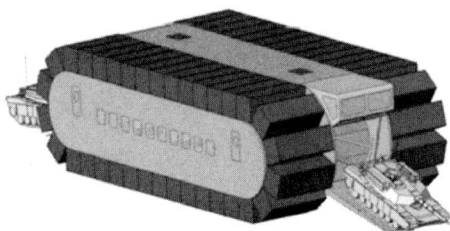

图5 UHAC 投送装备示意图

UHAC 未来有可能大量取代通用型登陆艇（LCU），扮演重型装备运输者的角色，而半潜船作为机动登陆平台是装运 UHAC 不可或缺的装备。UHAC 搭载机动登陆平台，将使美军两栖登陆作战抢滩地点选择更为灵活，两栖作战能力大幅提升。在两栖作战中，利用机动登陆平台将物资装备、登陆人员快速转移至 UHAC 登陆艇等投送平台上，由 UHAC 登陆艇快速向滩头发起攻击或进行后续支援。另外，超重型两栖登陆艇适用于各种复杂、恶劣的海况和抢滩登陆环境，可高效地将重型武器装备和军用物资送上滩头，甚至将物资直接投送至距离海滩 50～100 千米的前沿部队，减少运载车辆从滩头重新装卸物资、编组车队等环节。特别是，在小规模或低强度大规模登陆作战中，超重型两栖登陆艇可与其他登陆平台配合使用，大幅降低作战成本。目前，美国海军正积极推进基于"俘获空气腔技术"的新型两栖登陆艇的全尺寸样艇研制，一旦技术成熟将提高美军两栖作战灵活性，极大丰富两栖战术选择，大幅提升两栖作战能力。

（中国船舶工业综合技术经济研究院　李仲铀）

新型可潜式无人水面艇技术

目前，在海上情报、监视与侦察中广泛使用各类无人水面艇和无人潜航器。这些系统可以深入许多危险区域执行多种任务，与有人装备相比成本低、战损风险小。但无论是无人水面艇还是无人潜航器，仍存在一些显著问题，比如工作时间和运行速度的矛盾。一般来说，使用热动力或电动力的无人系统具有较高的速度，但需要定时进行能源补充，不利于长期工作；使用波浪能和滑翔原理的无人系统虽然可以长时间工作，但是速度较慢。再如，无人系统海上航行的安全性问题。利用风能、太阳能的无人艇兼顾了运行时间和运行速度，但作为水面航行船只，易被敌方发现且受天气因素影响较大，安全性不高。

为此，美国开始开发可潜式无人水面艇，它既能依靠风能及太阳能在水面快速航行，也能在遇到敌人或恶劣天气时转换航态，像潜航器一样在水下航行。可潜式无人水面艇长约2.44米，重72.6千克，依靠风能为推进力，利用太阳能为数据采集和通信装置提供能源。可潜式无人水面艇体积较小，在海面移动时很难被探测，并且当它完全沉入水中时，不使用精密的传感器难以被发现。可潜式无人水面艇最独特且最重要的能力之一是在遇到强风暴情况下可完全潜入水中，从而生存能力和耐用性得以极大提高。

一、关键技术

可潜式无人水面艇集合了水面艇和潜航器的主要功能和作业能力，同时具有远航程、耐用性和实用性。其关键技术主要涉及以下四项：翼帆技术、船舶平台技术、船舶控制和通信技术、能源产生和存储技术（图1）。

翼帆外形与飞机机翼相似，完全采用复合材料制造，不受海水腐蚀影响，牢固且重量轻，并且有着低电磁和可见光横截面。翼帆采用对称的主翼，将风力转换为艇的推力。翼帆的基座装备有液压电机，可精确控制主翼的方向，从而对风的推力大小进行调整控制。帆翼顶部架设有甚高频通信天线、风速仪、LED导航灯和一个可360°旋转的电子光学和红外摄像头。

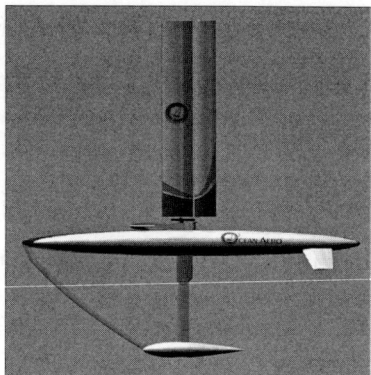

图1　可潜式无人水面艇
总体结构布置示意图

船舶平台排水量为72.6千克，船头和船尾安装有提供浮力变化的压载水系统。通过在前后舱之间来回注水以精确控制艇的浮力中心，使其能够在水下"滑翔"前进。甲板覆盖有太阳能电池板，为艇上设备提供电力。

惯性导航传感器装置安装在船体内，在艇的重心附近，用于监测艇体的转动、倾斜、偏航和加速/减速。桅杆风力计与声速传感器结合，提供关于风速和风向的数据。双冗余电动喷射推进系统，以及矢量推力的辅助水面/水下推进器，均位于艇尾部分。翼帆顶端安装有甚高频天线，甲板上还安装有铱卫星天线。

在能源生产与储存方面，可潜式无人水面艇的副翼会将风能直接高效地转换为推力，同时甲板提供 1 米^2 的安装区域给太阳能电池。在 5 小时的日照中，优质的镓铟磷化物太阳能电池每天可为电池充电 440 瓦·时。

二、现状水平

可潜式无人水面艇可以水面、半潜水和潜水三种模式运行。

处于水面模式时，可潜式无人水面艇可在有风的情况下长期航行。可潜式无人水面艇能够以接近风速一半的速度航行，但为安全起见，一般控制速度不超过 6 海里/小时。如果没有风，可潜式无人水面艇可保持在原地或利用辅助电推进装置行驶。可潜式无人水面艇的摇晃、倾斜、偏航、加速/减速均由 INS/GPS 监控，并可调整航线以增强稳定性或利用波浪能（图2）。

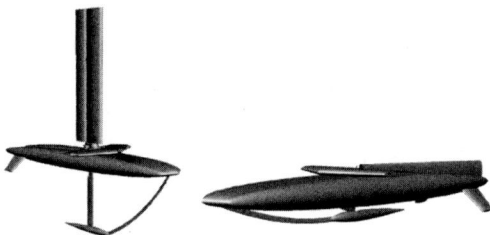

图2　可潜式无人水面艇水面航行状态（左）和水下航行状态（右）对比图

半潜水模式是当海面波浪较大航行不稳定时，压载水系统局部充水，可潜式无人水面艇沉入到 0.3~1.1 米的深度。在这种状态下，翼帆将被收在船体中心线附近。水面上只留有桅杆顶的摄像机、环境传感器和天线。在半潜水模式时太阳能电池也能继续工作。

在潜水模式时，可潜式无人水面艇继续增加压舱水并潜入水深 1.2 米以下，翼帆折向船尾并用控制夯锁紧，船的龙骨同时以剪刀形向上移动。翼帆及龙骨的移动减小了水下流体阻力，提高了机动性并节省能源。可潜式无人水面艇在潜水模式中采取滑行方式前进，最高速度 3.7 千米/小时。如果采用辅助的电推进，最高速度可达 7.4 千米/小时。在完全潜水的状态下，可潜式无人水面艇可应对恶劣的风暴环境，并且在水面几乎检测不到。

值得一提的是，可潜式无人水面艇在一分钟内便可从水面航行状态转变为完全潜水状态，这为其提供了应对攻击、海盗或避开更大船体撞击的自我防护机制。

目前，可潜式无人艇的技术成熟度达到 6 级。

三、发展现状

可潜式无人水面艇样艇的建造始于 2013 年 7 月，并计划在 18 个月内完成。可潜式无人水面艇已建立计划基线，包括需求说明书、关键技术分析、风险评估等，并开始在封闭的池塘环境中进行测试。2014 年 7 月，可潜式无人水面艇进行了海上测试（图 3）。

四、影响意义

可潜式无人水面艇将是第一型拥有能够由风力驱动的、可在水面船舶和水下潜航器之间快速转换的自主无人系统。自发电能力使其具有极长的

2013						2014											
J	A	S	O	N	D	J	F	M	A	M	J	J	A	S	O	N	D
1	2	3	4	5	6	7	8	9	10	11	12	13	14	15	16	17	18

样机×1　需求/设计　开发　测试　成熟度6级

样机×2　需求/设计　开发　测试　成熟度7级

制造样机　需求/设计　开发　测试

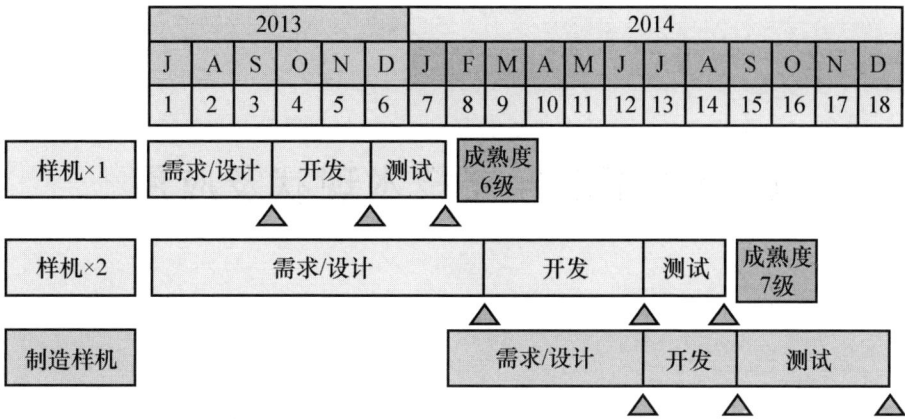

图3　可潜式无人水面艇计划节点安排

任务持续时间和航行距离。在水面，可潜式无人水面艇仅使用少量甚至不使用储存能源便可远程航行（与帆船类似）。完全潜水或半潜水时，可潜式无人水面艇可长时间隐蔽地保持深度或水下一定水深下起伏前进。因其造价低廉且体积小巧，可潜式无人水面艇是大面积海域实施网络通信连接的最佳选择。可以预计，可潜式无人水面艇将以独特的性能，在水面、水下长时间监视和海上武器装备组网通信中发挥关键作用。

（中国船舶重工集团公司第七一四研究所　朱鹏飞）

国外水下滑翔器技术现状及应用

2016 年 12 月，中国在南海"捕获"美国一型水下滑翔器，使水下滑翔器这一新兴装备受到世界瞩目。水下滑翔器是一种能够大范围、大深度运动的海洋环境监测平台。它由自身携带的电池供电，通过改变载体在海水中的净浮力上升和下潜；通过改变重心位置，配合低阻力外壳和侧翼的作用，按上仰、下滑线上浮或下潜，从而在水中连续做锯齿形曲线运行。在"锯齿"形的运动过程中，滑翔器上的传感器和数据采集系统不断地对海洋盐度、温度和深度（CTD）进行采样和记录。每过一定时间，滑翔器按照预设的程序浮出水面，通过卫星将数据上传并下载新的指令（如更改探测区域和滑翔深度等），如图 1 所示。

与其他水下航行器相比，水下滑翔器的能源利用率高，具有作业时间长、航行距离远、投放与回收简便等优点。美国、法国、日本、加拿大等国都开展了水下滑翔器的研究工作，并已经形成多种型号装备，部分已经实现产品化。

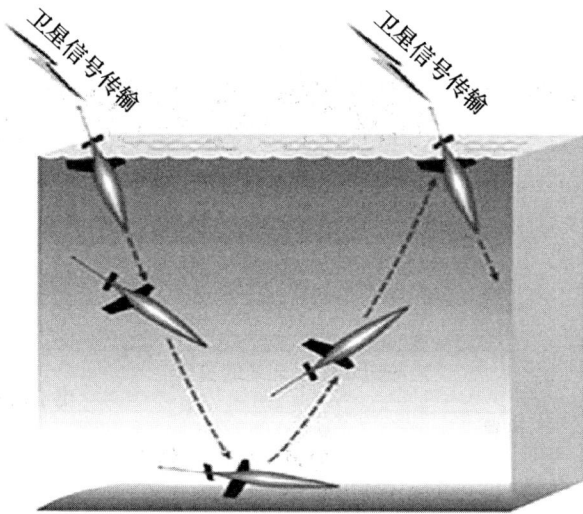

图1 水下滑翔器的运动特点

一、国外典型水下滑翔器

水下滑翔器最初只是一种简单的海洋探测工具。但在过去的 10 年中，其技术复杂性有了明显提高，任务能力显著扩展。如今，世界上已经有了多型不同的水下滑翔器，它们在体系结构和性能上具有不同的特点。

（一）"喷射滑翔者"

金枪鱼机器人公司在 2004 年得到 Scipps 海洋研究院的授权许可，开始制造"喷射滑翔者"水下潜航器，并不断改进。当前的"喷射滑翔者"由浮力机构提供前进动力，具有较大潜深，并使用盐度、温度、深度传感器和其他仪器探测水体剖面数据。"喷射滑翔者"具有较强的续航能力，使用单独一组电池即可连续部署 6 个月以上（图2）。

ANT 水下滑翔器由 ANT 公司（原阿拉斯加国家技术公司）制造。ANT

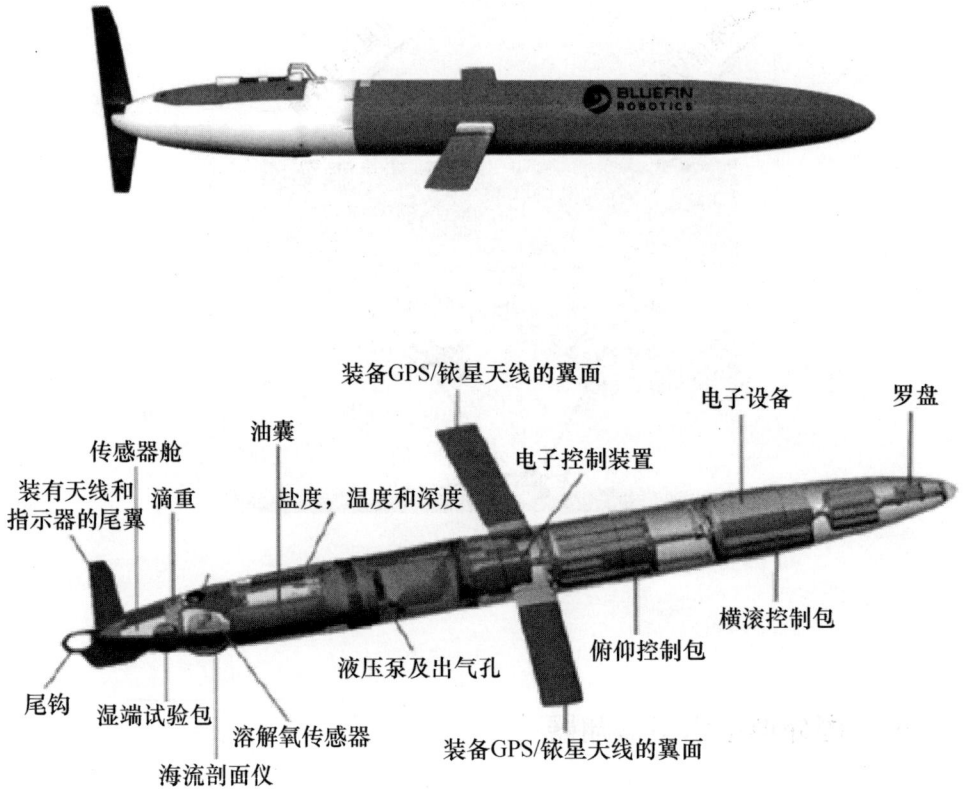

图 2 "喷射滑翔者"的总体视图和剖视图

水下滑翔器是在海军研究局的资助下开发的，设计目的是满足美国海军水下主计划的需求。ANT 公司已经向美国海军交付了 18 套滑翔器，并且通过改进传感器的灵敏度，为滑翔器增加了水雷探测、水声温度剖面测量、障碍规避和蛙人探测等能力（图3）。

图 3 ANT 滑翔器的总体视图

（二）"斯库姆电动滑翔者"

"斯库姆电动滑翔者"由泰勒达因·韦伯研究公司制造。该滑翔器利用电力（电池）泵控制外置油囊的膨胀和收缩，以此改变滑翔器的总浮力。"斯库姆电动滑翔者"目前已经拥有多个型号，使用深度分别为30米、100米、200米和1200米。泰勒达因·韦伯研究公司已经向美国海军交付了15套小批量生产的水下滑翔器（图4）。

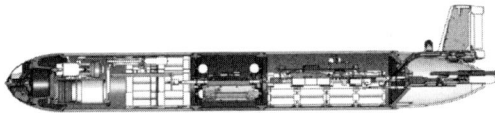

图4　"斯库姆电动滑翔者"的总体视图

（三）"斯库姆热力滑翔者"

"斯库姆热力滑翔者"由泰勒达因·韦伯研究公司制造。热力型的浮力/推进机构和电动型明显不同。其浮力的变化不是依靠电能，而是利用某种蜡状化学物质随温度发生固—液两态的相变。因此其使用海域的温差要有至少10°F。该型滑翔器下潜深度为1200米（图5）。

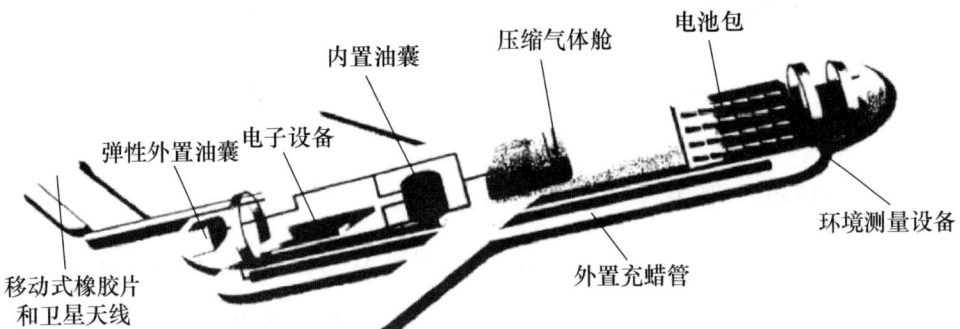

图5　"斯库姆热力滑翔者"的剖视图

（四）"海上滑翔者"

"海上滑翔者"由 iRobot 公司制造。"海上滑翔者"有 2 种型号。双泵型潜深 120～1000 米，单泵型潜深为 120 米。双泵型是由一个升压泵和一个主泵组成，升压泵为主泵提供更高的进口压力。单泵型没有升压泵，因此减少了总的电力消耗，电池持续的时间更长，相应也就增加了续航时间（图6）。

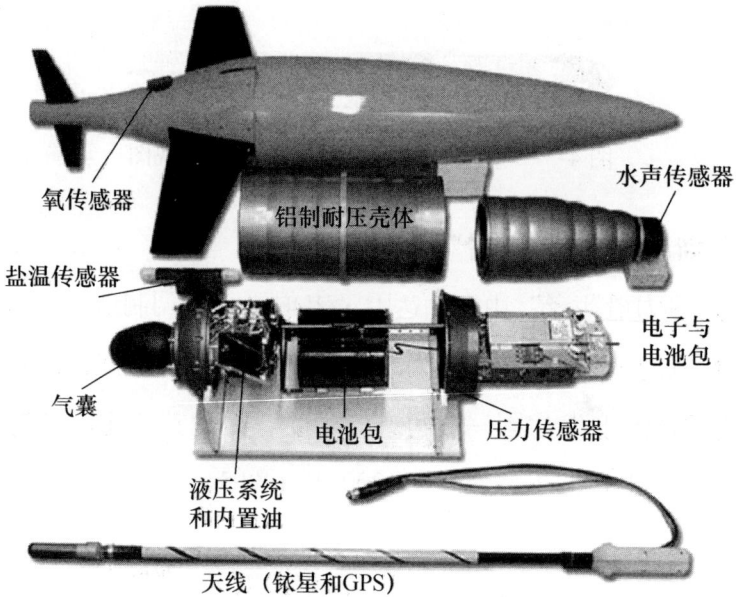

图6 "海上滑翔者"的总体视图和剖视图

（五）eFolaga 滑翔器

eFolaga 混合型水下滑翔器由意大利 GRAAL 技术公司制造。eFolaga 水下滑翔器是少数几个混合型滑翔器之一，它使用了典型的浮力变化机构，但是又没有配置能够产生升力和向前运动的翼。其向前推进、偏航和俯仰的纠正都是由置入艇内的电力推进器完成（图7）。

（六）"海上探索者"

"海上探索者"由法国 ASCA – Alcen 公司生产。"海上探索者"在结构设计上也没有采用升力面，而是使用了装在滑翔器尾部的水平鳍来替代（图8）。与意大利的 eFolaga 不同，"海上探索者"没有采用喷射泵或推进器提供前进力。

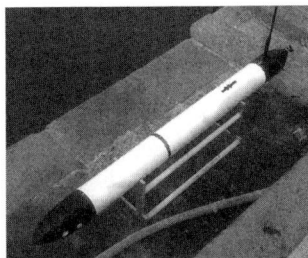

图 7　eFolaga 的外部
视图

图 8　"海上探索者"的外部视图

二、水下滑翔器技术体系特征

水下滑翔器综合集成了多种技术。按照系统的主要构成划分，主要包括滑翔器壳体技术、浮力机构技术、翼面和稳定面技术、控制技术、传感器技术、通信/导航技术，以及发射和回收技术等。

（一）壳体技术

壳体是水下滑翔器的主要结构部件，分为耐压壳体和非耐压壳体两部分。耐压壳体主要用来容纳泵吸系统、电池以及电子装置。非耐压壳体主要为滑翔器提供符合流体动力学的外形，以减少水下运动的阻力。同时，非耐压壳体也为压舱物、各类传感器提供了湿端安装位置。

滑翔器的阻力越小，工作时间就越长，因此滑翔器均采用相应的减阻设计。例如，"海上滑翔者"具有明显的前缘，它能通过维持层流减少整体水动阻力，提高续航时间。

壳体材料的选择也很关键。随着滑翔器工作深度的增加，所受压力加大，如果通过增加壳体厚度的方法提高强度，将使滑翔器的重量增加，导致滑翔器净浮力减小乃至不足。因此，选择能够增加强度－重量比的材料就显得很重要。目前，滑翔器的壳体材料一般采用6061－T6铝材和复合材料。

（二）浮力机构技术

水下滑翔器的浮力机构按能源形式分两种类型，分别是电力型和热力型。

电力型工作方式是用泵将油液注入或抽出外置油囊（类似于"鱼鳔"）来改变浮力大小。在油囊中注入油液后增加了滑翔器浮力（类似于鱼在鱼鳔中吸入空气），使滑翔器上升。在上升过程中，由于流过翼面海水的影响，上升力部分转化为向前的力驱动滑翔器前进（对于没有翼面的滑翔器，比如eFolaga，由喷射泵产生向前的动力）。同样地，将油液从油囊抽出将减少滑翔器的总浮力（类似于鱼将鱼鳔中的空气吐出），滑翔器将下降。

热力型的结构要复杂一些。其组成包括热交换管、储能器、多歧管以及油囊。热交换管的外部有一铝制耐压容器，内部充满蜡状化学物质，蜡状物中心则是一个与外置油囊相连的柔性软管，油管也充有油。蜡状化学物质对温度变化非常敏感，能在10℃温差范围内发生固—液相变。在作业时，当滑翔器下降时，环境温度降低，蜡状物质固化，体积膨胀，导致软管内压力增加，油从软管流入外置油囊，浮力增加，滑翔器上升。反之，滑翔器下降。

热力型滑翔器的最大问题是需要作业水域有10℃的温差变化。这就限制了热力滑翔器的应用范围，导致其在 65% 的海洋中无法使用。另外，为促进热交换，热交换管一般布置在艇体外部，不利于降低阻力同时容易积累污物。

尽管有一定的不足，但热力型滑翔器的能量都在俯仰/翻滚控制和传感器探测上，在周期性升降控制上不消耗能源，在使用同样电池配置（数量和类型）的情况下，热力型滑翔器的工作时间更为长久。

（三）翼面和稳定面技术

翼面是滑翔器向前运动的基础。翼面一般为对称结构，形状薄、平坦且有明显前缘。翼的安装角度和滑翔器的纵轴成大约45°角。翼展和翼型的变化是由滑翔器的总重、净浮力以及想要的"向前"速度等特性决定的。部分滑翔器的翼面在运输和存储时是单独放置的，只有在进行下水前的准备时才安装到滑翔器上。"喷射滑翔者"还在翼面中容纳天线，用以和铱星通信。

并非所有的滑翔器都有翼面。eFolaga 没有翼面，而是使用尾部的喷射泵提供前进力。需要注意的是，eFolaga 若以最高速运行，只能执行 6 小时的任务。这个工作时间和其他滑翔器相比非常少，表明 eFolaga 虽在短期内具有更佳的机动能力，但长期续航能力严重受损。

大多滑翔器也使用单独固定的垂直稳定面（如"喷射滑翔者"、"海上滑翔者"）、可控的垂直舵（斯库姆的电动和热力滑翔器）或安装在后部的垂直和水平稳定面（ANT、"海上探索者"）。这些均为确保滑翔的稳定性以及控制滑翔器的旋转服务，并以此获得想要的航迹。

（四）控制技术

对于滑翔器来说，俯仰的控制主要是通过液体（水/油）在耐压壳体内、外油囊的移动来完成。精细的调整是通过耐压壳内电池组的微量移动来实现的。电池组的少量移动能够有效改变重心和浮心之间的距离。

在偏航控制上，斯库姆的滑翔器用尾部的垂直舵控制偏航角，其他的滑翔器，使用可转动的电池组诱发旋转实现转向。例如，"喷射滑翔者"在下降过程中如要右转，则将电池组右置，使右翼面降低，在右侧产生升力分量驱动滑翔器右转。其他转向方法类似。需要注意的是，翼面相对于滑翔器的位置也对其转向控制有影响。例如，"海上滑翔者"的翼面比"喷射滑翔者"更靠后，以致其转向动力学和"喷射滑翔者"相反。"海上滑翔者"在下降时如向右转，左翼面将落下，这样翼面的升力驱动艇尾向左转，克服垂直稳定翼的升力，最终实现向右转向。

对于 eFolaga，它没有横滚控制，俯仰和偏航的调节通过壳体内的喷水推进器来实现。在使用特定的传感器包（如海底成像或测扫声纳）时，也可让滑翔器以相对水平的姿态移动。

（五）湿端和非湿端传感器技术

目前有多种传感器可作为水下滑翔器的标准组件或选装组件。标准组件包括传导性、温度和深度传感器、罗盘和高度仪。其他选装的传感器都可集成进负载舱，或者置于滑翔器压力壳体前部/后部的湿端空间和减阻装置下方。但是，使用的传感器越多，任务持续时间越短。因此要在传感器、传感器数据价值、能源消耗和任务持续时间之间进行权衡。同时，滑翔器要能对传感器实施必要的控制。例如，测扫声纳对艇体的横滚有严格的要求，在安装传感器时，必须严格对照传感器的规格和滑翔器的性能。此外，安装传感器对滑翔器重心和浮心的影响也要考虑。

（六）通信/导航技术

无论是水下滑翔器还是遥控水下滑翔器控制站，其通信和导航定位都是浮出水面后，通过铱星或者 GPS 天线完成的。通常做法是增加后部浮力，使尾部露出水面，让拖曳天线或内置在舱内的天线暴露在空气中。"喷射滑翔者"较为独特，它的天线内置在翼面内。为使翼面露出水面，"喷射滑翔者"利用可转动的电池作为压载物，使艇体倾斜大约30°以使翼面露出水面。

通信天线浮出水面后，滑翔器收集的数据将被上传给控制站，同时新的任务会被下载。随后滑翔器潜入水下，根据新的任务要求继续执行任务。

（七）发射和回收技术

上述滑翔器都是从水面平台上发射。滑翔器的发射形式有多种，包括在小型刚性充气艇上手动布放（eFolaga和"海上滑翔者"）；通过吊柱和特殊发射装置将滑翔器降到水里（图9）；通过船上的发射导轨发射等（图10）。

图9　"喷射滑翔者"
使用吊柱布放

图10　"斯库姆电动滑翔者"
从船侧的发射导轨发射

滑翔器的回收方式包括用船上导轨回收；在刚性充气艇上手动回收；使用母艇的吊柱和回收笼，或利用吊柱和滑翔器上配置的回收环回收。

2011年11月，美国"洛杉矶"级"布法罗"号通过潜艇的干式遮蔽舱完成了滑翔器的发射。发射过程得到美国海军蛙人的帮助。蛙人将滑翔器从干式遮蔽舱中移出，并将其从潜艇尾部"发射"出去。潜射滑翔器的回收目前还只能在水面进行，未来计划是利用蛙人将滑翔器回收到干式遮蔽舱。

除了干式遮蔽舱，其他一些水下发射方式也在考虑之中，如通过鱼雷发射管发射。利用大直径导弹或负载发射管发射的方式也是可行的。弹道导弹核潜艇和巡航导弹核潜艇目前装备大直径导弹发射筒，并且"弗吉尼亚"级潜艇后续艇将安装大直径导弹发射筒。在大直径导弹发射筒内，需要专门的支持结构以保护滑翔器的安全并确保其能够垂直发射。另外，因为水下滑翔器的浮力有限，为确保和平台安全分离，需要一定的发射冲量或者额外浮力。

三、水下滑翔器性能特点及应用

（一）性能特点

水下滑翔器最大的能力是它们能够在特定作战区域保持持久存在并进行持续监视，收集和记录关键的传感器数据。与其他海洋观测设备相比，滑翔器体积小、质量小，易于布放和操纵；相比海洋测量船，其调查成本较低；相对于中性浮标，具有可控的优势；由多个水下滑翔器组成的观测阵列可以进行大范围、长时间的同步观测等。水下滑翔器已经被世界广泛使用，获取从深水到浅水不同海区的 CTD 数据。

同时，滑翔器独特的结构及性能也使它在使用中面临一些限制。其中，最大的限制是滑翔器必须浮出水面，才能通过卫星或无线链路将记录的数据传输出去。如果探测区域在主权国家的领海，滑翔器有被探测和捕获的风险。使用水声调制解调器可以避免这种情况。但是，水声调制解调器比较消耗能源，不利于滑翔器的续航力，是否选装存在很大争议。

滑翔器的另一个限制是定位精度较差。滑翔器水下前进时使用船位推算航海表推算位置信息,容易积累误差,导致无法确定滑翔器的准确位置,继而影响进一步的应用。如果选装惯性导航组件,多消耗的能源是滑翔器难以接受的。

另外,滑翔器运行还受海洋环境的限制。首先,运行海域要有足够的水深,能保证滑翔器按照锯齿状的运行方式运行。其次,洋流速度不能过大,如果洋流速度超过艇的前进速度,滑翔器有可能被推回。

(二) 军事应用

作为一型优点和缺点同样鲜明的水下装备,国外对滑翔器的军事使用有清晰的定位,并在此基础上进一步开发新的应用。比如,在美国海军2004 年《水下潜航器主计划》里,对滑翔器的要求是作为通信/导航网络节点(CN3),"成为网络中心战传感器栅格的水下节点",其将"在平台之间提供网络连接能力,能够按照需求提供导航帮助"。根据这个要求,滑翔器被定位为收集海洋数据和提供水下网络联通的装备。

经过近10 年发展,滑翔器的技术和性能有了显著提高,并被赋予其他重大任务能力。

例如,2006 年美国提出"近海水下持久监视网络"计划,其中包括利用18 艘"海上滑翔者"组网,形成低成本的反潜巡逻编队。该概念利用滑翔器与生俱来的长续航力(如前述的水下滑翔器大都可提供6 ~ 12 个月的续航能力),结合先进的水下探测和通信技术,能够让滑翔器识别高价值目标并能够立刻将信息转发出去,并且编队内的滑翔器可以通过"接力"的形式,对目标实施不间断的长时间跟踪。自2009 年美国开始部署滑翔器以来,2015 年美国海军已经采购约200 套。2016 年,美国海军批准全部"阿利·伯克"级驱逐舰均要随舰装备2 艘水下滑翔器。

作为一种便携式装备，水下滑翔器可以选装不同的传感器包，并且能够从小型平台快速布放，比如从刚性充气艇或者潜艇的干式遮蔽舱布放。这使其任务能力进一步扩展，能够实施反水雷及人道主义援助等任务。比如在沿海的核电站发生灾难时，水下滑翔器可长期、持续对相关水域的辐射水平进行监视。

（中国船舶重工集团公司第七一四研究所　朱鹏飞）

美国海军首次利用潜射无人机
中继联接潜艇和无人潜航器

2016 年 8 月，美国海军成功完成"黑翼"无人机中继联接潜艇和无人潜航器集群试验，首次验证了用潜射无人机跨域中继的水下远程态势感知能力，可实现潜艇在隐蔽状态下，指挥远程潜航器集群实施信息搜集和对敌目标攻击等任务，提升潜艇信息感知能力和生存能力，为美国海军提供一种新型水下作战样式（图1）。

一、试验内容

此次试验由美国海军水下战中心牵头，组织通用动力公司、美国航空环境公司等军工企业参与。试验涉及 1 艘潜艇、1 架"黑翼"无人机、1 艘"蓝鳍"－21 重型无人潜航器和 3 艘"蓝鳍—金枪鱼"微型无人潜航器，过程分三个阶段：

前期准备阶段：潜艇释放"蓝鳍"－21，后者航行至目标海域后释放1 号、2 号"蓝鳍—金枪鱼"搜集水下与水面目标信息；而后"蓝鳍"－21

图 1 "黑翼"无人机中继联接潜艇和无人潜航器集群示意图

发射无人机搜集水面与空中信息。

信息交换阶段:"蓝鳍"－21 释放 3 号"蓝鳍—金枪鱼",与 1 号、2 号"蓝鳍—金枪鱼"交换信息,3 号上浮水面与"黑翼"进行信息通信;"黑翼"将自身搜集信息及 3 号"蓝鳍—金枪鱼"信息传递至潜艇。

任务执行阶段:潜艇对接收信息进行决策,将作战任务发送至"黑翼";"黑翼"将任务信息传递给 3 号"蓝鳍—金枪鱼",后者将该信息发送至 1 号、2 号"蓝鳍—金枪鱼"执行,此后无人机自毁,3 艘无人潜航器自毁或由水面舰船回收。

二、发展背景

（一）美国海军积极发展跨域中继联接能力以确保水下优势

目前，潜艇多采用浮出水面进行微波通信或者利用水面浮标进行水下与水面跨域通信，在通信安全和通信效率方面存在一定瓶颈。在 2013 版《无人系统路线图》指导下，美国海军不断拓展无人系统应用领域；相比传统方式，借助潜射无人机，潜艇可实时、高效、安全地与水面舰船、飞机等进行中继通信。

（二）具备通信中继能力的潜射无人机为美国海军发展重点

早在 20 世纪 90 年代起，美国海军就开始发展潜射无人机，目前共发展约 10 型潜射无人机。2007 年之前发展的"海上搜索者"、"鸬鹚"、"海上哨兵"等潜射无人机尺寸都较大，突出侦察与火力打击功能。近年来强调潜射无人机信息搜集与通信能力，发展了 XFC、"弹簧刀"、"黑翼"等小型无人机。2016 年 5 月，美国海军宣布，选择"黑翼"无人机作为未来潜艇及潜航器搭载的潜射无人机型，并采购 150 架。

（三）有人/无人装备的发展为实现中继联接提供可能

目前，美国海军正加快潜艇与无人系统协同技术发展，为实现潜艇与无人潜航器、无人机协同作战奠定基础。2015 年美国海军自第 3 批次"弗吉尼亚"级核潜艇开始用 2 个大直径有效载荷发射管取代之前的 12 个小发射管，极大提升潜艇无人潜航器、无人机等载荷投送能力；2013 年美国海军研制了可携带无人机的"鲂鮄"（Sea Robin）运载发射筒以及能同时与多个终端建立联接的数字数据链（DDL），并已成功验证其可行性，确保潜射无人机的发射安全与通信顺畅；2013—2016 年间，美国海军已多次完成多艘无人潜航器水下组网通信试验，为无人潜航器集群控制、部署奠定了基础。

三、影响分析

美国海军成功试验验证潜射无人机中继联接潜艇和无人潜航器集群，标志着当前高热度发展的无人装备技术又达到了新高度，将对美军未来作战产生重大影响。

（一）极大提高潜艇信息感知和打击能力

传统上，潜艇对水下、水面目标探测手段相对单一，战场态势感知能力有限。借助潜射无人机与无人潜航器联接组网并与潜艇进行数据联通，美国海军将极大提升潜艇感知能力。"蓝鳍" –21 无人潜航器航程为 208 千米，"黑翼"无人机航程约 10 千米，装备"蓝鳍" –21 无人潜航器的美军核潜艇在"黑翼"无人机中继联接下，水下目标探测距离将有效延伸。此外，潜艇探测距离提升将对潜艇打击目标能力也有极大促进作用，特别是使用潜射导弹打击远距离的水面和陆上目标时，潜射无人机和无人潜航器将可提供目标指示和中继制导。

（二）有效提升潜艇安全性和隐蔽性

传统上，潜艇由于战场感知能力有限，主动攻击作战中不得不冒险前出或接近水面获取目标信息，隐蔽性优势显著降低甚至丧失，将危及自身安全性。借助无人机和前方无人潜航器的信息搜集与回传，潜艇可隐蔽待机于相对安全的区域，了解外部事态，并提前规避对方反潜力量。如上所述，借助潜射无人机运用，核潜艇可在更加安全的区域指挥、控制无人潜航集群执行任务。此外，潜射无人机对空中目标及早发现，可有效改观潜艇在应对空基反潜力量时完全被动的状态，在提前规避的同时，还可利用潜对空导弹主动打击对方反潜机。

（三）提升美国海军装备体系作战能力

空中与水下装备间的数据传输一直是武器装备间信息联通、交换中的突出问题，困难程度远大于空中通信，是阻碍现代化装备开展体系作战的关键因素之一。美国海军此次成功试验基于潜射无人机的水下/水面跨域中继通信，为其形成跨域作战能力提供了可能。未来美国海军潜艇通过潜射无人机接入美军16号数据链后，潜艇、水面舰船、飞机、卫星等可实现数据自动融合、信息共享，指挥中心可制定实时目标发现、跟踪、打击方案，极大提升美国海军装备体系作战能力（图2）。

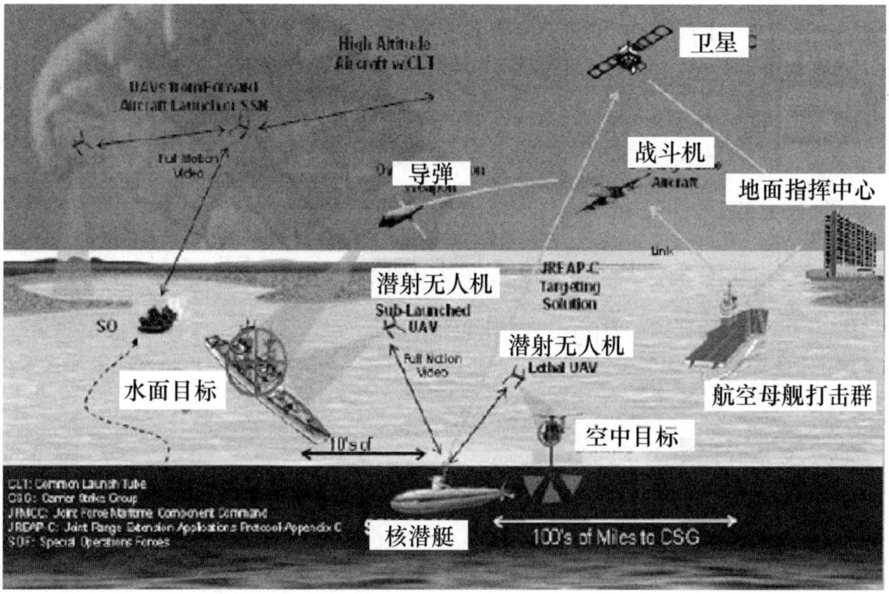

图2　潜射无人机提升美国海军跨域体系作战能力示意图

（中国船舶工业综合技术经济研究院　闵冬冬）

美国海军验证无人水面艇集群的
复杂任务能力

2016年10月，美国海军研究局在切撒皮克湾进行了第二次无人水面艇集群验证，利用4艘无人水面艇，验证了协同任务分配、敌我识别等能力。演示验证期间，集群无人艇在发现一艘未知舰艇进入其巡逻海域后，由其中一艘无人艇快速靠近未知舰艇、识别舰艇身份、联络其他无人艇协同确定。其他无人艇则继续对分配海域进行巡逻。

无人艇集群由美国国防部战略能力办公室和美国海军研究局共同研发，是"第三次抵消战略"中的一个重要项目。

一、发展背景

目前，由于国防预算的削减，美国海军舰艇数量逐渐减少，有人舰艇规模难以满足大量情报监视侦察、护航等任务需要；同时，美国远征作战压力突出，有人舰艇执行任务仍具有一定安全风险。与有人舰艇相比，无人水面艇生存能力更强、不易被探测、成本更低、不会造成人员伤亡。但单个无人艇能力有限，难以执行复杂任务。为此，美国海军计划采用一系列无人水面艇集群代替有人舰艇，联合多个无人艇共同执行护航、小艇拦截等复杂任务。

二、研发进展

2016 年 2 月，美国国防部 2017 财年预算中披露，战略能力办公室目前正在与海军研究局联合开展"海上集群"项目（Sea Mob），核心是无人水面艇集群技术，验证无人水面艇开展不同任务时的情景感知和协作特性。

"海上集群"项目 2015 财年投资 550 万美元；2016 财年转入样机试验阶段，获得资金 2000 万美元；2017 财年计划投资 1800 万美元，开展集群无人艇的单项战术任务验证，研究复杂联合任务能力，如自主搜寻和识别、先进负载运输等。2016 年秋季，美国海军使用 4 艘无人水面艇按照合理的行为规划系统，为不同无人艇分配了不同的任务，同时验证了自主敌我识别。

认知技术是无人水面艇自主执行任务的关键。基本要求是软件能够分辨出多个传感器对同一事物从不同角度获取的信息，即信息共享，而后根据采集的数据作出自主行动，即自主决策。更高级、更复杂的自主决策则要求集群中的每个个体能够根据自身特点和实际情况，自主安排不同的任务。

（一）2014 年首次验证了自主任务能力

国防部战略能力办公室"海上集群"项目源于美国海军研究局的无人水面艇集群项目。2014 年 8 月，美国海军完成相关技术的试验验证，使用了 13 艘无人水面艇（5 艘自动控制、8 艘遥控）组成编队，利用舰载传感器网络，成功由护航模式转变为敌船拦截模式，验证了自主任务能力。

2014 年 8 月，美国海军远征作战司令部开展了无人水面艇集群试验，在詹姆士河进行了为期 3 天、每天 30 分钟的演习，主要内容是开展高价值舰艇护航任务。试验使用了美国国家航空航天局喷气推进实验室研发的"机器人智能感知系统控制体系架构"（CARACas），重点解决了数据交互、自主决策等关键问题。

试验的 5 艘无人水面艇有 4 艘由海军水面战中心卡迪洛克分部提供，1 艘由达尔格伦分部提供。其中，2 艘为 11 米长的刚性充气艇（RHIB）、1 艘为 11 米长的内河小艇、1 艘为 7 米长的刚性充气艇、1 艘为 7 米长的港口安全艇，不同小艇的使用验证了 CARACas 的多功能性。试验小艇均为美国海军现役装备，稍做改动就可发展为自主无人水面艇。除无人水面艇外，试验还包括了 1 艘高价值舰艇、1 艘模拟敌方的 Mark V 特种作战小艇，以及交通控制和支援小艇。

试验共分为四个阶段（图 1）：第一阶段，5 艘无人水面艇执行高价值舰艇的护航任务，8 艘人工遥控艇在前方领航；第二和第三阶段，河道变窄，人工遥控艇在河岸两侧对危险情况进行侦察，无人水面艇和高价值舰艇通过河道；第四阶段，无人水面艇发现敌船，即时改变任务模式，由护航转变为集群攻击。

试验中，空间公司负责无人水面艇集群的总体演示、行为设定；丹尼尔公司负责"分散与自动数据融合系统"（DADFS）和雷达研制；约翰霍普金斯大学应用物理实验室也参与了 DADFS 的研究；宾夕法尼亚州立大学应用物理实验室负责研制雷达处理软件；喷气推进实验室除研发 CARACas 系统外，还参与了无人水面艇的行为设定。

试验的其他内容还包括人为干预的必要性及频率、对自动控制系统的

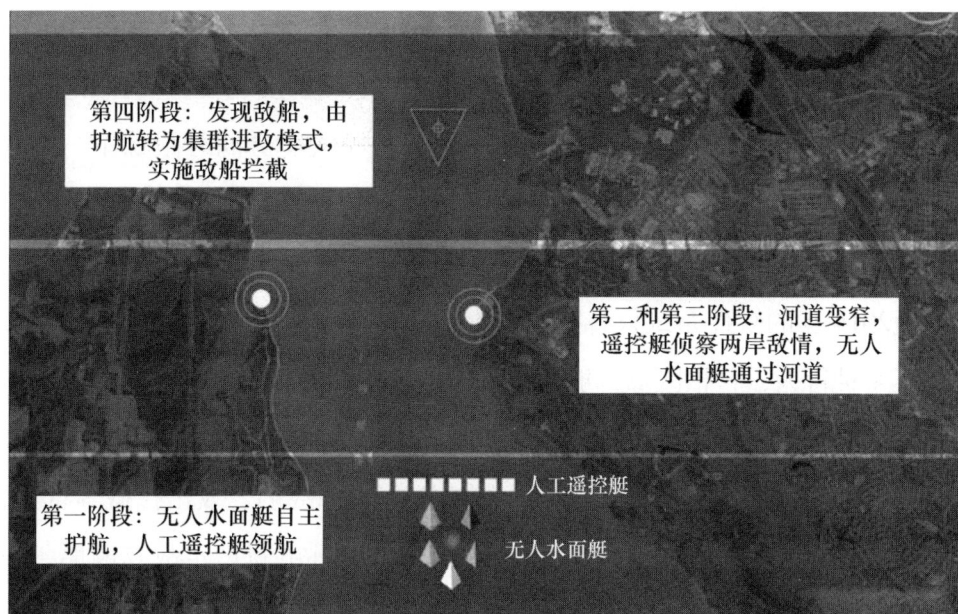

图 1　无人水面艇试验过程

信任程度等。试验发现，当无人水面艇之间的缓冲距离不足时，就需要人工干预。例如，无人水面艇之间偶尔会因为感知错误问题而彼此距离过近。预计未来美国国防部还将进一步优化、提升无人水面艇的自主能力，增强可信度。

（二）2016 年实现了协同任务分工和敌我识别

2014 年的测试中，无人水面艇集群虽然能够共享信息数据，自主执行任务，但每艘艇在集群中均执行同样的任务，成为相对独立的一些个体，无法根据需要分配部分无人艇执行不同的任务。这种行为将导致无人水面艇无法根据优先级自主分配任务，难以及时响应突发事件。

2016 年，美国海军改进了软件系统，使用 4 艘无人水面艇集群按照合理计划分配任务，实现自主分工协作。试验过程中，美国海军设置了两艘敌舰，4 艘无人艇侦察发现第一艘敌舰后，安排 1 艘无人艇进行跟踪，其他 3 艘仍处于巡逻状态；第二艘敌舰出现时，另外 1 艘无人艇会进行跟踪，剩余两艘继续巡逻。而 2014 年的软件系统，4 艘无人艇会同时跟踪第一个敌舰目标，导致遗漏第二艘敌舰。

美军改进后的软件系统使用行为规划系统和数据库，可规划复杂行为体系。2014 年的软件系统只有护航和敌船拦截两种行为，而 2016 年的系统实现了 4 种行为，包括区域巡航、敌我识别、探测追踪、跟踪敌船。软件系统还可进行升级，获取新的行为。2016 年试验的无人艇集群具备自主敌我目标识别能力。敌船会引发无人艇探测追踪、跟踪敌船、攻击拦截等行为，友军舰艇则不会有这些动作。此外，操作人员还可重新设定敌友舰船，或手动指定敌军或友军。

三、关键技术

无人水面艇集群关键技术包括两方面，一是用于自主控制的 CARACas 系统，另一个是用于共享态势感知数据的 DADFS 软件。CARACas 可从雷达和 DADFS 获取状态感知信息，并规划航线。此外，研究人员还开发了自动目标识别算法，用于水面舰艇的自主敌我识别。

（一）CARACas

CARACas 软件系统适用于多种类型的舰艇，可针对不同的舰艇类型设定不同的行为。目前已用于超过 15 型小型舰船，部分程序已经用于"海上猎手"号反潜战持续跟踪无人艇。

美国海军 2004 年开始研发 CARACas，并结合了美国国家航空航天局对火星探测器的研发成果，已积累了 3500 海里的研发测试经验。目前，CA-

RACas 已完成的试验包括高速避障及探测（浮标、桥梁等）、多种无人艇合作、探测数据融合和交互、艇上任务规划等。

美国国家航空航天局和海军研究局对 CARACas 的设计要求包括：可处理水面和水下动态环境的不确定性；探测并躲避威胁，保持环境感知；与有人和无人艇联合部署时，遵循航运条例；可与其他无人水面艇、无人潜航器、无人机合作；自行规划航线；长时间部署时，具备自维护功能；具备人工遥控和自主航行两种模式。

CARACas 由行为系统、动态计划系统、感知系统三部分构成。行为系统是软件核心，基于"可靠实时可重构机器人软件架构软件"（R^4SA）搭建，用于规划无人艇的行为、任务等。动态计划系统基于"连续行为规划计划执行和再计划软件"（CASPER）搭建，可根据任务内容和无人艇当前状态，制定无人艇动态行动计划。感知系统则可绘制部署区域的环境感知图像，作为安全导航的依据，主要装备包括喷气推进实验室研发的"锤头"立体感知系统以及 360°探测系统（无人潜航器使用 iPUMA 声纳系统），可进行威胁探测和态势感知（图 2）。此外，CARACas 还设有"世界模型"（World Model），可作为无人艇状态信息、任务信息、导航地图的外部通用接入点。

"可靠实时可重构机器人软件架构软件"是 CARACas 系统的核心，使用标准 C 语言编译，由三层架构构成。其中，设备驱动层

图 2　360°探测系统

主要连接硬件接口；设备层用于控制其他不依赖硬件的设备，如传感器等；应用层储存了无人艇可执行的所有行为，并进行应用控制。

（二）DADFS

DADFS 是实现多艇控制的关键因素，可同步各艇的状态感知数据，并利用各艇上关联的传感器数据创建统一的态势感知图像，实现多艇感知数据的交互与融合。系统由美国海军研究局资助研发，结合了丹尼尔公司的数据融合算法和约翰霍普金斯大学应用物理实验室的分布式平台系统。

四、未来发展及意义

无人水面艇集群是美国国防部战略能力办公室在"第三次抵消战略"下研发的项目，主要是在网络或通信中断的情况下，使用大量低成本无人水面艇代替海军舰艇自主执行复杂任务。无人水面艇集群利用较为成熟的自主软件，直接将美国海军现役小艇改造为无人艇，成本低、技术成熟度高、研发难度小，短期内即可投入使用。无需长达数年甚至数十年的基础研发，可快速部署，对内河侦察、护航、负载运输等模式形成颠覆性影响。

随着无人水面艇集群技术的发展和自主能力的提升，未来将可真正协助士兵完成多种复杂任务，包括水域水文测绘、水利侦察、自动避害、航线规划、深海测绘导航、水下科研、反水雷、监视侦察、海洋生态保护等。还可与其他无人平台联合，更高效地完成任务，例如与无人机联合探测感知战区的多维环境。

（中国船舶重工集团公司第七一四研究所　马晓晨）

国外激光武器技术发展分析

激光武器是一类正在迅速发展中的新概念武器。激光武器以光速将高能量激光照射到目标表面,通过毁伤光电侦测、火控、导航和制导等关键装置,或使目标"失明、致盲",或烧穿飞行物壳体,将其击落、引爆战斗部、燃料,使其空中爆炸、损毁,短时间内即可完成毁伤任务,具有能量集中、传输速度快、能多次重复使用、效费比高、移转火力快、抗电磁干扰等优点。激光武器自诞生以来,其发展经历了多次起伏,光纤激光器等固体激光器技术的成熟,为激光武器的发展注入了新活力,成为当前主要军事强国的研究重点。目前,美国、英国、俄罗斯、德国、印度等国均启动了激光武器的研制,并开展了相关测试,激光武器进入战场已经指日可待。

一、激光武器的特点

激光武器系统一般是由激光器、热管理系统、光束控制系统等部分组成,其核心是激光器设备。激光武器有着其他武器无可比拟的优点,主要包括：

（1）高速度。激光束光速传播，从激光器出口到目标的时间可以忽略不计，争取了作战时间，无需计算提前量。

（2）反应灵敏。激光器射出的光束质量近于零，可在短时间内对不同方向的来袭目标进行打击。

（3）命中精度高。激光武器将能量汇聚成很细的光束准确地对准某一方向射出。

（4）杀伤力可控。可通过调整和控制激光武器发射激光束的时间或功率以及射击距离来对不同目标分别实现非杀伤性警告、功能性损伤或结构性破坏。

（5）抗电子干扰能力强。现有的电子干扰手段对激光束不起作用，基于这种优势，激光武器将在防空、反导和破坏敌方信息系统等方面得到广泛应用。

（6）持续作战能力强。不受制于弹舱容量，在保证电力供应的条件下，可以不限次数连续作战。

（7）效费比高。根据美国海军数据统计，其固体激光武器每次使用的费用仅为数美元，相比于导弹十分廉价，可扭转攻击方和防御方的成本交换比率。

二、国外主要激光武器研制现状

（一）美国

美军推动激光武器等新概念武器的发展是"第三次抵消战略"的主要着力点和突破创新之一，目前美军将固体激光武器作为发展重点，各军种积极推进战术激光武器在舰艇、战车等平台上的应用。美国激光武器技术相对成熟，部分激光武器装备已接近投入实战。

1. 美军已将投资重点转向固体激光武器项目

美国长期向激光武器技术领域保持大量投入，拥有最为雄厚的技术积累，自20世纪60年代以来，美国开展了多项激光武器研制项目，包括化学与气体激光器、固体激光器和自由电子激光器等类型。美军化学激光器的输出功率等性能指标达到了战略激光武器级别，但因体积庞大、保障困难、污染环境、成本高昂等原因而停止研发。近年来，迫于战略转型以及防务预算的削减，美国军方对包括激光在内的低成本高效能武器系统的需求日益迫切，特别是用于应对小型、近距离威胁的战术激光武器系统。而在过去十年间，二极管和光纤材料性能的显著改善使得单根光纤固体激光器的最大功率增加了约100倍，即从100瓦增至10千瓦以上。此外，板条激光器技术亦较为成熟，在实验室测试中已成功输出功率达105千瓦的激光束。固体激光器性能的提高及商用化，使得以固体激光器为核心的战术激光武器项目成为美军定向能武器开发的投资重点。2016年，美国海军为激光武器项目申请了2690万美元预算，较上一年有较大回落，主要是因为"激光武器系统"（LaWS）已完成固体激光器—快速反应能力（SSL – QLC）演示，而自由电子激光器项目开发还在进行调整。整体而言，美国海军为战术激光武器研制保持了较为稳定的投入（图1）。

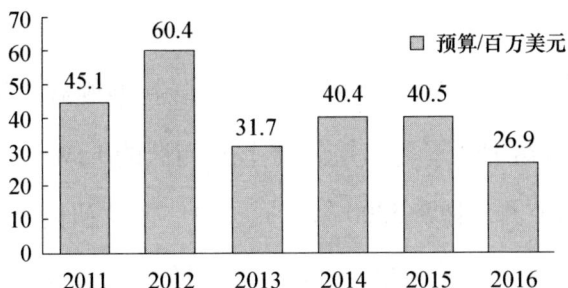

图1　美国海军激光武器系统开发预算变化情况

2. 美国海军激光武器系统已开展试验性部署

对美国海军而言，目前所面对的最直接、最现实的威胁是无人机、偷袭性小艇等非对称威胁。为了应对这类威胁，提高舰艇的近防能力，美国海军于 2010 年正式开始研制 LaWS。LaWS 系统由雷声公司牵头研制，波音公司和洛克希德·马丁公司也参与了部分工作。LaWS 最大程度地依靠现有商用技术和元器件以求降低研发和采购成本。LaWS 原型机由 6 台工业用光纤激光器组成，工作中这 6 台激光器发出的激光束经光束合成装置合成，之后可得到功率为 30 千瓦的激光束（图 2）。激光武器系统使用成本低，根据有关部门的估算，单次照射的边际成本仅为 1 美元，与每枚导弹动辄数万或数十万美元的价格形成鲜明对比。

LaWS 在历次打靶测试中的击毁率达到 100%，表现出强大的防御能力。2014 年 9 月，该系统开始在"庞塞"号两栖船坞运输舰上部署，并进行为期一年的作战测试评估。测试性部署期间，美国海军演示利用该系统瘫痪"全球鹰"靶机、引爆火箭推进榴弹，并烧穿了刚性充气艇的发动机，展示了较好的自卫性能。据美国海军透露，LaWS 系统可以在沙尘暴后的高湿度环境下工作，具有很好的效费比，因此美国海军舰队高层决定，在完成一年的测试性部署后，LaWS 继续在"庞塞"号上服役，直至 2017 年左右该舰完成任务退役。

2016 年 6 月，美国海军研究局称即将开展新型舰载高能激光武器系统研制，输出功率可达 150 千瓦，是此前上舰测试的 LaWS 系统样机的 5 倍。该项目将耗时 12 个月，耗资 5300 万美元，分三阶段研发"激光武器系统演示样机"：第一阶段主要完成初始设计，第二阶段开展地面测试，第三阶段将在海军自防御试验舰上进行测试。

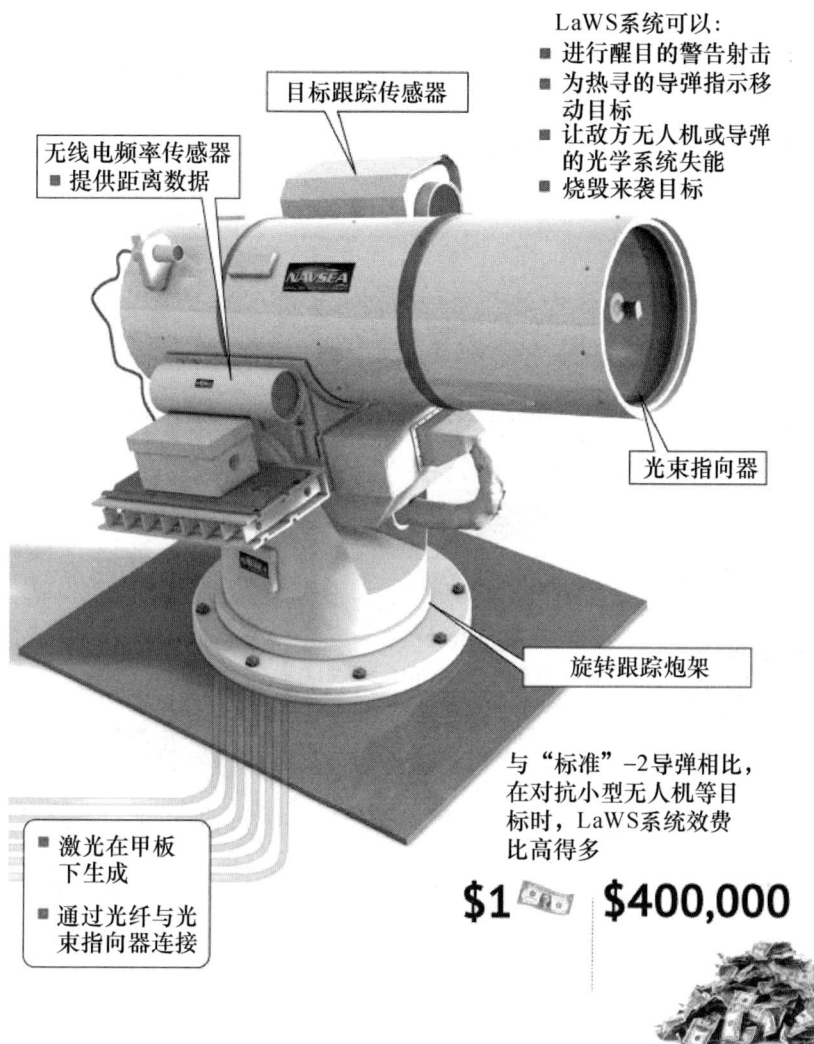

LaWS系统可以：
- 进行醒目的警告射击
- 为热寻的导弹指示移动目标
- 让敌方无人机或导弹的光学系统失能
- 烧毁来袭目标

目标跟踪传感器

无线电频率传感器
- 提供距离数据

光束指向器

旋转跟踪炮架

与"标准"-2导弹相比，在对抗小型无人机等目标时，LaWS系统效费比高得多

$1　$400,000

- 激光在甲板下生成
- 通过光纤与光束指向器连接

图 2　美国海军"激光武器系统"系统结构示意图

3. 美国各军种全面推进激光武器计划

除美国海军外，空军、陆军、海军陆战队等各军种也在全面推进激光武器研制计划，战术激光武器呈现出多头并进的发展格局。

美国空军研究实验室在 2016 年开始其代号"盾牌"（SHIELD）的先进

技术验证项目，年内实现功率大于 10 千瓦的电驱动高能激光武器演示验证，在 2022 年实现可由 F－15 战斗机搭载的吊舱式激光武器，功率大于 10 千瓦，用于拦截来袭导弹；在 2029 年之后实现可列装第六代战斗机的、功率超过 100 千瓦的高能激光武器，并采用保形阵列（激光相控阵）形成波束。这一技术子领域的整体目标则是"降低尺寸、重量和功耗，增加'反介入／区域拒止'环境中的能力"（图 3）。

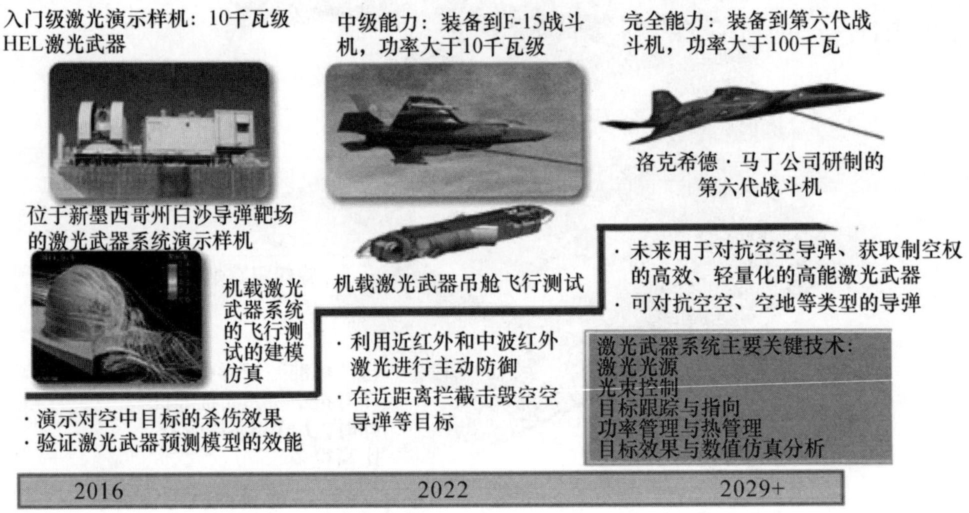

图 3　美国空军实验室公布的定向能武器路线图之激光武器部分

美国陆军在研项目包括"区域防御反火力压制"（ADAM）陆基激光武器系统、"高能激光移动实验车"（HELMTT）等。2016 年 4 月，位于希尔堡的火力作战实验室在汤普森山靶场对两套激光武器系统进行了试验。该激光武器是一门安装在八轮重型装甲车上的 10 千瓦激光炮，能够探测、跟踪和摧毁地面和空中目标，2025 年前美国陆军可能开始使用激光武器装备部队。此外，海军陆战队也开展了"陆基防空定向能"（GBAD）等项目研制。

（二）其他国家

除美国外，德国、英国、俄罗斯等传统军事强国的激光武器技术也处于世界前列，关键技术研发已获得了突破，其研制的激光武器有的已经开展了打靶测试。印度等新兴国家也大力发展激光武器技术，试图实现赶超。

1. 德国激光武器技术水平处于世界前列

德国莱茵金属公司、欧洲导弹集团（MBDA）德国公司等均为世界领先的激光武器研制商，已开展了多次打靶试验。

2016 年 2 月，莱茵金属公司与德国军方对安装在德国战舰上的 10 千瓦激光器进行了海上测试，测试目标包括跟踪无人机和小型水面艇等潜在目标。此外，还对激光器跟踪岸上固定目标进行了测试，首次验证了莱茵金属公司高能激光器在海洋环境下的效能。7 月，MBDA 德国公司在柏林航展上展出了可安装在海基和陆基平台、提供 360°防御无人机、火箭弹、迫击炮弹等敏捷目标的高能激光效应器。MBDA 公司已开发出的系统采用标准化接口，适用于多种平台，其先进的反射镜可提供跨 360°快速、稳定跟踪，并迅速交战；交战时间短，可对付多方向无人机攻击等蜂群目标；精度高、后勤维护成本低、效应可扩展。根据设想，该系统可将 MBDA 公司的"西北风"近程导弹与莱茵金属公司的 MPCS 炮塔相结合，替代基于"毒刺"的系统。

2. 英国正在研发用于海上作战的激光武器系统

英国国防科学技术实验室正在推进"固体高功率激光武器系统演示样机"项目，主要针对无人机、巡航导弹等目标，目前该项目即将选定承包商。2016 年 2 月，英国海军曾透露皇家海军将在 2018 年使激光武器用于海上作战，计划 2018 年进行首次测试，先进行地面试验，随后是海上试验。

3. 俄罗斯重新重视发展激光武器

俄罗斯激光武器系统的主要技术储备来自苏联时代，经过几十年的低潮期后，近年俄罗斯决定紧跟美国步伐，加紧激光武器的研制和推广应用，并力图将激光武器作为"杀手锏"，用于现代战争。考虑到航空兵比海军有更高的机动性，以及近水面大气层的湿度因素，俄军优先研发的激光武器为空基激光武器，作战平台是以伊尔－76运输机为基础研制的"A－60"飞机，可用于空基高能对抗、摧毁敌方空中作战力量等。

4. 印度大力发展激光武器用于防空反导

定向能武器开发是列入印度国防部15年技术远景和能力路线图的最优先领域之一。印度国防研发组织正在研究功率为10千瓦的激光武器，用以供装甲部队对抗无人机等目标，同时还在研究精确跟踪/指向和激光束组合等关键技术。该机构已经在位于海得拉巴的高能系统与科学测试中心对激光武器系统进行了打靶测试，系统作用距离达到800米。位于新德里的激光科学技术中心（属于国防研发组织的实验室）正致力于研究各种武器系统，包括化学氧碘激光器和高功率光纤激光器，其中一项在研项目为开发25千瓦的激光器，设计目标是用于弹道导弹末端防御，作用距离为5~7千米。印度已拨款11.5亿卢比用于开发定向能激光系统实验技术模块，项目计划在2017年7月完成。国防研发组织未来的目标是开发可用于飞机和舰船，并能在助推阶段摧毁敌方弹道导弹的固体激光器。

三、激光武器系统关键技术

关于功率要求较低的激光武器，如美国海军30千瓦的"激光武器系统"目前已经克服了各主要技术难题，这一功率级别的激光武器可以应对防护能力较差的无人机和无人水面艇等威胁。对于输出功率在 100 千瓦以上的高能激光武器，要实现实用化，还有几大关键技术难题需要解决。

（一）光束合成技术

由于受到非线性效应、光学损伤及热损伤等物理机理的限制，单激光器的最大输出功率不能无限提升。激光光束合成技术为实现高功率高光束质量激光输出开辟了新途径，该技术可避免各个子激光器工作在极限状态，并且其轴上亮度与单个激光器相比具有绝对优势，已成为固体激光武器技术发展的趋势和热点。

光束合成的主要方法有相干合成、光谱合成和非相干合成等。N 路光纤激光进行相干合成，理论上可以使远场光斑的峰值强度提高为单路时的 N^2 倍，使亮度大幅提高，同时相干合成光束还具有更好的大气传输效果。模拟计算表明，250 千瓦的相干合成和非相干合成的多光束激光，传输到 10 千米距离处，在远场半径为 5.6 厘米的圆筒内，相干合成可以汇聚 150 千瓦的能量，而非相干合成只能汇聚 32.6 千瓦的能量。可见，相干合成远场亮度远优于非相干合成。

从测试情况来看，通过非相干合成技术、光谱合成等方法输出 30 千瓦级的激光束已得到初步验证。如 LaWS 系统在内部集成 6 套 5.4 千瓦的光纤激光器，每套激光器由 7 台 800 瓦的光纤激光器组束而成，下一步计划采用 10 套激光器非相干合成到 150 千瓦。2016 年 2 月，洛克希德·马丁公司使用 96 束 331 瓦光纤激光实现了光谱合成 30 千瓦近衍射极限光束质量输出，初步验证了通过光谱合成实现 100 千瓦级高光束质量输出的技术可行性。

（二）总体设计技术

总体设计技术是指激光武器系统研制前通过理论计算与分析、优化评估来确定系统指标体系以及技术途径所涉及的关键技术，包括激光系统物理建模与仿真分析、一体化设计与工程设计等技术。美国非常重视物理环节、系统性能、战场效能评估的建模与仿真工作，开发了大量的仿真软件，为激光武器发展提供了强有力的支撑。在激光武器全系统仿真方面，美国MZA 公司研发的通用性仿真软件 WaveTrain，以其功能强大、使用简便、建模灵活、配置方便和扩展能力强等优势成为目前使用最广、影响最大的系统仿真软件。WaveTrain 实现了包含光束控制与成像系统、固体与气体激光谐振腔系统、自适应光学系统、大气与气动光学效应等激光武器系统各环节仿真，在美国激光武器研制领域得到了广泛应用。在激光器系统数值模拟方面，国外相关商业仿真软件发展非常迅速，如典型的光线追踪软件 TracePro、Fred、Zemax，光学平台设计软件 VirtualLab，电磁场求解软件 opyiFDTD，波导（光纤）设计软件 PhotonDesign 等。

（三）集成试验技术

集成试验技术是在分系统完成研制后开展全系统集成调试、综合测试评估试验的技术，所涉及的关键技术包括试验方法设计、综合性能测试与评估等技术。为开展激光武器系统集成试验，美国建立了以科特兰基地"星火"靶场为代表的高能激光武器综合集成试验场，采用口径为 3.5 米的跟瞄发射系统及配套设施，开展了一系列的高精度跟踪瞄准、高性能人造信标自适应光学校正大气、激光主动照明成像探测、地基激光光束控制等激光武器关键技术试验研究，为高能激光武器系统设计和研制提供了大量技术依据。美国白沙导弹靶场建立了先进激光实验厂房，用于对激光武器全系统、自适应光学系统、光束控制系统、氧碘激光器装置、跟踪瞄准系统、信标激光器等功能指标以及环境适应性进行验证考核试验，支持开展高能激光武器集成测试试验、目标杀伤与效能试验、模拟空间环境试验等，是美国陆海空三军进行激光武器的研究、开发、试验与鉴定中心。

四、激光武器技术发展趋势

（一）舰载激光武器有望最先实战部署

无论是从舰船平台对激光武器的需求和适装性来看，还是从国外舰载激光武器的研制进展来看，舰载激光武器都很有可能成为最先实战装备的定向能武器。现代海军舰船面临着反舰导弹、无人机、高速炮艇、迫击炮等多种威胁，其中，反舰导弹作为当今海战的主要攻击武器，是舰船的主要威胁。反舰导弹被发现后的拦截时间短至数秒钟，一般舰船都难以应对，因此迫切需要能够防御此类导弹的武器系统，这就使得配备能够快速反应并摧毁目标的激光武器显得尤为迫切和重要。并且，舰载平台最适于满足现有激光武器对体积、供电、散热等的需求，有望最先实战部署激光武器。美国海军研究局针对激光武器的下一步计划将是在 2017 年测试 100～150 千瓦的激光武器系统，希望到 2020 年能够在美军舰队上采用多种激光武器。德国也积极地将激光武器应用到舰艇的末端防御上。

（二）固体激光器将成为战术激光武器的首选

固体激光器目前已经成为美国海军舰载战术激光武器的主流。特别是光纤激光器，具有增益介质比表面积大（散热性优良）、全封闭柔性光路、光路具有免维护性、寿命长、体积小、重量轻等特点，通过光束合成等技术，不久的将来将能够装备到舰船、飞机和车辆等平台上，执行非对称作战等任务。为了实现兆瓦级高功率以执行防空反导及战略任务，自由电子激光器技术研究也受到重视，相关国家正在对高亮度电子源技术、超导加速技术、电子束能量回收技术等进行攻关；化学激光器则可作为一种战略武器进行研发。

（三）激光武器将推动战争形态发生变革

当前，美军正在实施"第三次抵消战略"，力求发展一系列"能够改变游戏规则"的颠覆性技术和创新性战法，推动激光武器等新概念武器的发展是本轮"抵消战略"的主要着力点和突破创新之一。激光武器具有从根本上改变作战样式的潜力，其持续作战的能力与低廉的使用成本，有望重新定义非对称作战的样式。激光武器技术的快速发展，也预示着"光战争"很有可能会成为未来战争的新形态。

（中国船舶工业综合技术经济研究院　丁宏）

美国海军构建反舰武器新体系

2016年3月，雷声公司"标准"-6导弹在一次试射中成功击中护卫舰大小的水面目标，随后美国海军宣布，即将部署反舰型"标准"-6，这是美国着手构建反舰武器新体系的一个标志性事件。近年来美国积极推进多个反舰武器研发项目，目前取得了不同程度的进展。

一、发展动因

冷战结束后，随着苏联解体，美国海军长期以来唯一的对手——苏联海军力量迅速衰落，美国海军全面确立了海上霸主地位，其他国家的海军无论从舰队规模还是作战能力都难以与之匹敌。与此同时，美国军事战略从与苏联争夺世界控制权，调整为以干涉全球事务为宗旨的"地区反应战略"。海军战略也相应地从以争夺全球海洋控制权为目的"新海洋战略"，转变为以海上为灵活出击基地的"由海向陆"战略。海军装备建设侧重于发展对陆力量投送能力。进入21世纪以来，为应对潜艇力量的快速发展，美国海军逐渐将反潜作战能力建设作为另一个重点。在此期间，美国海军水面舰艇的反舰作战能力主要倚重于冷战时期形成的优势，没有大的发展，最主要的反舰武器只有唯——型"鱼叉"导弹。

近年来，远程反舰巡航导弹和舰载区域防空系统的装备数量和范围不断扩大，美国海军认为自己已无法在确保主战平台安全性的同时，对敌水面目标实施有效打击；此外，由于舰艇数量规模下降，仅依靠航空母舰编队难以应对多地区同时发生的海上冲突，必须提高单舰的独立作战能力。因此，近年来开始集中发展能在敌防区外发动攻击的新型反舰武器。2015年初，美国海军有针对性地提出"分布式杀伤"作战概念，超视距反舰作战能力成为发展的重中之重。

二、体系变化

冷战结束后，美国海军水面主战舰艇主要承担区域防空、对陆打击、反潜等任务，对水面目标的打击更多地由舰载机完成，且反舰导弹型号单一，性能相对不足，新建的主战舰艇、核潜艇均不搭载反舰导弹。但近年来，美国海军开始充分挖掘武器装备和主战平台的反舰战潜力，扩大武器部署范围，提高单舰的进攻性作战能力，降低海军对航空母舰编队的依赖，以更灵活的方式应对未来不同烈度的海上冲突。

（一）提高舰炮在远程反舰战中的作用

美国海军的主力舰炮 Mk45 Mod4 型最大射程仅 23 千米，不具备远程精确打击水面目标的能力。为了提高水面舰艇对海上冲突的快速响应能力和打击灵活性，美国海军于 2013 年启动超高速炮弹（HVP）项目，研发由127 毫米和 155 毫米常规舰炮以及电磁导轨炮发射的动能炮弹。2014 年，BAE 系统公司展出了 HVP 的设计模型（图 1）：弹体采用次口径设计，由 4

片弹托包裹；低阻外形；炮弹采用 GPS 制导。弹体全长约 610 毫米，重 12.7 千克，通过配置不同的弹托，炮弹可由不同口径的舰炮发射；由常规舰炮发射时，炮弹初速约为马赫数 3~5，射程 80 千米。

图 1　BAE 系统公司展出的 HVP 模型

（自上而下分别由 127 毫米舰炮、155 毫米舰炮、电磁导轨炮发射）

（二）提高舰载导弹超视距反舰能力和部署范围

受"由海向陆"战略转型的影响，美国海军曾逐渐削弱主战舰艇的反舰作战能力，先后退役了反舰型"战斧"巡航导弹和潜射型"鱼叉"反舰导弹，并不再为"阿利·伯克"级 Flight IIA 型驱逐舰配备反舰导弹。

近年来，美国海军开始重新重视发展舰载超视距反舰武器，并扩大部署范围。

首先，研发反舰型"战斧"Block IV 导弹，并计划在 10 年内列装所有大型水面主战舰艇和潜艇。雷声公司通过研发新的主动雷达导引头，提高弹载数据链的传输速度，使"战斧"导弹具备了打击移动目标的能力。2015 年 4 月，美国海军试射的反舰型"战斧"Block IV 导弹成功击中 1600 千米外的水面移动目标。其次，通过升级软件，发展"标准"－6 导弹的反舰能力，使其能够以马赫数 3 的速度打击 350 千米外的水面目标，构成美国海军近 10 年来最强大的新型反舰能力。2016 年 3 月，改进后的"标准"－6 成功完成首次反舰测试，即将部署。

在研发新型反舰导弹的同时，美军还在扩大反舰导弹的部署范围，将使近海战斗舰（LCS）具备超视距反舰能力。由于水面战任务包中的"非直瞄发射系统"中途夭折，导致 LCS 几乎不具备水面作战能力。2016 年 1 月，经过多次论证，美国海军海上系统司令部最终确定为 LCS 加装"下一代鱼叉"反舰导弹，将采用新型战斗部和动力系统，射程超过 240 千米。

（三）提高空中平台反舰能力

美国海军目前仅装备"鱼叉"一型空射反舰导弹，由于这种导弹射程近、威力小、突防能力弱，无法适应 A2/AD 的作战环境。美国海军从 2009 年起，开始探索新的空射反舰武器，目前已有两型取得重大进展。

一是美国国防高级研究计划局和海军联合研发的"远程反舰导弹"（LRASM）关键技术趋近成熟。2016 年 3 月，LRASM 成为首批进入"海上加速能力办公室"（MACO）的项目，进一步加快项目研发和采办进程，预计 2018 年部署海军 F/A－18E/F 舰载机。"远程反舰导弹"射程约为 600～1000 千米，采用隐身外形设计，是世界上首型可在 GPS 和情报、监视与侦察（ISR）指控信息降效或失效情况下，靠弹载系统完成协同作战和远程自主精确打击的反舰导弹，服役后对远程对海精确打击具有颠覆性影响。此外，除快速推进空射型"远程反舰导弹"研发外，美国海军还在发展舰射型和潜射型，并已完成相关试验。

二是雷声公司研发的"联合防区外武器"C-1（JSOW C-1）滑翔制导炸弹即将形成初始作战能力。JSOW C-1 是世界首型可网络化作战、射程达 130 千米的空投反舰武器（图2），可由 F/A-18E/F 或 F-35B/C 战机搭载。在 2015 年 1 月的测试中，JSOW C-1 击中海上移动目标，顺利通过集成测试和评估，2016 年形成初始作战能力。这样，美国海军航空兵首次具备从防区外打击海上移动目标的能力。由于 JSOW C-1 采取滑翔模式，与依靠发动机推进的巡航导弹相比，红外信号极小，难以被敌探测，因此突防能力很强。

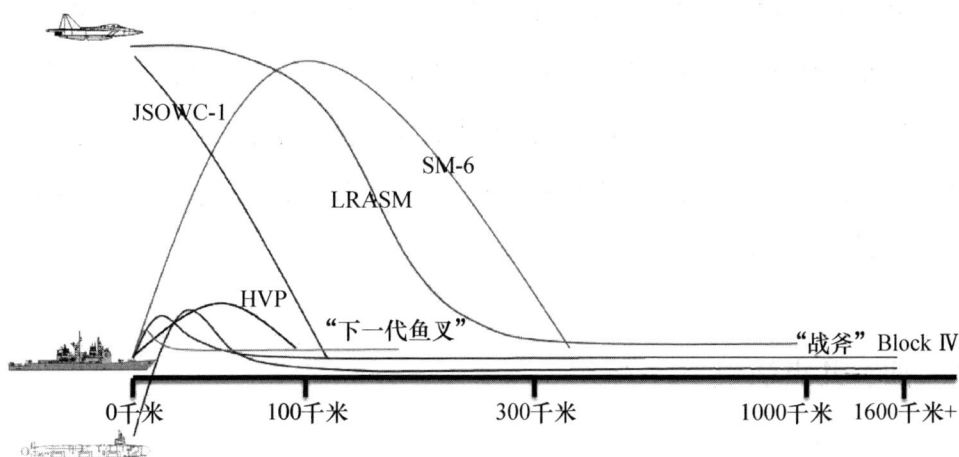

图2　美国海军未来反舰武器射程示意图

三、能力特点

美国正在改变目前反舰武器型号单一、作战能力有限的局面，构建从水下到空中、从近及远的多层次反舰武器新体系。

（一）作战能力大幅提升并高度分散

以往，美国海军仅有 20 余艘巡洋舰和不足半数的 DDG 51 驱逐舰搭载反舰导弹。随着新装备体系不断完善，未来，包括近海战斗舰、新型护卫舰、驱逐舰、巡洋舰、攻击型核潜艇在内的所有主战舰艇都将具备超视距反舰能力，且单舰搭载的反舰武器的数量远超现在的 8 枚（理论上，除"阿斯洛克"反潜导弹外，大型水面主战舰艇的所有导弹都将具备反舰作战能力）。数艘舰艇组成的小型战斗群在武器数量和作战能力方面即可对敌形成优势。

（二）打击模式多样化

美国海军在构建"超视距反舰能力"的指导思想下，正通过多种技术途径发展未来反舰武器，形成多样化的打击模式。例如，通过高速飞行的炮弹打击目标、从空中投放隐身武器进行突防、从超远距离外发动攻击、利用类似弹道导弹的方式打击目标等[①]。未来作战中，可通过综合运用这些武器，大幅增加敌防御难度。

四、几点认识

（一）美国海军作战重心重返大洋

从美国海军积极发展超视距作战能力，以及近年发布的一系列文件可以看出，美国海军正在将作战能力建设的重心由此前的近海作战转向 A2/AD 环境下的远海作战。未来，美国海军很可能选择大洋决战，通过搭载大

---

① 通过综合分析反舰型"标准"–6 导弹的气动外形、发动机类型、飞行速度、作战距离等推测，这种导弹的攻击弹道与弹道导弹类似。

量远程反舰导弹，以"饱和攻击"的方式摧毁敌主要作战力量。

（二）改进现役装备是美国构建新型作战能力的主要措施

美国开展的一系列反舰武器装备研发项目都是对现役型号的升级，其中的超高速炮弹、"远程反舰导弹"、改进型"标准"-6更是被视作具有颠覆性意义的反舰武器装备①。将新的作战概念与技术和现有武器装备相融合，是美国发展颠覆性作战能力的重要途径之一，这种做法除了可有效控制成本、降低风险外，还能以更快的速度形成新作战能力，值得借鉴。

（中国船舶重工集团公司第七一四研究所 白旭尧）

---

① "远程反舰导弹"项目由DARPA、海军、空军联合成立的远程反舰导弹部署办公室进行管理；改进型"标准"-6由美国国防部战略能力办公室管理，与美国"第三次抵消战略"密切相关。

美国电磁导轨炮技术发展分析

电磁导轨炮技术是美国在"第三次抵消战略"下重点开发的关键性、颠覆性和前沿性武器系统技术，但实际上美国最早于20世纪10年代就开始进行相关研究，20世纪90年代以后发展迅速；21世纪初以来，从概念研究进入到原型开发阶段。目前，BAE系统公司和通用原子公司分别牵头实施海基和陆基型号研制项目，实战型电磁导轨炮最早将于2020年左右列装。在2017财年，美国海军共为电磁导轨炮、超高速射弹和固体激光器项目提出了30亿美元的预算申请。在电磁导轨炮技术发展过程中，美国采取了多种措施，不断推进技术成熟度和实战化水平的演进。总的来看，它的发展主要呈现以下特点：

一、螺旋式开发、渐进式采办，快速而低成本地推动形成新型作战能力

（一）基于现行军事战略，有计划、分步骤、有重点地推进项目实施

无论是美国21世纪初正式启动电磁导轨炮项目之时的"由海向陆"的

海军战略，还是目前的"第三次抵消战略"或"分布式杀伤"作战理论，都是美国指导其电磁导轨炮发展的依据，而其电磁导轨炮的各项研发工作都紧贴这些军事战略和作战理论的需求，如为美军提供创新性、颠覆性的火力支援、防空反导能力等。同时美国遵循武器装备发展的规律和流程，制订了较详尽的开发计划。作为美国"海军创新原型"（INP）计划下的重点项目，美国海军从一开始就将电磁导轨炮项目分两个阶段实施。第一阶段工作跨越 2005—2012 年，目前已告完成；第二阶段工作从 2013 年开始，至今仍在持续进行。对于每个阶段，都有相应的开发重点，例如第一阶段的重点之一是解决基本的发射技术，第二阶段则侧重于解决连续发射技术。

相关分系统的开发也是如此。2013 年 9 月，美国海军研究局与 BAE 系统公司签订电磁导轨炮高速弹丸第一阶段研制合同。此弹丸的研制将分三个阶段完成：第一阶段（2013 年 9 月至 2014 年 5 月），开展包括模块化和通用性在内的概念研究；第二阶段（2014 年 5 月至 2015 年 4 月），开展设计工作；第三阶段（2015 年 5 月至 2017 年 4 月），完成最后研制工作，包括生产、测试和试飞弹丸。美国通用原子公司也实施了陆基型"闪电"电磁导轨炮超高速射弹的系列开发计划，逐步推进风险降低和技术成熟化工作。2015 年 12 月和 2016 年 3 月上旬，先后两次成功进行超高速射弹制导与控制系统、通信组件的机动飞行测试，验证了相关性能。按照计划，通用原子公司将在 2017 年初完成一系列演示试验，演示超高速射弹及其组件的全部功能。

（二）基于现有技术条件，按照"先试验、后实战"的原则选择武器平台

由于电磁导轨炮使用电磁力发射弹丸，而非依靠传统的化学能驱动，因此对其作战平台的电能需求十分突出。美国海军的轨道炮原型安装有 100

兆焦脉冲功率的电容器，由一个 25 兆瓦的发电站为其充电。电容器可在 0.01 秒内将存储电荷输送至电磁导轨炮，瞬间将弹体加速至马赫数 6。美国海军的目标是每分钟发射 10 发弹丸，因此电容器需每 6 秒充电一次。目前美国海军现役作战舰艇几乎均不能满足电磁导轨炮的电容需求，仅有"朱姆沃尔特"级驱逐舰符合要求。该级驱逐舰拥有 78 兆瓦综合发电系统，但到 21 世纪 20 年代中期才能部署。为此，美国海军选择暂时利用"米利诺基特"号联合高速船等非主战舰艇作为电磁导轨炮的试验平台，以获取电磁导轨炮与其作战平台的集成与使用经验。2016 年 2 月初，美国海军研究在"圣安东尼奥"级两栖船坞运输舰上安装电磁导轨炮和激光武器等，以便将其改建成导弹防御舰。如果得以实现，它将是美国海军自第二次世界大战以来最大的水面战斗舰。"圣安东尼奥"级舰与联合高速船的共同点是，拥有巨大的内部空间、良好的稳定性和任务灵活性，可在不对船体设计进行大改的前提下，容纳电磁导轨炮及其发电和冷却设备。另外，美国海军也考虑在现役 62 艘"阿利·伯克"级驱逐舰上配备电磁导轨炮。

（三）基于先期开发成果，提升现有武器系统性能水平

经过多年的开发，美国电磁导轨炮项目取得了大量技术成果，例如高速弹丸技术。为了在"第三次抵消战略"的引领下，利用现成或趋于成熟的技术，快速低成本地形成颠覆性能力，美国计划先将部分成果用于现役武器装备，同时继续进行关键技术攻关和演示验证。这种做法既能基于现有火炮快速形成作战能力（如低成本反导能力），又能为未来电磁导轨炮的实用化奠定基础。

2012 年 2 月，美国海军启动"超高速射弹"（HVP）项目，旨在研发一种可同时兼容电磁导轨炮和传统火炮的下一代通用化、低风阻、模块化多任务制导炮弹，并要求其技术性能提升而总成本降低。2016 年 1 月中旬，

HVP 的研制方 BAE 系统公司表示，HVP 可由电磁导轨炮及传统舰炮（如MK 45 舰炮）发射。二者的射程均可达约 96 千米，是之前舰炮射程的 4 倍；均采用惯性制导 + GPS 制导方式，命中精度（CEP）为几码，还可在飞行中重新定位目标，同时可实现低成本。美国海军现役"战斧"对陆攻击巡航导弹每枚价格约 160 万美元，而 HVP 每发价格可能仅为其价格的 2% ~ 3%。2016 年 2 月中旬和 7 月 13 日，美国海军、国防部先后表示，正在研究如何将 HVP 应用于 5 英寸舰炮或陆军"帕拉丁"自行榴弹炮等现有火炮系统。2016 年 3 月 28 日，美国国防部战略能力办公室表示，正在开发"超高速炮武器系统"（HGWS）项目。该系统是一种机动性点防御系统，使用为美国海军电磁导轨炮研发的智能弹丸，可从美陆军和海军现役传统火炮中发射，具备导弹防御能力。这些火炮包括美国陆军 900 部 155 毫米口径"帕拉丁"自行榴弹炮、美国海军 100 部 127 毫米口径的 MK - 45 舰炮。

二、通用化开发、多功能集成，协同推动形成整体作战能力

（一）同步开发海基和陆基型号，促进互联互通互操作

作为一种新型"火炮"，电磁导轨炮在海上战场和陆地战场拥有类似的需求，具备了类似的技术可行性。因此，美国在开发电磁导轨炮时尽管以海上需求为主，但也兼顾了陆地需求。

在海基电磁导轨炮项目方面，主要由 BAE 系统公司负责，以在 2020 年前部署炮口动能 32 兆焦的电磁导轨炮为阶段性目标，以在 2025 年前部署炮口动能 64 兆焦的电磁导轨炮为最终目标；未来美国陆军也可能采用 BAE 系统公司研制的陆基型号。

在陆基电磁导轨炮项目方面，目前以通用原子公司研制的、炮口动能 3

兆焦的"闪电"（Blitzer）电磁导轨炮为主。"闪电"电磁导轨炮于2013年10月首次披露，是一种试验型多任务电磁导轨炮，射程80千米，可用于反炮兵、防空和近程反导。整个系统包括发射器、高密度电容驱动脉冲电源、武器火控系统等，可由三辆拖车式卡车运载，而三辆车可由4架次C-17运输机空运部署。2015年6月上旬，美通用原子公司成功完成"闪电"电磁导轨炮的第100次发射。2016年4月下旬，在美国陆军机动与火力综合实验期间，该公司再次对"闪电"电磁导轨炮系统进行了成功演示。

在海陆通用电磁导轨炮技术方面，2014年4月中旬，美国海军称，正在和陆军联合研制陆基型电磁导轨炮。该项目的主管、陆军上尉马歇尔·齐夫透露，"陆基型电磁导轨炮类似一种前端操作平台，它的脉冲电源箱位置一旦确定，加速起点和炮弹初始能量也就确定了。"2016年6月下旬，美国陆军司令马克·米雷将军称，计划将电磁导轨炮和激光武器部署在坦克等地面平台，目前美国陆军正在探讨相关性能指标。另外，开发中的HVP采用模块化设计，弹体通过配置不同弹托，以方便由电磁导轨炮以及现役不同口径的海军和陆军火炮发射。

（二）强调攻防兼备，胜任多种任务

鉴于电磁导轨炮具有速度快、射程远、威力大、精度高、效费比高等优良的特性，美国希望其能执行对陆对海攻击、防空反导等多种使命任务。为实现这一目标，美国不仅要求将电磁导轨炮自身用于反导，也要求将其关键技术，如HVP通过普通火炮系统用于反导。按照美国海军的计划，多任务电磁导轨炮系统原型将于2025年前具备实战能力，可探测、追踪并拦截或打击弹道导弹等空中目标和水面舰船。2015年7月上旬，美国国防部副部长罗伯特·沃克表示，当前"导弹拦截导弹"的方法是不可持续的，无法持续购买足够数量的拦截弹来拦截一切威胁；美国国防部"第三次抵消战略"的一个关键目标是，必须找到挫败大规模（100 枚）弹道导弹和巡航导弹齐射的"突袭消除器"。那些具备"突袭消除器"能力的导弹防御系统，必须成为"导弹拦截导弹"方法的替代方案，提供低成本的单次发射、更大载弹量、高速打击和精确瞄准。而电磁导轨炮系统正是这样一种替代方案。2016 年 9 月 15 日，沃克表示，HGWS 项目相关技术可用于 155 毫米榴弹炮、127 毫米舰炮，能拦截 95% ~98% 的来袭弹道导弹和巡航导弹齐射，"扭转美国在反介入/拒止环境下的不利形势"。

三、以体系化开发为核心，采用多种采办策略，稳步推动形成实战化能力

（一）竞争性采办与融合式采办相结合

在实施电磁导轨炮项目时，美国采用两大主承包商相互竞争的策略。在整个第一阶段，BAE 系统公司与通用原子公司进行平行的系统开发工作。当第一阶段即将结束时，两大主承包商交付炮口动能均为 32 兆焦的电磁导轨炮样机，但美国海军经评估后认为通用原子公司的样机存在体积偏大等缺陷，于是选择 BAE 系统公司作为第二阶段的主承包商。美国不仅在电磁导轨炮主系统的研制上，而且在相关分系统的研制上，也采取了多家承包商竞争的模式。例如，为了开发大容量电源等分系统，美国海军分别与三家以上承包商进行合作。2012 年 1 月、2014 年 7 月 2 日和 2016 年 4 月 20 日，美国海军先后向雷声公司、K2 能源公司、帅福得美国有限公司等多家公司授出相关合同，为电磁导轨炮开发大功率电源系统"脉冲形成网络"（PFN）、基于磷酸锂铁电池的独立自容式电池系统以及非传播能量储存模块等。

另外，在以同一个主承包商为核心的开发团队里，美国强调主承包商与各分承包商密切配合，形成一个开发整体，以提高开发和采办效率。例如，2006年6月，美国海军研究局在与BAE系统公司、通用原子公司这两大主承包商签订电磁导轨炮项目第一阶段合同的同时，也要求通用原子公司与BAE系统公司联合开展"舰载电磁导轨炮的战术应用研究"，主要研究电磁导轨炮的轻量化方案；与波音公司和德瑞普实验室（Draper Laboratory）联合研究可耐受50千克加速度、具有导航与制导能力的弹丸组件技术等电磁炮专用技术。

（二）基础技术研究与工程技术研究相结合

由于电磁导轨炮是一种新概念武器，也是一种旨在"改变作战规则"的颠覆性武器，创新性很强，没有可供参考的案例，为确保研制成功，美国采取了基础性技术研究与工程技术研究相结合的方针。在海基电磁导轨炮项目方面，BAE系统公司和通用原子公司在项目第一阶段率领各自的团队进行样机的工程技术研发与演示验证工作；在项目的第二阶段，则由BAE系统公司率领的一个团队进行相关工作。在陆基电磁导轨炮项目方面，通用原子公司除了继续参与海基项目的分系统工作外，主要专注于"闪电"电磁导轨炮的工程研制工作，包括大量的演示验证。例如，2016年4月，在美国陆军机动与火力综合实验期间，通用原子公司成功对"闪电"电磁导轨炮系统进行了演示，并在演示中发射了11发超高速射弹，其射程再创新高，同时检验了该系统的机动作战能力。

另外，美国建立了专门的研发团队同步、甚至更早地进行风险降低与技术支撑工作，不断提升项目相关技术的成熟度。在"海军创新原型"（INP）计划下的电磁导轨炮项目实施之前，2003年美国海军研究实验室（NRL）即开始实施用于演示验证的电磁导轨炮项目。2014年3月7日，

NRL "轨道炮材料测试中心"（RMTF）建成，并首次试射一台新型小口径（25.4毫米或1英寸）电磁导轨炮。"这台'小型轨道炮'将作为小口径系统的试验平台，以满足陆基和海基平台的电力需求。"该中心重点解决电磁导轨炮的材料问题，而 NRL 等离子物理分部就脉冲电源、材料加工、非线性动力学等开展了一系列研究。这些研究有力地支撑了目前的电磁导轨炮工程开发。

四、结束语

尽管美国电磁导轨炮技术开发水平处于世界前列，但与传统火炮相比，该技术本身的发展仍不成熟，主要体现在其小型化、机动性、可靠性等性能指标均不能满足实战要求，而且面临资金投入大、研发周期长、工程风险性高等困难。此外，电磁导轨炮技术的研发还受美国政治、经济因素的干扰而放缓甚至停滞。因此，美国电磁导轨炮技术的开发是一个动态调整的过程，不同发展阶段将具备不同的特点。

（中国船舶工业综合技术经济研究院　周伟　董扬帆）

美国海军"防空反导雷达"将
提升水面舰艇防御能力

美国海军"防空反导雷达"（AMDR）是全球首部以防空反导一体化为核心的多功能双波段有源相控阵舰载雷达。与上一代无源相控阵雷达 SPY - 1D（V）相比，"防空反导雷达"具有更强的抗饱和攻击能力，采用开放式系统架构和模块化设计，具有高度可扩展性，体积小，维护简便，资源可高度共用。2016 年 1 月，AMDR - S 完成阵列构建，从设计、制造到进入测试阶段只用了不到两年时间，其工程制造研发阶段工作已完成 66%；7 月，该雷达系统按计划交付美国海军太平洋导弹靶场，安装在先进雷达开发评估实验室，标志 AMDR 项目进入实装测试阶段。首批 AMDR - S 计划装备美国海军"阿利·伯克"级 Flight III 型驱逐舰，预计 2019 年装舰测试，2023 年形成初始作战能力。

一、"防空反导雷达"可执行防空反导任务，提高舰艇防御能力

"防空反导雷达"是美国雷声公司于 2009 年开始研制的新型双波段有

源相控阵雷达，由 1 部 S 波段雷达（AMDR – S）、1 部 X 波段雷达（AMDR – X）和 1 部雷达组件控制器（RSC）组成。S 波段雷达是一款全新的一体化防空反导（IAMD）雷达，主要负责立体搜索、跟踪、弹道导弹识别和导弹控制。X 波段雷达是一款基于现有技术的水平搜索雷达，主要负责水平搜索、精确跟踪、导弹控制和末端照射功能。雷达组件控制器负责协调 S 波段雷达和 X 波段雷达的资源，将雷达信号传递给"宙斯盾"作战系统，确保 2 部雷达在复杂多变的作战环境中完成各自的作战任务（图 1）。

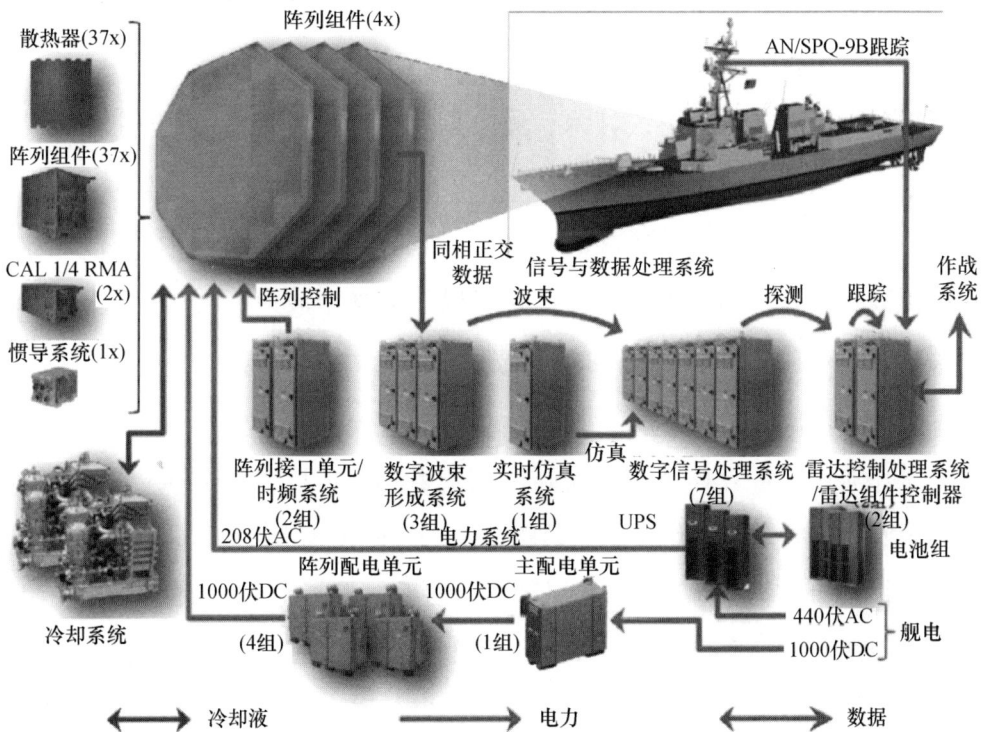

图 1　"防空反导雷达"系统组成示意图

与上一代雷达系统相比，"防空反导雷达"采用双波段体制，代替原舰艇上的多部雷达，系统结构简化后探测资源与计算资源配置合理，减小了因多种雷达配合使用产生的信号延迟，系统效率较高，响应速度快；采用先进氮化镓半导体技术和有源相控阵雷达技术，收/发组件功率密度大、工作频率高，功耗和热损耗低，从而为提升雷达功率、探测威力奠定基础。

二、S 波段"防空反导雷达"取得多项技术突破，性能提升显著

S 波段"防空反导雷达"取得多项技术突破，是首部采用数字波束形成技术、氮化镓半导体技术和真正意义上可扩展的大型舰载雷达。

采用先进数字波束形成技术，波束指向灵活。数字波束形成技术是一种以数字方法来实现波束形成的技术，可保留基带上天线阵列单元信号的全部信息，因而可采用先进的数字信号处理技术对天线阵列信号进行处理，显著提高阵列天线的性能，一部雷达可以生成多个波束，既可同时跟踪多个目标，也可同时执行不同功能，波束指向灵活、迅速；信号信噪比高，可显著抑制杂波信号及干扰源信号。

采用氮化镓半导体技术，提高雷达发射功率。功率与空间一直是舰载雷达设计的主要矛盾。现役雷达装备普遍采用砷化镓半导体功率器件，受砷化镓材料的功率密度所限，若要提高雷达发射功率，需要更大的雷达天线和更多的冷却设备，严重影响船体的平衡和重心的稳定，对供电能力也提出更高的要求。在船体空间和供电能力有限的条件下，砷化镓雷达发射功率难以显著提升，雷达探测能力受限。氮化镓是第三代宽禁带半导体材料，与砷化镓相比，功率密度高出一个数量级，热导率提升 2 倍，熔点高出近 500℃，显著增加了固态功率组件的发射功率，在提高雷达探测能力的同时还降低了对制冷设备的依赖。此外，采用氮化镓半导体技术的射频装备可支持更高的工

作频率，对提高雷达探测精度、通信速率等均有重大影响意义。

采用开放式系统架构与模块化设计方案，提高雷达适装性和可扩展性。S波段"防空反导雷达"是美国海军首部真正意义上的开放式系统架构雷达，软硬件均采用模块化设计。各子系统均具备"即插即用"功能，可扩展性强，便于日后系统升级，支持未来技术融合。S波段"防空反导雷达"比SPY－1的增益高15分贝，但其前端和后端均可根据舰艇平台的负载能力和功能需要增加模块或删减模块，适装性好。当系统发生故障时，无需现场维修，只需更换已损坏的模块即可确保系统正常运行，维护简便。该雷达阵面由37个0.61米×0.61米×0.61米雷达组件构成，但可按需组成不同尺寸的大、中、小型雷达，由9个雷达组件构成的雷达阵面便相当于一个现役SPY－1D雷达阵面。

三、"防空反导雷达"较上一代"宙斯盾"舰雷达增加了反导能力

"宙斯盾"作战系统设计之初并未充分考虑反导作战，其核心雷达SPY－1主要用于防空。尽管美国海军不断对"宙斯盾"作战系统及SPY－1雷达进行升级改造，但由于SPY－1雷达采用无源相控阵体制，能力上受到诸多限制，包括：从发射机组获取的功率有限，大部分功率损失在阵列面上；能量管理、重量和可靠性方面均有不足；在维护工时和雷达故障修理成本上花费巨大；并且始终需要各型舰载雷达系统配合才能完成防空反导作战任务。在这种背景下，美国海军于2009年6月启动"防空反导雷达"项目；2013年9月正式进入"工程与制造开发"阶段；2015年5月通过关键设计评审，确认系统软硬件可有效运行；2015年7月，评审认为

"防空反导雷达"的设计和技术已经成熟，可进行生产，且风险较低。

美国决定将 S 波段"防空反导雷达"装备美国海军首批 12 艘"阿利·伯克"级 Flight Ⅲ型驱逐舰上，并计划自 2019 年开始装舰测试，在 2023 年形成初始作战能力。X 波段"防空反导雷达"的设计方案尚未公布，其功能暂由 AN／SPQ－9B 雷达代替。"防空反导雷达"上舰后，将使"阿利·伯克"级驱逐舰的防空反导探测距离和分辨力均提高 1 倍以上，可同时处理的目标数量扩大 30 倍，可同时引导己方导弹的数量增加 3 倍，具有更强的抗饱和攻击能力，有效弥补"宙斯盾"作战系统的不足，提升舰队整体作战能力。

四、"防空反导雷达"是舰载雷达发展的重要里程碑，将提升美国海军射频一体化能力

"防空反导雷达"在美国海军舰载雷达发展中扮演重要角色，不仅将彻底淘汰上一代无源相控阵雷达，并且为未来射频一体化装备打下技术基础。自 20 世纪七八十年代起，美国海军舰载电子设备（主要是雷达、通信、电子战设备等）的数量持续增加，导致舰艇甲板天线数量剧增，给电磁兼容、电磁隐身、成本、维护等带来了一系列问题。美国海军希望通过有源相控阵体制，实现雷达、通信、电子战等电子设备的多功能、多任务综合一体化设计。为此，美国海军研究局重点开展了先进多功能射频概念和综合桅杆技术等研究工作。美国海军海上系统司令部认为未来"防空反导雷达"将凭借自身大功率氮化镓有源电扫阵列增加电子攻击能力，推动射频一体化发展。

（中国船舶重工集团公司第七一四研究所　张旭）

水下探测技术发展分析

由于水介质的复杂性，水下声波探测距离、精度、可靠性受到极大影响，客观上使得水下难以实现"透明化"，从而也就成为美国海军不能完全掌控的作战空间。先进的安静型潜艇广泛应用主被动降噪技术，低速航行时的辐射噪声接近甚至低于海洋环境噪声水平；无人潜航器等水下无人系统平台数量多、体积小、航速低、噪声小，被美国海军视为巨大的威胁。在反潜战中，反潜探测是至关重要的环节，一旦敌方潜艇被探测到，它将很难逃脱，短时间内将被消灭。为此，21 世纪以来美国海军采取创新的思路，力求革新水下探测技术，创生水下探测新能力。

一、多种水下探测新技术并行发展

（一）多基地声纳探测技术大幅提高主动声纳探潜的隐蔽性

在反潜探测过程中，早期主要是应用被动声纳探测技术，但随着潜艇变得越来越安静，被动声纳探测距离大幅缩短，探测效能不足以满足作战需求。主动声纳探测技术逐渐被重视并取得突破性进展，但主动声纳使用过程中容易暴露潜艇自身的位置，对潜艇自身安全造成极大威胁，也限制了其应用。多基地主动声纳探测技术将主动声纳发射机和接收机分别搭载于不同的作战平台，发射机发射声波监测海域，接收机以被动监听的模式实施目标探测，可有效解决上述问题。2016 年，美国国防高级研究计划局发布"移动舷外指挥、控制、途径"（MOCCA）项目公告，项目研发的双基地探测声纳，由无人潜航器携带主动声源发射声波，用潜艇监测声波信号。这种方式充分利用潜航器的机动性和主动声纳的优势，同时确保潜艇的隐蔽性。

（二）新型固定式水下网络探测技术加强交通要道监控能力

固定式水下网络可以部署在交通要道、热点作战区域，长期监视敌方往来的潜艇，平时收集潜艇特征信号和行动规律，战时可作为远程预警探测防线，能有效提升水下战场的掌控能力。美国 20 世纪 50 年代启动了 SO-SUS 建设工作，至 90 年代，美国在全球范围共建立了 66 个站点，在探测苏联潜艇方面发挥了巨大作用。冷战结束后，一方面苏联解体，SOSUS 失去探测对象，另一方面核潜艇噪声水平大幅降低，SOSUS 对潜预警探测距离减小，监测功能弱化，因此，美国关停了部分 SOSUS 站点，继续运行的SOSUS 主要用于支持民用科学研究，如跟踪鲸鱼、检测海底火山活动等。21 世纪初，美国海军改造了 SOSUS 系统，使其能够探测舰艇的低频声波，探测能力和覆盖范围均有大幅提高，但具体的技术细节处于保密状态。2016 年 6 月，美国《国家利益》披露印度将与美日合作，在印度洋建造SOSUS；9 月媒体报道称俄罗斯也在研发类似 SOSUS 的新型固定式水下网络探测技术，以保护其北极领海。

（三）无人系统组网探测技术将提升大范围持久监视侦察能力

无人系统具有机动灵活、成本低廉、无伤亡、适合大规模生产、可在各种环境甚至高危海域执行任务等优点，可携带多种类型的传感器或武器，执行探测、打击任务。美国海军也充分发挥无人系统平台的这些优势进行水下探测，在 2016 年"无人战士"演习期间，4 艘"携带传感器的自主无人水面艇"（SHARC）成功探测到常规潜艇和 UUV，演示了无人水面艇持久、高效的探测能力。美国也设计数十个无人机搭载磁探仪等非声传感器自上而下探潜、数十个无人潜航器携带主动声纳自下而上探潜的技术方案，目前研发和试验工作已经接近尾声。

（四）有人和无人系统协同探测

以潜艇等有人平台为母艇，布放后前出执行情报、监视与侦察和打击任务，美国海军将其视为延伸有人平台"手眼"、扩大其控制范围、保护其安全的有效手段。例如，在 2016 年"海军技术演习"中，潜艇发射了一个"蓝鳍"-21 无人潜航器，"蓝鳍"-21 再释放两个微型"沙鲨"无人潜航器和一架"黑翼"无人机，执行情报、监视与侦察任务。演习中，由"黑翼"充当潜艇和"沙鲨"间的通信中继，实现了水下和水面的跨域通信和指控。此外，近海水下持久监视网络（PLUSNet）、大排水量无人潜航器等也是有人平台和无人系统协同的典范。

二、水下探测技术主要发展方向

2014 年，美国国防部发起"第三次抵消战略"，2016 年开始，在美国国会预算审查过程中，国防部逐步披露"第三次抵消战略"的相关信息，重点发展颠覆性技术，抵消中、俄两国的军事进步。"第三次抵消战略"采用了独特的颠覆性技术研发方式，涉及水下战、精确制导、人机编组等多个领域。水下战领域由于环境的复杂性、不透明性，一直是美军关注的重点，而水下探测装备技术作为水下战中的"千里眼""顺风耳"，一直是美国海军重点发展的能力之一。未来，水下探测技术包括以下主要发展方向：

（一）创新性地应用现有技术

水下探测技术发展方向之一是以现有的技术原理为基础，通过创新声纳应用体制，发展新的颠覆性作战能力。如双基地声纳探测技术原理在20世纪50年代就已出现，自20世纪90年代开始，美国、英国、法国、韩国、澳大利亚等国开展大量的研究工作，用于浮标与航空吊放声纳、水面舰声纳之间形成双基地探测。美国海军创新了双基地声纳的应用领域，欲在潜艇和UUV之间形成双基地主动声纳探测系统，不仅增强了对安静型目标的探测能力，而且降低了潜艇暴露自身的风险。

（二）利用快速发展的无人系统平台搭载各种传感器形成新的水下探测能力

近年来，无人系统因数量众多、种类多样、机动灵活、使用环境广泛、低成本等特点，可执行情报、监视与侦察等任务，在水下战领域崭露头角。水下探测技术的另一发展方向就是研究适合各种类型无人系统搭载的紧凑型传感器、硬件电路和软件算法。为了解决无人系统平台续航力低、航速慢、无法快速抵达战场执行作战任务等问题，美国海军研发了潜艇、水面舰、飞机等多种搭载和布放方式，还发展了深、浅海预置装备，提前在前沿战场和热点区域布放携带有效探测载荷的无人系统，并且取得了重大成果，加速了新的水下探测能力的形成。

（三）将传感器形成适用于各种环境条件的分布式水下网络

除了利用陆、海、空、天的大小平台搭载传感器形成探测能力之外，利用水听器、浮标等传感器形成分布式水下网络也是未来水下探测技术重点发展的方向之一。尤其是移动式水下网络，可随海军舰队作战，快速部署形成探测能力，搜索敌方潜艇，保护己方高价值目标。

（中国船舶重工集团公司第七一四研究所　王晓静）

美国海军智能化着舰系统完成研制试验

2016 年 6 月 23 日至 27 日，美国海军完成航母舰载机新型辅助着舰系统"魔毯"的最后一轮研制试验。"魔毯"系统智能化程度高，可大幅简化舰载机着舰对飞行员手动操控的要求，使飞行员在着舰最后阶段的操控动作由过去数百次降至十余次，着舰精度提高 60%，被美国国防部视为舰载机着舰的"游戏规则改变者"。

一、系统构成及工作原理

"魔毯"系统的核心是智能化飞控系统和与之相连的平视显示器。飞控系统采用了全新的控制算法与规则。在舰载机着舰前的最后十几秒时间内，飞控系统自动设定和控制推进功率，飞行员一般不需要控制油门；飞控系统自动维持姿态稳定性，飞行员一般只需前后推拉操纵杆，调节飞机的襟翼和副翼升力，以调整航路误差；飞控系统自动计算参考下滑航路、实际航路以及两者之间的误差矢量，均显示在平视显示器上，供飞行员操控参考。飞行员一般只需依据平视显示器给出的直观提示，完成简单的操控动作。由此，该系统极大降低了飞行员的操控决策的难度、操控动作的复杂性和手动操控次数。

二、发展背景与历程

陆基飞机降落跑道长达千米、宽达 60 米，而航空母舰的着舰斜角甲板只有约 200 多米长，且航空母舰存在摇摆运动，舰载机着舰难度极高。自喷气式飞机上舰以来，美国海军一直致力于研发自动化着舰系统，目前已普遍装备于各类航母舰载机。但着舰准确安全仍需要飞行员手动控制来保证。特别是在着舰前的最后阶段，飞行员必须频繁手动操控，通常 15 ~ 18 秒内要准确无误地完成 200 ~ 300 次操控动作，对飞行员技能要求极高。

为了解决这个难题，美国海军研究局于 2011 年投资 20 万美元启动"魔毯"系统研发。2012 年末，美国海军使用两种不同飞机模拟器试验验证了该系统，确认能大幅降低着舰难度。2015 年 3 月，"魔毯"系统在"布什"号航空母舰上首次试验，用 F/A-18E/F 舰载机在各种风况下进行了 180 次触舰复飞和 16 次阻拦着舰试验。2016 年 6 月的试验是最后一次研制试验，由试飞员完成，经过进一步修改过后，将交由舰载飞行联队试用。系统预计 2019 年正式交付海军，将增加故障应对能力，能在油门控制系统和导航系统失灵，或机翼损伤情况下辅助飞机安全着舰，相关技术已完成验证。

三、影响分析

（一）解放飞行员，降低着舰难度

此前，飞行员在着舰期间必须专心致志地操控舰载机，确保其沿着正确的下滑角度、方向和飞行姿态接近并最终接触航空母舰降落甲板。为最大限度减少对飞行员操控的干扰，确保着舰安全，航空母舰上除着舰信号官外，其他所有人员均不能通过无线电与飞行员通话。

但在"魔毯"系统最后一轮试验期间，飞行员得到了极大解放，在着舰期间能与舰员不停沟通所见到的情景，与航空母舰相关部门工程师保持实时沟通。在着舰前的最后 18 秒内，首次使用"魔毯"系统辅助着舰的飞行员仅进行了 20 次手动调整，而再次使用时这个数值降到了 10 次。

（二）着舰精确，成功率高

舰载机着舰难度的降低，有利于提高着舰精度和成功率。在未使用"魔毯"系统时，66% 的着舰点距目标点 12 米左右；使用"魔毯"系统后，66% 的着舰点距目标点 5.5 米左右，以此计算，着舰精度提高 60%。以实际着舰点距目标着舰点 12 米左右来衡量，使用"魔毯"系统后，92% 的实际着舰点在这个误差范围内，以此计算，着舰成功率提高了 40%（图 1）。

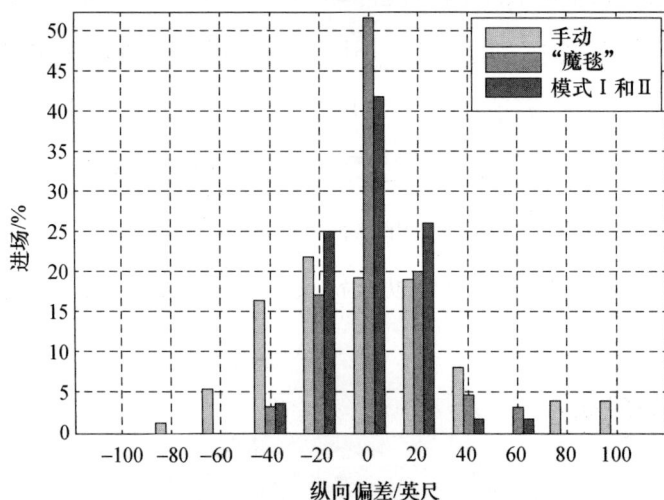

图 1   航母舰载机着舰点分布

（三）提高出动架次数，增强作战能力

舰载机着舰失败后，需要复飞后再次在空中等待，寻找着舰机会，一旦遇到燃油不足，还需要进行空中加油，从而打乱航空母舰作业安排与舰载机联队的飞行计划，降低舰载机的出动架次数。"魔毯"系统不仅能够极大提高每架舰载机的着舰成功率，而且能够极大提高航母舰载机出动架次数的期望值，充分发挥舰载机联队的作战能力。

（中国船舶重工集团公司第七一四研究所　柳正华）

DARPA 推进高效混合循环转子发动机研制

2016 年 12 月，美国国防高级研究计划局授予液体活塞公司 250 万美元合同，用于研发功率 30 千瓦、质量 13.5 千克、油耗 186 克/千瓦时、排量 0.75 升的 X4 偏心转子发动机，体积质量最小可达同功率柴油发动机的 1/10，预计效率可能达到 50%。X4 转子发动机采用液体活塞公司研发的高效混合循环技术，具有功率密度高、安静性好、适用性强等优点，可直接推进小型车辆、舰船、飞机或进行发电。

此前，液体活塞公司已经针对高效混合循环技术研发了 X1、X2 原理样机，采用压燃方式，功率分别为 30 千瓦和 50 千瓦。此外，该公司还研发了一种小功率的 X Mini 发动机（图 1）。X Mini 发动机采用电火花点火、空气冷却方式，使用 SkipFire 控制系统，尺寸仅为 15 厘米×15 厘米×13 厘米，接近智能手机的大小，重 1.8 千克，压比 10.5，功率约 4 千瓦，排量 0.07 升，最高转速 15000 转/分钟，最高效率 30%，油耗为 280 克/千瓦，能使用多种燃油，可用于小型无人机。

X 系列发动机主要由内部转子和外部壳体构成，主要运动部件只有 1 个转子、1 个偏心轴、喷嘴、燃料泵。壳体中有 3 个燃烧室，转子旋转 1 次可

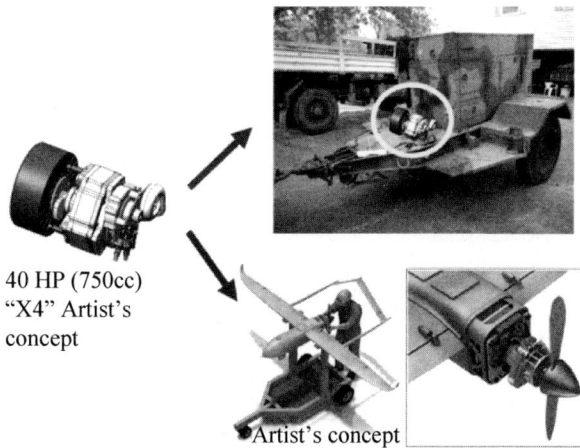

40 HP (750cc)
"X4" Artist's
concept

Artist's concept

图1　X4 发动机（图左）与同功率等级的柴油发动机（右上）对比，

右下为 X Mini 发动机用于小型无人机的示意图

同时进行 3 个热力学循环（进气—压缩—膨胀—排气），有助于提高效率。发动机在燃烧室体积最小时进气，壳体中有 3 个进气口，空气从进气口轴向进气。循环时，壳体仅有 1 个进气口与转子的进气通道联通。进口完成后，其中 1 个燃烧室中的进气通道关闭，转子运动压缩燃烧室中的空气。转子转动到壳体凹槽时，燃烧室体积被压缩至最小，由高压共轨喷射系统喷入燃料开始燃烧。燃烧时转子与壳体凹槽相匹配，燃烧过程中转子旋转不超过 20°，可实现近定容燃烧。此外，燃料燃烧时，燃烧室体积极小，可实现高达 18 的压比。燃烧后的高压气体驱动转子继续旋转，开始膨胀做功。由于转子的进气通道和排气通道并不对称，膨胀空间可远大于压缩空间，实现过膨胀，膨胀比约 27。同时，过膨胀后的气体温度较低，能减少发动机的冷却需求，排气压力可接近大气压，可最大限度地将燃料的化学能转化为机械能（图2）。

X 系列发动机采用高效混合循环。这种循环是液体活塞公司的核心专利，吸收了奥托循环（定容燃烧、汽油机热力循环）、狄塞尔循环（高压比、柴油机热力循环)、阿特金森循环(过膨胀)、朗肯循环(水蒸气热力学循环)的优势,理论效率高达75%①,液体活塞公司预计实际效率可达50%(图3)。主要特点包括:①为实现最大效率,发动机使用最高压比,利用圆锥/球形燃烧室实现燃油直喷和压缩点火。②转子在运动的上止点存在一个停顿时间,能达到接近定容燃烧的条件。③发动机设计的膨胀空间比压缩空间大,使燃烧产物过膨胀。④可采用跳周期功率调制方法,能在低功率条件下也具备高效率。同时,冷却发动机内壁,提供局部余热回收。⑤根据需要,可在燃烧过程加入水,通过膨胀形成蒸汽,增大膨胀压力和做功,同时还可冷却发动机。

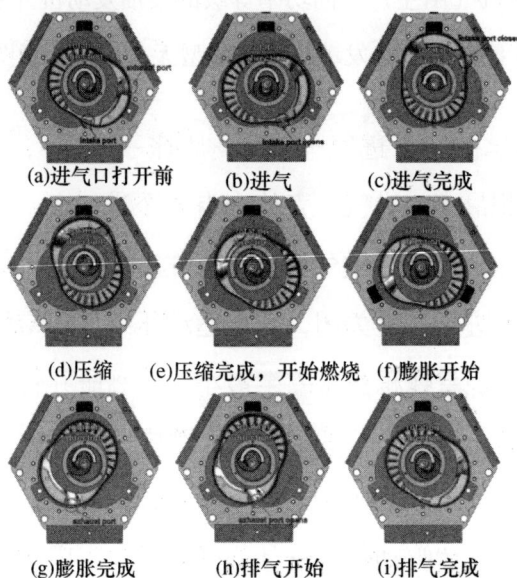

(a)进气口打开前 (b)进气 (c)进气完成

(d)压缩 (e)压缩完成,开始燃烧 (f)膨胀开始

(g)膨胀完成 (h)排气开始 (i)排气完成

图2 X系列发动机原理图

X系列转子发动机的最大优势在于:一是质量小、结构紧凑。其最高功率密度可达3.3千瓦/千克,比汽油发动机尺寸小30%,比柴油发动机小

---

① 奥托循环和狄赛尔循环的理论热效率为59%和58%。

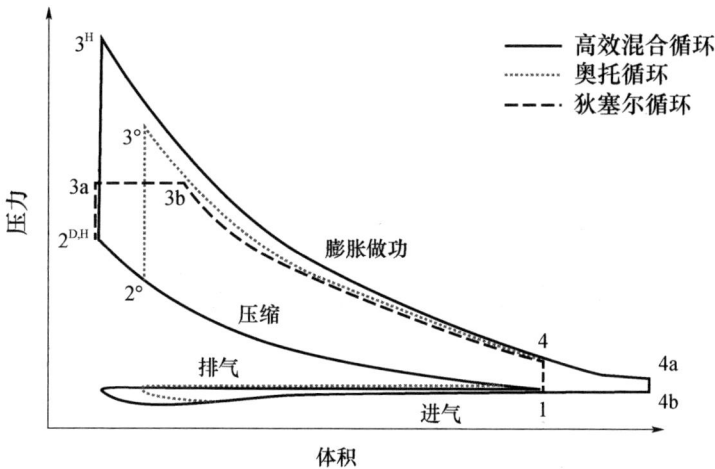

图 3　高效混合循环与奥托循环、迪塞尔循环比较

75%。二是安静性好，发动机不使用提升阀①，同时过膨胀导致排气湍流弱，无需消声器。三是振动低，只有两个主要的运动部件，优化后可实现近乎 0 振动。四是效率高，油耗比汽油发动机低 20%，比柴油发动机低 50%。五是可使用汽油、柴油、天然气、JP－8 航煤等多种燃料。六是扩展性好，可用于 1～1000 马力的功率范围。X4 发动机可装入 25 厘米×20 厘米×20 厘米的箱体。

　　高效混合循环转子发动机比功高、尺寸小、适用性强，可满足车辆、舰艇、机动指控中心等发电需求，或直接为无人车、无人机等提供高功重比动力，将有助于提升现有装备性能，延长续航时间，减轻后勤负担，为装备的小型化和轻型化提供可能。

（中国船舶重工集团公司第七一四研究所　马晓晨）

_____

①　一般用于控制活塞式发动机中空气的进入。

美国海军生物燃料技术
即将进入大规模应用阶段

    2016 年 1 月，美国海军在北岛航空站举行"大绿舰队"部署仪式，"斯坦尼斯"号航空母舰打击群中的 4 艘水面战斗舰艇均使用 10：90 配比的生物—化石混合燃料。美国海军生物燃料以废弃动物油脂、藻类等为原料，能量密度可达到军用化石燃料的 97% ~ 98% ，是其理想替代品。其中，使用废弃动物油脂的是第二代生物燃料，技术成熟、成本较低、生产规模大。藻类虽然含油量高，被视为未来生物燃料的重要来源；但养殖规模有限、易死亡、加工工艺复杂，藻类生物燃料成本较高，目前仍未大规模应用。为了降低成本，"大绿舰队"使用了成本较低的第二代生物燃料。

一、研究背景

    目前，美国舰载机和除航空母舰外的水面战斗舰艇全部使用化石燃料，年消耗量约 12.6 亿加仑。为了减少对化石燃料的依赖、提高作战能源安全，

《国防部作战能源战略》、《海军能源目标》相继要求大力发展替代燃料（尤其是生物混合燃料），应用于空中、海上和地面平台。根据 2009 年发布的《海军能源目标》，2012 年，美国海军首次在环太平洋军演中验证了水面舰和舰载机使用生物燃料的可行性；至 2020 年，替代燃料将占海军能源消耗总量的 50%。美国国防部对生物燃料提出了四项要求：无需改动现有发动机系统；相对化石燃料具有价格优势；以非粮食作物为来源；不增加温室气体排放。

美国海军对生物燃料研发和生产进行了长期投资，以促进技术进步和价格下降。美国海军为南达科他州大学、亚历桑那大学等多所高校的生物燃油研发提供资金，并与农业部和能源部联合，分别投资 1.7 亿美元，用于海上生物燃料研发和生产，并进行价格补贴。2016 年生物燃料年产量达到 1 亿加仑，价格与化石燃料相似，约 3.7 美元/加仑。

2009 年以来，美国海军已在 80 余艘舰艇上进行了替代燃料试验。2010 年，首架 F/A－18 战斗机使用 50∶50 混合生物燃料完成飞行，随后海军在有人和无人飞机上均对混合生物燃料进行了验证。2012 年，美国海军在环太平洋军演上首次部署使用生物燃料的舰队，使用了化石燃料与生物燃料 50∶50 配比的混合燃料，每加仑燃油价格高达 26 美元，使用量也仅为 90 万加仑（生物燃料 45 万加仑），而当时的军用油价仅为 3.73 美元/加仑（表 1）。

表 1 美国海军生物燃油部分采购情况

时间	公司名称	原材料	产量/加仑	单价/美元	总额/美元
2009 年	Sustainable 公司	亚麻油	4 万	66.6	266.4 万
	Solazyme 公司	海藻油	1500	149	22.35 万

（续）

时间	公司名称	原材料	产量/加仑	单价/美元	总额/美元
2012 年	Dynamic 公司	海藻	35 万	26.75	936.25 万
	Dynamic 公司	海藻	10 万	26.75	267.5 万
	Amyris 公司	可发酵糖	6.5 万	25.73	167.25 万
2012 — 2015 年	翡翠公司	动物废脂和植物废油	8200 万	<4	1.7 亿
	支点公司	固体废弃物	1000 万		
	红石公司	废弃木质材料	1200 万		
共计		—	1.05 亿	—	1.86 亿

二、关键技术

"大绿舰队"使用的生物燃料由 AltAir 公司提供，使用霍尼韦尔 UOP 公司的"可再生航空燃料精炼"工艺。该工艺由美国国防高级研究计划局在 2007 年资助研发，采用目前已经成熟的酯和脂肪酸加氢技术，可利用化石燃料脱硫时的加氢工艺和设备，在催化剂作用下，经脱氧加氢、异构、分离等工艺，将废弃植物或动物油脂与氢气合成生物燃料。这种生物燃料不易氧化、低温性能稳定，同时硫、氮排放量低。此外，该工艺可直接使用现有石油化工厂设备，可降低生物燃料制造成本。AltAir 公司已经将美国加州的一所石油精炼厂改造成了生物燃料加工厂，年产量 4000 万加仑。

三、研究进展

开展"大绿舰队"演习的航空母舰打击群包括"斯坦尼斯"号（CVN

–74）航空母舰、"阿利·伯克"级驱逐舰的"斯托克戴尔"号（DDG –
106）、"威廉·P·劳伦斯"号（DDG – 110）、"中洪"号（DDG – 93）、
"提康德罗加"级巡洋舰的"莫比尔湾"号（CG –53）、第9航空联队及潜
艇。其中，DDG – 110驱逐舰利用 T – AO 200油船进行燃料补给，其他舰艇
利用 T – AOE 7快速战斗支援舰进行燃料补给。T – AOE 7快速战斗支援舰
装载300万加仑混合替代燃料。演习中的生物燃料使用量已从2012年的
45万加仑增加至776万加仑，占海军全部燃料年消耗量的0.6%；价格则
从26美元/加仑降低至2.05美元/加仑，与化石燃料相当。这标志生物燃
料开始大规模、普遍性用于海军舰艇。除了"大绿舰队"开始应用生物
燃料外，美国海军还对多种生物燃料进行了军用认证，进一步扩大应用范
围。2016年8月，美国海军水面战中心怀尼米港分部的自防御试验舰还
完成了应用研究联盟（ARA）公司和雪佛龙·鲁姆斯公司两种替代燃料
的 MILSPEC 认证。试验的目标主要有两个，一是验证这些燃料可实现
"滴入式"使用；二是确保替代燃料与现用化石燃料性能相同甚至更好。
自防御试验舰航至圣迭戈，添加了两种约3万加仑的替代燃料，随后开始
正常巡航。9月，美国海军在帕塔克森特河的海军航空站，还在 EA – 18G
电子战飞机上成功应用100%生物燃料，飞机性能与使用 JP – 5航空燃油
没有明显差别。

四、意义影响

美国生物燃料技术成熟度已经达到9级，"大绿舰队"拉开了美国海军
生物燃料大规模应用的序幕。生物燃料作为当前化石燃料的重要替代品，
可在本土便捷制备，避免长距离运输和化石燃料价格波动对军费和作战的

影响。随着生物燃料产量增加、成本下降，未来占比将进一步增加。生物燃油军民两用，随着世界范围内相关产业链的快速建设，将可能带来军用燃料供给格局和工业能力的全面变革。

（中国船舶重工集团公司第七一四研究所　马晓晨）

海水制取燃油技术取得新突破

2016 年 4 月，美国海军研究实验室（NRL）材料技术分部获得了第二代电解阳离子交换模块（E－CEM）的发明专利。该模块可从海水中分离二氧化碳和氢气，随后合成可用作燃油的碳氢化合物。此后，研究团队对 E－CEM 模块进行了持续改进，使得系统极性反转后达到平衡的时间缩短了 65%，且电解时电阻降低了 31%，进一步降低了耗电量。新型 E－CEM 模块的研制成功和持续改进，为海水制取燃油技术的应用和推广打下了基础。

一、基本原理

"海水制取燃油"是指从海水中提取二氧化碳和氢气，然后将二者组成的混合气体通过化学反应转化为液体碳氢燃料的技术。二氧化碳是在空气和海水中都大量存在的一种资源，海水中 2% ~3% 的碳元素以碳酸的形式存在，1% 以碳酸盐的形式存在，96% ~97% 则是以碳酸氢盐的形式存在。海水中的二氧化碳当量约为 100 毫克/升，相当于在空气中浓度的 140 倍，这意味着普通的海水有可能变成一种储量极丰的战略资源，而海水制取燃油技术一旦成熟和应用，或将成为一项改变未来战争规则的颠覆性技术。

海水制取燃油技术是美国海军研究实验室开发的一项重大技术，旨在通过对海水制取燃油的演示验证，为美国海军未来后勤燃料补给寻求一种可行的技术手段。

从原理上来看，目前"海水制取燃油"工艺可以概括为两个步骤：

（一）提取海水中的二氧化碳和氢气

这项技术简单来讲就是将含有二氧化碳及碳酸盐、碳酸氢盐的海水进行电解。从海水中制取二氧化碳是基于"连续电去离子"（CEDI）方法，通过电解使阳极区的海水酸化，当海水的 pH 下降到 6 以下时，可产生二氧化碳气体和氢气，如图 1 所示。

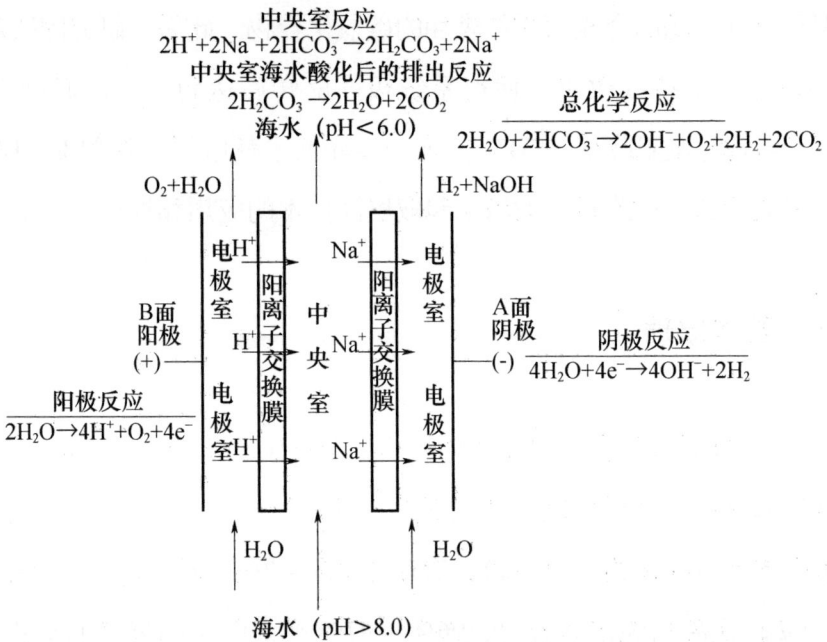

中央室反应
$$2H^+ + 2Na^- + 2HCO_3^- \rightarrow 2H_2CO_3 + 2Na^+$$

中央室海水酸化后的排出反应
$$2H_2CO_3 \rightarrow 2H_2O + 2CO_2$$
海水 (pH<6.0)

总化学反应
$$2H_2O + 2HCO_3^- \rightarrow 2OH^- + O_2 + 2H_2 + 2CO_2$$

$O_2 + H_2O$　　　　　　　　$H_2 + NaOH$

B面阳极 (+)

电极室　H^+　　阳离子交换膜　Na^+　　阳离子交换膜　电极室

中央室

A面阴极 (-)

阴极反应
$$4H_2O + 4e^- \rightarrow 4OH^- + 2H_2$$

阳极反应
$$2H_2O \rightarrow 4H^+ + O_2 + 4e^-$$

H^+　　　　Na^+

H_2O　　　　H_2O

海水 (pH>8.0)

图 1　从海水中提取二氧化碳和氢气的原理示意图

（二）催化混合气体

将二氧化碳与氢气输入到含有铁基催化剂的加热反应器中，借助海军研究局开发的"气转液"（GTL）先进合成工艺，首先利用铁基催化剂将60%以上的二氧化碳气体转化为分子链更长的不饱和烃（烯烃），同时在此过程中控制副产品甲烷的产生，然后通过可控聚合反应将二氧化碳与氢气的混合气体转化为碳链中含有9~16个碳原子的液态烃，即可以制成替代传统燃油的新型碳氢燃料，其色泽和气味与传统燃油并无差异（图2）。

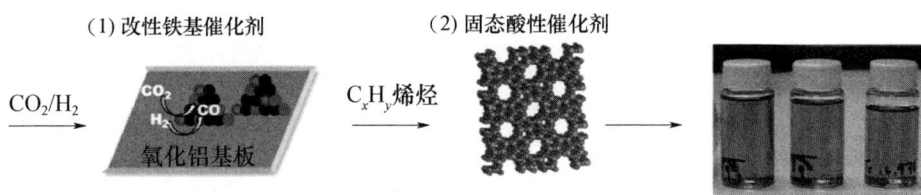

图2　利用氢气、二氧化碳制取燃料过程示意图

"海水燃油"整个提取和转化过程中无需添加任何化学物质，是一种零污染的清洁能源。而且，二氧化碳和氢气在转化为碳氢燃料的过程中附带产生了大量淡水和热能等副产品，也能一定程度上减轻舰艇的后勤压力。

二、发展现状与瓶颈

美国海军研究实验室开发的电解阳离子交换模块（E-CEM）装置，其结构见图3。该装置专门用于从海水中获取二氧化碳，可将海水中92%的二氧化碳提取出来，相比从空气中提取二氧化碳更加便捷与高效。

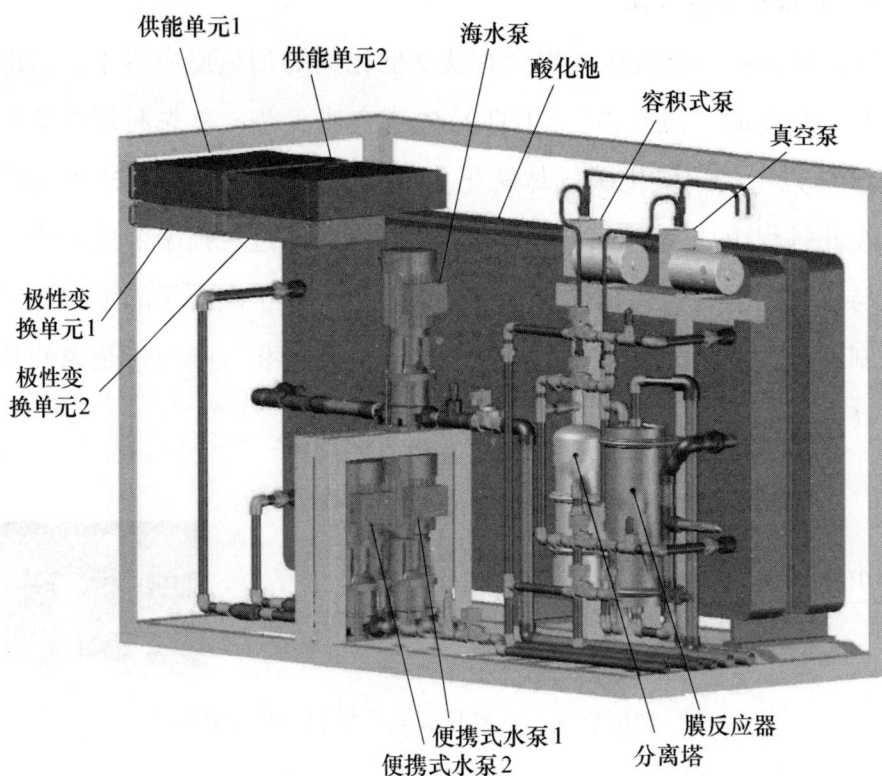

图 3 电解阳离子交换模块（E – CEM）结构示意图

2014 年 4 月，美国海军研究实验室宣布，该实验室首次成功完成从海水中制取燃料的演示试验，利用制取的燃料成功驱动"红尾"飞行中队 P – 51 "野马"战斗机的缩小版模型样机完成试飞。试飞的样机动力装置为一台二冲程内燃机。本次试验取得成功，表明美国海军"海水制取燃油"项目不仅在概念原理上可行，而且在制取技术和实际应用中也完全能够满足海军的需求，标志着这项被美国海军称为"可改变战局"的技术具有技术可行性。

美国海军有关机构正在开展更大规模、更高效率的海水制取燃油试验。

原来从海水中制取二氧化碳时，需要对含有碳酸钠及碳酸氢钠的海水通电进行酸化，这一过程耗时且耗电。2016 年，美国 NRL 材料科学与技术分部、海军研究局、诺华研究所、NRL 化学分部等机构对电解阳离子交换模块（E－CEM）进行了持续改进。4 月，NRL 获得了第二代电解阳离子交换模块（E－CEM）发明专利，其转化效率更高，已将海水合成燃油产量大幅提高至每天 1 加仑，比第一代系统提高了 40 倍。2016 年底，改进后的 E－CEM 将海水 pH 值降低到 6 以下所需的时间比此前又缩短了 65%，且电解时电阻降低了 31%，进一步降低了耗电量。

尽管该技术已获重大突破，但据研究人员估计，要实现实际应用至少还需 10 年以上，制约技术发展的因素主要是海水处理量和处理速度之间难以协调以及制取成本居高不下。根据美国国防后勤局 2013 财年公布的数字显示，JP－5 航空燃油的价格约为 3.75 美元/加仑，而"海水燃油"相关技术成熟后，预计成本在 3～6 美元/加仑之间，相比之下后者的成本优势并不明显。根据现有技术水平，获取同等能量所需处理的海水量远远超过目前实际的处理速度。例如，每升柴油完全燃烧所得二氧化碳的总质量约为 2.68 千克，每升水的二氧化碳含量为 100 毫克，加上实验室 92% 的提取率，即需要处理约 29.1 米^3 海水才能获得相当于 1 升柴油的动力。而一般海军驱逐舰每小时的耗油量最少在 4 吨左右，也就是说如果舰艇完全依靠海水转化燃料来提供能源，每小时需要转化约 12 万吨海水，而二氧化碳与氢气合成碳氢燃料的催化反应时间较长，再加之舰艇载重有限，要完成如此规模的海水转化，目前的技术水平还存在很大差距。

三、发展趋势与应用前景

利用"海水制取燃油"技术可以为处于远海或偏远地区的平台和设施提供液态或压缩天然气、F－76 和 JP－5 等类型的燃油,从而缩短补给时间,提高作战灵活性,延长部署时间。根据美国海军计划,"海水燃油"未来将能够完全通用于各类舰艇和飞机的发动机,而无需将现有装备进行二次改造。但总的来看,"海水燃油"短期内还不太可能替代传统燃油作为水面舰艇和舰载机的主要动力能源。今后,随着合作伙伴的增多及商业化程度的提高,其应用领域将会不断扩大。

尽管新型 E－CEM 装置已经取得了较大进步,但仍仅是一台实验室样机,不能满足量产需求。因此,"海水燃油"未来的重点发展方向是进一步提高各工艺环节的工作效率以及降低制取成本。科研人员下一步的目标是希望通过增加 E－CEM 模块和反应器的数量、增大反应器的容积等途径,进一步验证"海水燃油"的量产工艺。另外,在未来建立大规模海上燃油转化设施之前,美国海军计划首先建立一套远程陆基试验设施以验证海基设施的可行性。

随着"海水燃油"技术的突破,美军舰艇未来可以减少对油料补给舰的依赖,而在海上自产燃料,这将极大拓展美国海军在远海的行动范围,改变海军的传统后勤保障样式。

(中国船舶工业综合技术经济研究院　丁宏　李仲铀)

新型材料和结构有望大幅提升潜艇声隐身能力

声信号是暴露水下航行体行踪的重要因素之一。目前，通过综合采取减振、隔振、优化外形结构、敷设吸波材料等技术手段，水下航行体声隐身能力已得到大幅提升。在传统隐身技术日渐成熟的情况下，进一步提升潜艇隐身性能的作战需求对新方法和新技术提出了迫切需求。近年世界各海军强国积极布局结构和材料领域，尝试通过设计新型结构、制备新的复合材料等方法提升潜艇声隐身能力。

总体而言，从材料和结构出发降低潜艇升学特征主要在于两个方面。

在结构上最主要的方法是艇内采用浮筏结构/浮筏技术，即将潜艇主机和绝大多数设备尽可能安置于浮筏基座上，基座采用减振材料，且与艇体采用柔性连接方式，从而避免主机及其他设备的工作噪声传到艇体上。美国自"海狼"级攻击型核潜艇上就开始采用该结构，之后在"弗吉尼亚"级上结合新技术加以改进；目前，浮筏结构/浮筏技术已是英、法、俄等国新一代潜艇普遍使用的噪声抑制技术。对于潜艇外部则是尽量避免设计突出结构和附件，减少流水孔等艇体开口，保持艇体光顺以减小和消除涡流等产生的流体噪声。

结合材料技术的进步大量使用减振、阻尼吸声材料是抑制潜艇自噪声和吸收或散射对手声纳探测非常重要也是更加普遍的方法。目前，各种材料广泛应用于艇内设备、构件以及螺旋桨、艇舵上，减少和抑制噪声的产生和传播；而在艇体表面采用消声涂料或利用新材料技术制备消声瓦则是潜艇研制先进国家通行的技术手段，而且注意对内外声波的双向吸收正成为重要的技术发展趋势。

一、各国重点研发新型高分子材料

将新型材料应用于消声瓦是未来潜艇进一步降低噪声水平的关键技术之一。目前潜艇主要采用橡胶类高分子材料消声瓦。高分子材料具有高阻尼损耗特性，对入射声波能有效地吸收，且易于进行分子结构设计和成型加工，是水声吸声的首选材料。从各国开展的高分子材料的研究发展情况看，橡胶类吸声材料已在国外潜艇上得到普遍应用。而以聚氨酯为代表的第二代高分子吸声材料自 20 世纪 80 年代起已在欧、美等潜艇上陆续得到应用。美国"海狼"级、"弗吉尼亚"级和英国"机敏"级潜艇普遍采用了聚氨酯材料制造的消声瓦覆盖层。

2013 年底，俄罗斯第一艘"亚森"级多功能核潜艇"北德文斯克"号装备俄罗斯海军，该级潜艇铺设了新型消声瓦，由合成橡胶制成，结构为两层，外层为实心固体，内层设置了各种尺寸与形状的孔洞。这种消声瓦既能吸收敌方主动声纳的探测声波，又能隔绝和降低本艇自身噪声（据称可降低 20 分贝以上）。

此外，俄罗斯正为其第 5 代"哈士奇"级核潜艇研发新型声隐身材料，将应用于艇体涂层、水平舵、方向舵、螺旋桨等部位。该隐身材料为轻质多层复合材料，具有较高的内部损耗因子，可显著降低潜艇对声纳信号的反射，实现有效减振降噪；且耐腐蚀性好，服役过程中无需再次涂覆，从而减少运行维护成本。涂覆该隐身材料的螺旋桨将于 2018 年进行海试。

二、各国积极推进智能材料的发展实现主动减振吸声

研制和选择合适的智能材料是实现主动减振或吸声的重要途径。近年来各国在研究智能材料方面取得了一定的进展。

压电复合材料是由压电颗粒、导电颗粒和聚合物基体一起混合得到的复合材料，其阻尼吸声能力可随外界条件的变化而协调变化。近年压电复合材料已逐步开始在潜艇与水声工程中得到应用：日本 NGK 公司研制的压电橡胶性能优异，可用作吸声材料；聚偏二氟乙烯（PVDF）压电材料的研究得到各国的高度重视，挪威海军已将其试用于舰艇，法国海军也计划把这种材料用在新型弹道导弹核潜艇上。

三、各国大力推动潜艇隐身超材料研发

超材料是一类具有天然材料所不具备的超常物理性质的人工复合结构，其性质主要取决于人工结构，而不是材料本征性质。目前研发出的潜艇声隐身超材料是一种声学负折射率材料，可通过对金属或其他固体材料在微观工程结构上进行加工得到。

近年来，美国海军在该领域积极探索，已经取得一些进展。2012 年美

国海军研究局向杜克大学超材料中心投资，研制一种内嵌微型水泵的三维晶格多孔金属超材料的潜艇声隐身技术；韦德琳格（Weidlinger）联合公司在美国海军小企业创新研究（SBIR）基金的资助下，开发出名为"金属水"的潜艇声隐身技术。"金属水"覆层技术主要对金属铝材料进行切割和处理，制造出一种六角形晶胞结构的满足特定需求的负折射率材料，并将其纳入潜艇艇壳外覆盖的静音材料内。

2013 年 3 月，西班牙巴伦西亚理工学院研究团队开发出一种三维声隐身"斗篷"结构。这种"斗篷"能使到达物体表面的声波"绕过"物体继续传播从而实现声隐身效果（图 1）。这种声隐身技术开拓了新的声隐身形式，并已从二维平面隐身发展到三维立体隐身。不过该技术属于使用附加结构对目标隐身，用于水下航行体时会增加航行体的体积并带来其他一些问题，如增大阻力、流体噪声等。作为一种新的隐身技术，目前还在初步开发阶段，性能指标还有很大的提高空间，能吸收的音频范围还有限。如果解决好隐身结构的体积问题，并将吸收的音频范围扩大，则将在水下航行体上有良好应用前景。

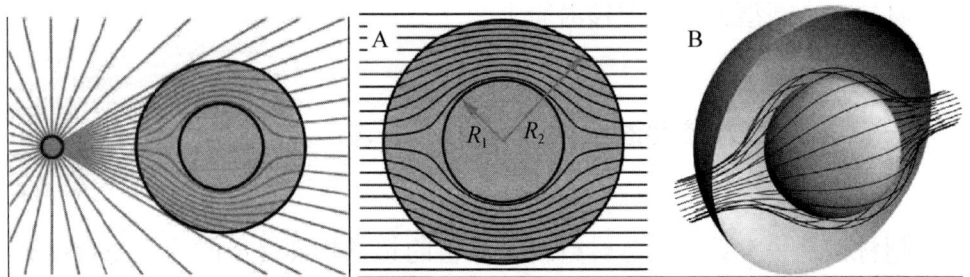

图 1　声波沿物体表面偏转示意图

该技术从根本上改进了结构体面对声纳探测的隐身能力，可以有效降低地方主动声纳的探测效果，解决目前安静型潜艇暴露的最主要因素，提高潜艇的生存能力，是一项具备改变水下战场作战规则（隐蔽与搜索能力）的技术。

2016年5月，由丹麦工业大学（DTU）、加州大学伯克利分校、德国卡尔斯鲁理工学院等高校组成的研究团队研制出一种新材料，有望使潜艇不被声纳探测到。这种能够抑制声波反射的材料被称为声学超材料，该材料具有改变声波反射路径的能力，例如到达该材料的声波不产生回波而实现隐身。这意味着它可能吸收而不是反射声波，因此使目标实现声隐身。在新材料研发过程中丹麦工业大学负责理论建模，其他合作者正在进行应用试验。研究人员称，超材料涂层未来可使潜艇几乎不被声纳探测到，一旦实现，将对未来水下战产生巨大影响。

综上所述，使用新材料和设计新型结构仍是当前潜艇研制先进国家降低潜艇噪声的最重要手段。相对而言，由于潜艇空间狭小和特殊的水动力要求，结构改进的进展相对缓慢。而材料科学是前沿技术、新技术的高发领域，先进研究成果不断涌现，也为潜艇降噪水平的提升创造了更多条件和可行性，更为各国所关注。上述材料特别是超材料领域的研究突破或将对未来潜艇声隐身做出重大贡献甚至产生颠覆性影响。

（中国船舶工业综合技术经济研究院　李仲铀）

美国潜艇声隐身超材料技术发展分析

声隐身是潜艇等水下装备实施隐蔽突击、维持自身生存的关键，受到各国的高度关注。目前潜艇声隐身主要通过使用安静型动力装置、敷设消声瓦、减少艇体表面开口等方式降低自噪声，使被动声纳难以探测到。随着安静型潜艇逐渐成为主力，被动声纳探测潜艇的能力被极大削弱，主动声纳已成为精确定位潜艇的重要手段。减少主动声纳的探测回波，可降低潜艇被发现的概率，但目前尚无减少探测回波的有效手段。

在这种背景下，美国致力于通过不产生回波提高潜艇对抗主动声纳探测的能力，开辟一种全新的声隐身方式。这种方式有别于传统意义上的声隐身，其关键在于声隐身超材料的研发，一旦成熟，将"致盲"敌方主动声纳，使潜艇实现完全"透明"。

一、概念与特点

超材料（Metamaterials）是指具有天然材料所不具备的某些超常表观物理特性的人工复合材料，超常特性由材料中人为设计的微结构及其排列规

重要专题分析

则决定，与基体材料本身性质无关。隐身超材料能使探测波（声、光、电磁波）"绕过"物体沿表面传播，实现对探测器的"遁形"，从而开辟隐身新途径，是迄今超材料面向国防应用的重要方面。

在隐身领域，最早开始研究的是电磁波和光学隐身超材料，已开发出超材料隐身蒙皮、可见光隐身衣等产品。超材料技术的兴起为提高潜艇声隐身能力提供了新的技术途径，即通过材料微观结构的人为设计，得到特定的体弹性模量和质量密度分布，改变入射声波的传播路径，使声波在潜艇表面不产生回波，实现隐身。声隐身超材料通过人为设计特殊的亚波长结构，得到特定的体积弹性模量和质量密度分布，改变入射声波的传播路径，实现对探测声波的隐身，可用于对抗主动声纳探测。近年来，美国军方开始投资声隐身超材料项目，探索超材料在声隐身上的应用。

二、关键技术

（一）理论建模和结构设计

声隐身超材料的理论基础是变换声学，指声波方程在空间坐标变换下能够保持形式不变，通过设计变换函数改变材料物理参数（质量密度和弹性模量）的分布，从而达到控制声波传播路径的目的。声隐身超材料调控声波传播路径，只能采用特殊设计的微结构。理论模型对材料密度和体弹性模量分布提出了严苛的匹配要求，无法实现工程应用。因此，需进一步完善理论模型，降低其对声隐身超材料物理参数的要求，才能实现工程化应用。目前声隐身超材料还只能对抗较窄频段的入射声波，要实现能在较宽的频段有效就必须优化计算模型中的参数，如选择合适的变换函数来得到易于实现的材料参数分布。

(二) 微纳加工技术

声隐身超材料结构复杂，且经过特殊设计得到的微结构一般为纳米或微米级，需开发新的微纳加工方法突破大尺寸高精度样品制备的瓶颈，才能实现其从实验室向实际应用转化。目前纳米制造技术可满足高精度复杂样品的制备要求，但无法达到实际应用所需要的大尺寸制造。

三、发展现状

目前，美国在声隐身超材料的研究方面走在世界前列，海军主要通过资助"声学斗篷"和"金属水"两项技术开展声隐身超材料的理论和应用研究，近几年相继取得明显进展。

(一)"声学斗篷"的理论研究不断完善，并在实验验证方面持续取得新突破

杜克大学的卡默尔教授在 2007 年和 2008 年从声学散射的角度出发论证了二维和三维"声学斗篷"制备的可行性，指出"斗篷"能引导声波绕过斗篷下的物体传播，实现对声波的"透明"，并对"斗篷"材料的关键物理参数（体弹性模量、密度）作出具体的要求。

"声学斗篷"对材料微观结构设计和制备要求极为苛刻，实验验证进展相对缓慢。最早在实验室演示并验证"声学斗篷"的是美国伊利诺伊大学的尼古拉斯教授。2011 年，他用 16 个折射率不同的同心环制成了圆盘状二维"声学斗篷"，在水下测试中，圆盘对入射声波（52～64 千赫）产生导向作用使其沿盘面周向传播，无法到达圆盘中心，而使盘心处的物体"遁形"。同年，卡默尔教授的团队开发出一种由带孔的塑料板堆积成的二维"声学斗篷"，在空气中它能使 10 厘米大小的木块不被声波（1～4 千赫，在

声纳探测频率范围内）探测到。

2013 年，卡默尔教授通过多学科大学研究计划从美国海军获得了一份为期五年的项目合同，旨在制备能够产生、接收及控制声波的设备。2014年，该项目取得突破性进展，研制出世界上首个三维"声学斗篷"。三维"声学斗篷"是一种声隐身装置，它由带重复排列小孔的塑料板组成，塑料板紧密堆积成金字塔状，在板的这种组合排列结构以及其上小孔的共同作用下，任意方向的入射声波将沿斗篷表面传播，不反射也不透射，从而不产生回波，实现对探测声波的隐身（图 1）。实验证明，"声学斗篷"能在3 千赫的声波下表现出完美的隐身效果，验证了其应用于主动声纳实用频段探测的可行性。2016 年，卡默尔教授在《自然》上发表文章，称目前大尺寸声隐身超材料结构的制备仍存在困难，将实验室成果转化到实际应用领域颇具挑战。但是，他认为纳米制造技术与快速发展的 3D 打印技术结合有望解决这一难题，加速声隐身超材料的实用化进程。

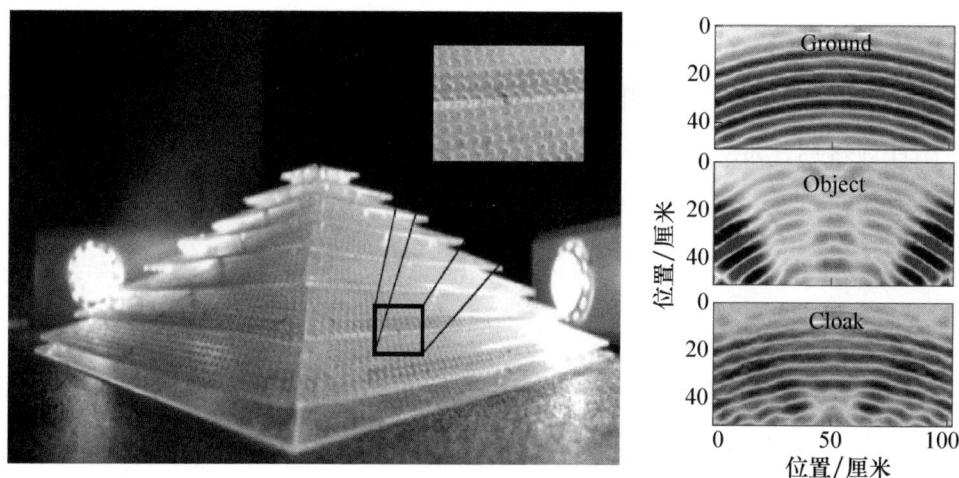

图 1　三维"声学斗篷"实物图，底部宽度 34.5 厘米，高度 11.4 厘米

（左）和隐身效果图（右）

（二）"金属水"声隐身技术完成理论验证，并开始原理样机的开发

利用"五模材料"实现声隐身的方式，是 2008 年美国罗格斯大学的诺里斯教授从弹性力学角度出发提出的。根据经典弹性力学模型建立矩阵方程，求解得到材料的六个模量向量中仅有一个为非零向量，因而称之为"五模材料"。美国海军研究局对这种新的声隐身方式表示出极大兴趣，立即资助韦德林格公司研究声隐身超材料，诺里斯教授是研究团队的一员。经过 2~3 年的深入研究，诺里斯教授提出了一种特殊的五模材料——"金属水"，它的密度和弹性模量接近水。

2012 年，韦德林格公司开发出基于"金属水"的全新潜艇声隐身技术，它能使声波像水流绕过障碍物继续向前一样沿表面绕过，实现对探测声波的隐身。"金属水"声隐身技术的软件技术达到技术成熟度 5 级，材料技术达到 4 级，整体概念达到 3 级。这种声隐身技术是通过在水下装备的外部添加含"金属水"的覆层，对声波的能量重新定向而引导声波"绕过"物体传播，从而实现对主动声纳的隐身。此外，该覆层还能通过降低辐射噪声来对抗被动声纳。2014 年，韦德林格公司再次获得海军的研发合同，开展第二阶段的研究继续设计和制造原理样机，并进行水下测试。第三阶段该公司计划将与"弗吉尼亚"级攻击型核潜艇的主要承包商开展应用合作。

四、几点认识

声隐身超材料将使水下探测装备体系发生重大变革。美国已经完成了声隐身超材料隐身效应的原理验证，并开始应用探索和原理样机的开发。尽管技术转化还有很长的路要走，但它的应用前景很明确：一旦成熟，可用于任何易于被主动声纳检测到的水下系统，如潜艇、无人潜航器、水雷等，将对水下装备的声隐身产生显著影响，从而改变未来水下战场的游戏规则。

"五模材料"是目前声隐身超材料最有潜力的发展方向。从目前的研究情况看，"五模材料"发展最为迅速。在 2008 年提出理论并设立研究项目以来，目前已进入原理样机的研制阶段。此外，"五模材料"能够同时对抗主动和被动声纳，极有可能实现水下装备的全隐身，一旦掌握将在未来水下战场占领先机。

（中国船舶重工集团公司第七一四研究所　方楠）

超疏水材料技术发展及军事应用前景

超疏水材料技术研究始于 20 世纪 50 年代。21 世纪以来，随着表面科学与仿生技术的发展与进步，新型超疏水材料层出不穷，其优秀的润湿特性和广泛的应用前景，引起各国的广泛关注。加强超疏水材料基础研究与军事应用研究，对于争夺新的国防科技优势，实现武器装备跨越式发展具有十分重要的意义。

一、技术内涵与特性

（一）超疏水材料技术的内涵

超疏水是一种特殊的润湿性，一般指水滴在固体表面呈球状，接触角 θ 大于 150°，滚动角 α 小于 10°。其中，接触角是水滴与材料接触点的切线与材料表面间的夹角，滚动角是水滴在材料表面发生滚动时倾斜表面形成的临界角度（图 1）。材料表面能（材料表面分子比内部分子多出的能量）越低，疏水性能越好，同时，当低表面能材料具有微观粗糙结构时，水滴与材料之间会形成一层空气膜，阻碍水对材料表面的润湿，形成超疏水状态，自然界中最常见的"荷叶效应"就是典型实例。构造超疏水表面有两种方法，一是在疏水材料表面上构建微观粗糙结构，二是用低表面能物质对微观粗糙表面进行改性。

图 1　水滴在不同润湿特性材料表面的接触角及在倾斜表面的滚动过程

（二）超疏水材料的特性

接触角越大，水滴在材料表面上越接近球形，与材料的接触面积越小，同时，滚动角越小，水滴越容易从材料表面滑落。因此，超疏水材料可有效防止水的润湿和黏附。同时，超疏水材料的防水特性使表面水滴在滚落时带走污染物，保持材料表面的清洁。因此，超疏水材料具有防水、防腐蚀、防冰以及防海洋生物附着等特性。

二、发展现状

（一）仿生学推动超疏水材料技术发展

人们在 20 世纪 70 年代首次发现荷叶的自清洁功能，1997 年德国科学家通过分析荷叶的微观结构提出"荷叶效应"原理。自然界中动植物表皮的微观结构与成分特征成为研究人员模拟、仿造的主要对象，以获得与其相近的超疏水或其他特殊润湿性能。如模拟荷叶结构获得超疏水性能，模仿蝴蝶翅膀结构获得黏附力各向异性的超疏水性能，模仿鲨鱼皮结构可以获得水下减阻性能等。自然界中典型的生物表面微观结构如图2所示。仿生材料的研究为超疏水材料持续进步提供了动力。

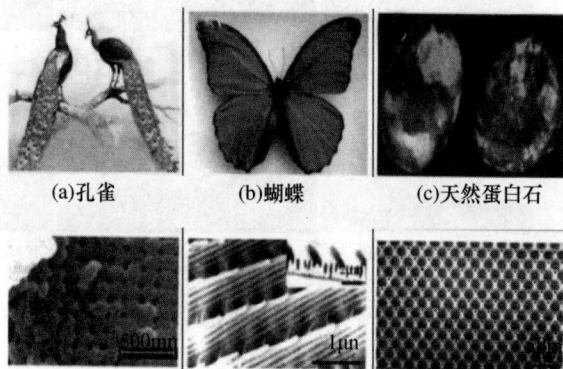

图2　自然界中典型的生物表面微观结构

2015年12月，美国莱斯大学通过模拟荷叶结构，开发出一种经济、无毒的超疏水材料，可通过喷涂或旋涂的方法涂覆到物体表面，大大简化构造超疏水材料表面的步骤。此外，该材料的无规则层状结构具有很高的抗磨损特性，有望用于船舶的耐磨涂层。

（二）耐久性能成为制约超疏水材料应用的瓶颈

超疏水材料表面的微纳结构是决定其超疏水性能的主要原因，而这种微观粗糙结构通常存在强度低、机械强度差、耐磨性差等问题，容易被外力破坏，导致超疏水性能的丧失。另外，在一些场合或长期使用中，表面也可能被油性物质污染，导致疏水性能变差。因此，耐久性能是长时间保持超疏水特性的关键，也是制约超疏水材料实际应用的主要限制因素。提高超疏水材料耐久性能的方法有增强材料表面的机械稳定性，提高材料表面防油污性能，构造自修复超疏水材料等。

2015 年 1 月，美国罗切斯特大学通过飞秒激光脉冲轰击铂、钛、铜三种金属，在金属表面刻蚀出大量的细纹，形成密集分布且高低不平的纳米微结构，改变了三种金属表面的润湿性质，形成超疏水表面。大多数超疏水材料依赖于化学低表面能涂层，而表面涂层会逐渐发生降解或者脱落，该研究首次实现用飞秒激光构造无需低表面能改性的超疏水材料，其超疏水性能具有优异的耐久性。

（三）智能响应与可调控是超疏水材料技术的发展热点

当前，超疏水材料的研发已经不局限于仅获得超疏水的单一性能，而是向着多响应、可调控的智能化方向发展。材料表面的特殊润湿性包括超疏水、超亲水、超亲油、超疏油等，将这些润湿特性进行多元组合，可以实现智能化协同、可调控和相分离材料的制备，将极大拓展超疏水材料的应用范围。

2016 年 7 月，美国伊利诺伊大学香槟分校首次通过掺杂，改变石墨烯表面电子密度，实现其表面亲水与疏水、润湿与黏附特性的可调控，可用于研制可重复使用的自清洁石墨烯传感器，为先进涂层材料和传感器的研制提供了可能。

三、未来发展趋势

（一）仿生智能超疏水材料成为发展重点

仿生智能材料与超疏水材料有机结合，赋予材料智能特性是超疏水材料发展的重要方向。具有仿生智能特性的超疏水材料具有智能响应、可调控、仿生等特性，可以在特定条件下获得相应的表面润湿特性，实现超疏水、超亲水、超疏油、超亲油等润湿状态的可调控、可逆转化，具有巨大的应用潜力，将为武器装备研制生产提供支撑。

（二）工艺优化和强度提升促进超疏水材料规模化应用

多数超疏水材料存在制备工艺复杂、表面结构强度低、超疏水性能难以持久等问题，限制了超疏水材料技术的推广与应用。当前，超疏水材料技术已从单纯追求润湿性能的实验室探索阶段，向综合考虑制备工艺便捷性、经济性以及产品实用性的方向转变，推动超疏水材料的规模化、产业化应用。

（三）多学科交叉融合推动超疏水材料技术快速进步

增材制造、材料计算与模拟等技术大大简化了材料表面微结构的构造与控制难度，使超疏水材料的制备快速精确，结构和性能可控，实现了材料制备工艺、结构、性能等参量或过程的定量描述，缩短了材料研制周期，降低了研发成本。超疏水材料技术将与更多技术领域深度融合，产生更大的影响。

四、军事应用

（一）可赋予武器装备多种防护功能

1. 防腐蚀

超疏水材料可以阻断水分与金属材质的接触，从而缓解舰艇水线以上部分的氧化腐蚀难题。2010 年，美国海军在"阿利·伯克"级驱逐舰"麦克福尔"号上使用超疏水涂层材料保护舰船武器系统以及其他暴露在外的装备，防止被盐雾锈蚀侵害。

2. 防附着

超疏水材料因其防水特性，可有效防止海洋生物在舰船表面的附着，可以作为舰船防污涂料。传统防污涂料依靠释放砷、铜、铅等金属离子杀死附着生物，而超疏水材料具有环保特性，可以减少有色金属的使用。

3. 防结冰

舰船在极地等寒冷地带航行、飞机在高空飞行时，表面会发生结冰现象，对其运行安全造成安全隐患。开发有效的防冰技术对预防因结冰造成航行或飞行事故，保障武器装备安全运行具有重大意义。2016 年 6 月，美国莱斯大学研制出可高效防冰的石墨烯复合材料，该材料具有超疏水特性，当温度高于 – 14℃时，冰无法在材料表面凝结。利用石墨烯的导电特性，在更低温度下该材料可以通过电加热来防冰或除冰，只需施加 12 伏的电压就可使材料在 – 51℃低温下不结冰。此外，该材料可通过喷涂的方式涂覆，具有更广泛的适用性。

4. 军装自清洁防护

超疏水（超疏油）布料可用于制备新型生化防护军装。美国空军研究实验室与国防部威胁降低局联合开展了相关项目的研究，并于 2010 年开发了基于超双疏（超疏水和超疏油）布料的生化防护服（图 3），具有自清洁性能，且可以避免危险化学品渗入服装，保护士兵不受生化武器威胁。

图 3　美国空军研究实验室开发的超双疏军装样服

（二）可提高电池效率及散热率

1. 提高电池效率

超疏水材料用于电池系统的电极隔膜，可将电解液和活性电极材料分隔开，防止副反应发生。2016 年 7 月，德国亚琛工业大学和韩国首尔汉阳大学开发出新型纳米孔超疏水膜代替传统全氟磺酸隔膜材料。超疏水隔膜中有着众多的小孔和通道，允许质子高速通过，同时又阻碍金属离子等较大尺寸的离子通过，并且这种阻隔性能十分稳定，经过一周或者完成100次充放电循环以后，性能仍然保持不变。电流测试表明，使用新型超疏水隔膜后，电池能量转换效率达到85%，高于传统方法76%的转换效率。

2. 提高散热效率

超疏水涂层可以利用其疏水性质提高散热效率。2016 年 3 月，俄罗斯科学热物理研究所开发用于提高热交换设备散热效率的氟聚合物涂层制备技术，在热交换设备的散热元件上覆上聚四氟乙烯涂层，由于氟聚合物具有很高的疏水性，被加热的液体蒸汽组分会在设备表面发生液滴冷凝，散热效率要远远高于薄膜冷却法。同时，冷凝液形成的过程带走热量，形成的液体又用于新的散热循环。

（三）可用于制备水上机器人

水黾具有独特漂浮机制和高效划水方式，在水面环境中能够低耗、低噪、高效、灵活地漂浮、划行和跳跃。水黾腿表面的微观多级结构具有超疏水的特性，可以支撑水黾在水面自由活动。近年来越来越多的学者开始研究水黾独特的漂浮机制和高效的划水方式。2015 年 8 月，韩国首尔大学和美国哈佛大学共同研制出仿水黾机器人，与水黾大小一致，并可在水面跳跃。在军事领域，水黾机器人可以作为微型侦察机器人，利用其在水面上快速灵活的运动特性，执行特殊任务。

（四）将催生多种变革性应用

1. 定向集水

合理利用材料的超疏水以及超亲水特性，在指定区域赋予材料不同的润湿特性，可以用于定向集水，在沙漠等干旱环境下作战，这种材料可以帮助收集饮用水，解决生存问题。2016 年 6 月，美国西北太平洋国家实验室研制出可实现水分逆向流动的碳纳米棒材料。该材料可在低湿度空气环境中，将水蒸气转变成液态水并吸附在表面，而在高湿度空气环境中，材料具有疏水特性，且湿度越高，材料表面水滴蒸发越快。这种材料可以用在沙漠中取水，如果用在服装中，可以在高湿度环境中保持干燥舒爽。

2. 油水分离

在被油污染的水域获取水源，需要使用快速、高效的油水分离装置。近年来，材料表面的润湿性成为解决这个困难的关键，一旦材料展现出对油和水不同的润湿性，如超疏水—超亲水性、超亲水—超疏油性，那么这种材料可实现油水分离。基于特殊润湿性的油水分离材料已经研究了近 10

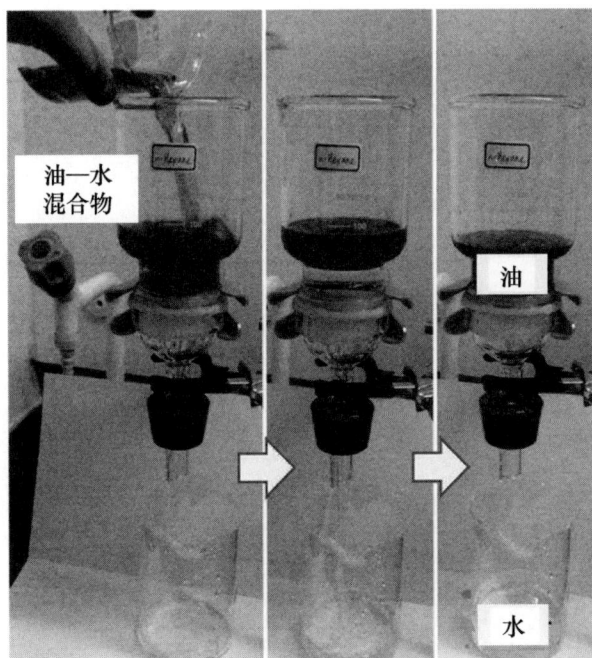

图 4　超亲水/超疏油筛网制作的油水分离器

年，开发出超疏水—超亲油、超亲水—超疏油、超亲水—水下超疏油以及智能响应性等一系列的油水分离材料（图4），将为解决油污水及海洋石油泄漏等环境问题起到积极的推动作用。

（中国船舶工业综合技术经济研究院　王志伟）

FU LU

附　录

2016 年海战领域科技发展大事记

1 月

美国海军研究局发布"可穿透模糊环境的光电成像技术"项目建议征询书 1 月 6 日，美国海军研究局发布"可穿透模糊环境的光电成像技术"项目建议征询书，寻求新的传感技术，以解决目前光电/红外传感器成像易受水性气溶胶散射影响的难题，使水面舰艇和潜艇人员能在恶劣环境中捕捉到清晰图像，实现态势感知和对目标的探测、跟踪、识别。

美国"标准"-6 导弹成功进行反舰试验 1 月 11 日至 22 日，美国雷声公司研制的"标准"-6 导弹成功进行了 4 次反舰试验，期间命中了已退役的"鲁本·詹姆斯"号护卫舰（FFG 57）。至此，"标准"-6 导弹已展现了其在防空、海基末段反导和反舰三大作战关键领域中强大的多任务能力。

美国海军开始考虑下一代攻击型核潜艇的设计 1 月 12 日，美国海军作战部长在水面舰队联盟年会上指出，必须现在就开始考虑下一代攻击型核潜艇设计工作。替代艇方案预计于 2024 年开始评估分析，预计 2034 年开始建造。其设计重点强调综合能力和互操作性，尤其是与艇外系统的交互；此外，还将考虑网络安全因素。

美国海军首艘采用混合燃料的主战舰艇启程前往亚太 1月20日，作为"大绿舰队"概念下首艘采用混合燃料代替常规化石燃料的主战舰艇，美国海军"阿利·伯克"级驱逐舰"斯托克达尔"号启程前往亚太海域。"大绿舰队"概念旨在通过推广使用替代燃料提高海军能源效率，降低成本。

美国海军发布"2016 年战略计划" 1月22日，美国海军空间和海上作战司令部发布了"2016 年战略计划"。该计划的五个关键目标包括：加快和简化交付新功能和先进的技术；使用更先进的 IT 和网络交换技术，这意味着使用更好的网络领域内的操作和调动技术；提供海军所需要的网络技术支持；降低作战方案的运营成本；优化组织和劳动力。计划支持该司令部去年推出的七年规划。

DARPA 发布"移动舷外指挥、控制、途径"项目 1月24日，美国 DARPA 发布了"移动舷外指挥、控制、途径"（MOCCA）项目，利用潜艇和 UUV 形成双基地主动探测系统，远距离探测跟踪敌方潜艇，相关技术包括适用于 UUV 搭载的紧凑型主动声源技术、信号处理技术、潜艇和 UUV 安全的水下通信技术等。在技术研发过程中还需注重对声源发射声波的控制，避免发射的声波或者散射声波照射到己方潜艇，破坏潜艇的隐身性。

印度海军发布新版《海洋安全战略》 1月25日，印度海军发布主题为"保障海洋安全"的新版《海洋安全战略》。该战略指出，过去10年印度海洋地位和安全形势发生变化，需要印度海军承接"整体的海上安全责任"，更新"组织、运作理念和发展计划"。该战略提出了印度未来的海洋安全战略的五大目标。

俄罗斯国防部将创建发现前沿技术和创新研究的新机制 1月25日，俄罗斯国防部媒体服务与信息管理局的有关人员透露，为了吸引更广泛的科研生产企业和科研人员参与国防科技创新，俄罗斯国防部将创建一种名为"开放式创新之窗"的发现前沿技术和创新研究的新机制。通过该机制，高校、科研机构、创造性团队甚至个人（研究人员或发明家）可以直接向国防部下设的科研活动与先进技术跟踪（创新研究）管理总局提交自己的研究方案。

美国海军水面舰艇、潜艇以及岸上基站将批量配备海军多波段终端 1月28日，据军事宇航网站报道，美国空间与海战系统司令部授予雷声公司空间与机载系统分部一份金额为1.029亿美元的合同，为美国海军水面舰艇、潜艇以及岸上基站提供300套海军多波段终端（NMT）。NMT可保障美国海军及其盟友的舰载或潜艇计算机网络和全球信息栅格间的无缝连接，具有受保护的宽带通信能力，可支持：极高频通信；先进极高频中低速、扩展数据率通信；超高频通信；军用Ka波段收/发通信；全球广播服务接收通信。

美国推出"Liguid Flow – By"新型液冷电子冷却技术 1月29日，据军事宇航网站报道，美国水星系统公司推出称为"Liquid Flow – By"的新型液冷电子冷却技术，可解决高性能嵌入式计算系统等计算密集型电子设备的散热问题。"Liquid Flow – By"采用开放式系统架构、模块化设计，无需冷却气体，具有灵活、可靠等优点，冷却能力比传统风冷技术提高50%，技术成熟度为9，可支持OpenVPX和AdvancedTCA系统架构。

美国海军进行无人潜航器通用控制系统软件结构测试和演示 1月29日，据无人系统技术网报道，美国海军近日在华盛顿州普吉特湾的海军水下战中心基波特分部开展了一系列有关无人潜航器通用控制系统（CCS）软件结构测试和演示，表明 CCS 软件具备对"大排水量无人潜航器"（LDUUV）进行指挥控制的能力。CCS 是一种具备通用架构、用户接口和组件的软件系统，可以被集成到一系列的无人系统平台上。该软件可作为海军无人系统的"大脑"，为无人系统提供任务规划、任务管理等能力。

2 月

欧盟开发新型环保铝基涂层　2 月 1 日，据物理学家组织网报道，欧盟研究人员在用于海上可再生能源的先进涂层项目（ACORN）中开发出一种新型环保铝基涂层，可为海上能源设施提供保护，能够使海上结构的寿命延长到 20 年或更久，且无需阴极保护。该项目最终将产生一种全新的、无需涂覆的方法，用于海上可再生能源钢制结构，包括船坞、浮标、油气装置。

美国海军快速原型计划申请 2017 财年预算　2 月 9 日，美国海军部公布了 2017 财年预算申请，为快速原型计划分配了 5500 万美元，以在常规采办流程之外更快地交付舰队所需武器。该计划的目标是在 24 个月内向舰队部署最新的技术，既考虑国防部所属实验室开发的技术，也将考虑商业技术。

美国波音公司向美国海军交付燃料电池储能系统用于试验　2 月 9 日，据《海上力量》杂志报道，美国波音公司已向美国海军交付一套燃料电池储能系统用于试验，以验证其为军、民陆上设施供电的能力。该系统借鉴了无人潜航器能源系统的研发经验，首次应用了再生型固体氧化物燃料电池技术，利用可再生能源（如风能、太阳能等）发电，实现清洁、零排放。该系统可产生、压缩和储存氢气。

美国海军制定首批 8 项基础网络安全标准　2 月 16 日，美国空间与海战系统司令部宣布，美国海军已制定首批 8 项基础网络安全标准，包括主机防护、网络防火墙、网络入侵探测系统与防护系统、深层防御架构、安全信息与事件管理、信息安全持续监控、边界保护和漏洞扫描，未来还将制定超过 24 项标准。这些标准将用于管理绝大多数海军系统和项目，由信息技术/信息保障技术权威委员会（IT/IA TAB）制定，拥有统一的安全框架，涵盖美国海军部海上、岸基、航空和空间系统。

德国成功对高能激光器进行海上测试 2 月 19 日，据海军认知网报道，德国莱茵金属公司与军方对安装在德国军舰上的高能激光器（HEL）成功进行了海上测试。10 千瓦高能激光器安装在一门 MLG 27 型 27 毫米轻型舰炮上。测试期间，样机完成了对无人机、小型水面艇、地面静止目标的跟踪，覆盖了低机动性和高机动性的不同目标。

美国海军建设名为"安全"号的虚拟系统 2 月 22 日，据美国媒体报道，美国海军水面战中心达尔格伦分部正在牵头建设一个名为"安全"号的虚拟系统，参与方包括 3 家海军系统司令部、网络防御主管部门，以及全美各地的专家。该系统采用的技术旨在应对潜在的网络安全威胁，在海军水面、水下和空中作战系统面临网络攻击时提供防护，还能在系统崩溃后快速恢复系统。该技术据说可协助工程师在所有设施中确保网络安全，包括平台、机械、电气和其他独立设施。

3 月

英国海军首次在核潜艇上对"通用作战系统"进行实弹测试 3 月 2 日，英国海军首次在最新的"机敏"级核潜艇"机警"号上，就使用"通用作战系统"控制鱼雷发射进行了实弹测试。测试中，作战人员成功利用该系统解读了声纳数据，实现了对移动目标的攻击。该系统采用人工智能技术，能处理潜艇传感器数据，可作为潜艇的"大脑"控制其"眼睛""耳朵"和"神经系统"。

DARPA"垂直起降试验飞机"项目竞标结果出炉　3月4日，DARPA宣布，极光飞行科学公司的无人混合动力飞行器"雷击"赢得"垂直起降试验飞机"（VTOL X－Plane）项目竞标，授予其8940万美元的研究合同。VTOL X－Plane 项目是开发一种性能更强的垂直起降飞行器，预计将于2018年完成首飞。

美国海军宣布设立"海上加速能力办公室"　3月7日，美国海军宣布设立"海上加速能力办公室"（MACO），以更快速地研发和部署具有高优先级的武器系统。MACO 将集中海战领域技术和采办专家，以更短的时间和更低的成本，实现先进技术向实用武器系统的转化。MACO 已确定首批两个快速采办项目，一是由美国海军和洛克希德·马丁公司联合研发的空射"远程反舰导弹"（LRASM）项目，二是 RAQ－25 海军航母舰载无人加油机项目。

美国成功研发新"超皮肤"复合材料　3月15日，美国爱荷华州立大学成功研发一种新的柔性、可伸缩、可调谐的"超皮肤"。"超皮肤"是一种复合材料，可利用排列的小型液态金属设备覆盖目标，降低较宽频段的雷达波反射强度，实现雷达隐身。实验表明，8~10GHz 频率范围内，雷达波抑制效果可提升75%。

美国与韩国将联合开发氮化镓大功率放大器模块　3月16日，美国科巴姆公司与韩国 RFHIC 公司正式建立战略合作伙伴关系，将联合开发氮化镓大功率放大器模块，用于175千瓦固态发射机原理样机。与传统真空电子器件相比，基于氮化镓的固态发射机技术具有成本可控、系统可靠、可扩展等诸多优势。

俄罗斯首次进行"锆石"新型高超声速巡航导弹岸基试射 3月17日，俄罗斯国防工业部门高级官员称，俄罗斯已完成海军"锆石"新型高超声速巡航导弹的首次岸基试射。该型导弹的飞行速度达马赫数5~6，射程约为248英里（约400千米），估计将首先装备"基洛夫"级核动力巡洋舰和新一代攻击型核潜艇。

俄罗斯为第五代核潜艇研制声隐身复合材料 3月18日，国外媒体报道，俄罗斯第五代核潜艇将使用声隐身复合材料，以应对敌方探测系统。俄罗斯克雷洛夫国立研究中心称，这种声隐身材料为多层复合材料，其结构和组成具有较高的内部损耗因子，将显著降低潜艇对声纳信号的反射，使敌方声纳难以获取足够强度的声信号，实现有效减振降噪等。同时，这种复合材料能降低潜艇结构的重量，提高可靠性，同时耐腐蚀，无需再次涂覆防腐涂层，减少运行维护成本。

美国海军成功进行装有3D打印连接器背壳的"三叉戟"D5潜射弹道导弹试射 3月21日，据美国洛克希德·马丁公司网站报道，美国海军一枚装有3D打印连接器背壳的"三叉戟"D5潜射弹道导弹试射成功。洛克希德·马丁公司工程师通过使用完整的数字化工艺，仅用了传统方法的一半时间就设计和制造了该新零件。该连接器背壳保护导弹中的电缆连接器，由铝合金制造，尺寸大约为1英寸（2.54厘米）。

俄罗斯批准在未来3年建设小型浮动核电站（FNPP） 3月26日，据世界核工程协会网站报道，俄罗斯批准原子能公司2016—2018年投资计划，打算在未来三年投资112亿卢布（1.44亿美元），用于建设小型浮动核电站（FNPP）及其附属基础设施，整个FNPP项目建设经费将达到374亿卢布。浮动核电站的调试工作将于2019年正式开始。

美国海军高度关注提高潜艇声学特性并开展"声学优势项目"相关试

验 3月28日，美国海军潜艇联盟表示，美国海军目前高度关注提高潜艇声学特性，确保区域介入。美国海军水下战司令称，海军正在升级"南达科他"号潜艇的声学特性，开展"声学优势项目"相关试验，包括装备大型垂直阵列、特殊涂层、新型推进装置，并对潜艇机械系统进行改造。

美国海军首次成功进行先进拦阻装置拦阻试验 3月31日，在美国新泽西州赫斯特湖基地的跑道拦阻着陆试验场（RALS），美国海军"福特"级航空母舰新一代着舰系统——通用原子公司的先进拦阻装置（AAG）成功实施了首次有人驾驶飞机拦阻试验。试验飞机为美国海军第23测试和评估中队（VX 23）的一架波音F/A–18E战斗机。在此次测试之前，先进拦阻装置在莱克赫斯特基地的火箭滑车试验场进行了超过1200次的静载荷拦阻试验。

4月

美国"反潜战持续跟踪无人艇"首艇被命名为"海上猎手"号 4月7日，DARPA将"反潜战持续跟踪无人艇"（ACTUV）计划研制的首艇命名为"海上猎手"号。该无人艇为双推进三体船，长约39.6米，满载排水量约147吨，最大航速约50千米/小时，可几乎完全自主行驶，也可由人员遥控或实施有人驾驶，初期任务主要是进行潜艇跟踪和反水雷行动。

美国海军研究局授予"电磁机动指挥与控制"样机研发合同 4月28日，美国海军研究局授予12家企业"电磁机动指挥与控制"（EMC2）样机研发合同，通过采用先进多功能射频架构，实现电子战、雷达、通信和信息战功能的集成，12个合同总金额为8亿美元。EMC2旨在加强ONR的下一代集成化多功能舰载射频系统的性能，为此，ONR开展了"先进多功能射频概念"（AMRFC）和"多功能电子战"（MFEW）等项目研究。

5月

印度海军拟在未来15年获得100项前沿技术　5月3日，印度海军公布了一项技术规划，拟在未来15年获得100项前沿技术以提升海军作战能力，这些技术涉及海军导弹、推进与发电装置、监视探测系统、鱼雷与定向能武器、潜艇与反潜战系统、海军航空装备、网络中心战及作战管理系统等。根据规划，印度海军将依靠"印度制造"政策实现技术本土化，通过与外国防务公司共享生产设施，促进尖端制造技术的转移和吸收。

DARPA正在研发"上浮式有效载荷"样机　5月12日，DARPA称正在研发"上浮式有效载荷"（UFP）的样机。UFP全长4.5米，可在4000米深海域潜伏，分布式布放情报监视侦察设备。任务设备通过遥控触发发射舱上浮，发射无人机等情报、监视与侦察平台。DARPA的研发团队目前仍在评估系统的运行概念，并检验系统可搭载的载荷。

DARPA分布式敏捷反潜系统完成子系统海试　5月13日，英国《简氏防务周刊》报道，DARPA投资研发的分布式敏捷反潜系统（DASH）中的"潜艇置于险境"（SHARK）子系统完成了海试，并披露UUV、通信方式、作战应用等诸多系统细节。SHARK是由UUV搭载声纳等传感器，利用深海声道实现声波远距离探测和跟踪敌方潜艇，保护己方航空母舰打击群。该系统的一种作战应用可能是在一个集装箱中存放4~6个SHARK，由舰船运载、释放，能够在特定区域预置多个系统。

丹麦工业大学研制出不被声纳探测到的潜艇声学超材料　5月17日，美国海军网报道，丹麦工业大学研制出一种新材料，有望使潜艇不被声纳探测到。这种能抑制声波反射的材料被称为声学超材料，具有改变声波反射路径的能力，如到达该材料的声波不产生回波而实现隐身。丹麦工业大学负责这种声学超材料的理论建模。

美国海军正在搭建名为"战术云"的进攻性反舰网络 5月17日，美国海军官方透露，美国海军正在搭建进攻性反舰网络，从卫星、飞机、舰艇、潜艇以及武器本身获得目标信息，形成致命的"杀伤网"，即"战术云"。"战术云"与航空母舰打击群的"海上一体化火控－防空"概念一样，打击群内飞机和舰艇可通过数据链与其他舰艇和飞机共享目标数据，打击各自平台武器射程之内、传感器有效距离之外的目标。

DARPA授出"深海定位导航系统"项目第一阶段合同 5月17日，美国海军网报道，DARPA授予BAE系统公司"深海定位导航系统"项目第一阶段合同。"深海定位导航系统"技术通过在海洋中布放少量声源的方法，为水下平台提供精确的定位、导航、授时信息，可使潜艇、UUV等水下平台不需定期上浮接收GPS信号就能获得连续高精度的导航信息。

6月

美国MQ－4C无人机使用通用数据链系统成功与P－8A交换全动态视频信息 6月2日，在美国海军进行的一次飞行试验中，MQ－4C无人机通过通用数据链系统成功与P－8A反潜巡逻机交换了全动态视频信息；测试中还进行了一系列重载飞行测试，有望显著提高无人机的滞空时间，并提高满油状态下的飞行高度。

美国海军正在开发可降低潜艇耐压壳体定期检修费用的系列技术 6月7日，美国海军金属加工中心（NMC）称，正在实施一项ManTech项目，旨在降低对潜艇耐压壳体定期检修的费用。该项目通过运用具有重大价值的技术，包括使用超宽波段雷达、减少接触面积的相控阵超声波及太赫兹成像技术，直接透过专用艇体修复设施（SHT）对艇体进行检测，或者最大程度上减少需要移除 SHT 设施的数量，从而大大降低艇体检验成本。

美国第一艘反潜战持续跟踪无人艇成功完成初始性能验证试验　6 月22日，第一艘反潜战持续跟踪无人艇"海上猎手"号于加利福尼亚州圣迭戈海岸线成功完成初始性能验证试验。此次海试中，测试了"海上猎手"号航速、机动性、稳定性、耐波性、加速/减速、燃料消耗、系统可靠性等指标，各指标均达到或超出预期要求。

美国海军"低成本无人机蜂群技术"项目在海上开展验证试验　6 月24日，美国海军研究局表示，"低成本无人机蜂群技术"（LOCUST）项目将在海上开展验证试验，届时超过 30 架雷声公司的"郊狼"无人机由水上发射平台通过发射管快速发射并在空中形成编队。

美国海军为潜艇超空泡技术提供资助　6 月28日，美国海军称他们正在资助宾夕法尼亚州立大学研发潜艇的超空泡技术。该技术可用于减少潜艇航行阻力、提高航速，但也使得潜艇易形成振动，导致水下航行的不稳定性。研究人员称，他们已在实验室找到了解决这一问题的办法。

美国海军完成"魔毯"技术测试　6 月30日，美国海军完成"魔毯"技术（MAGIC CARPET，用于航空母舰精确进近和着舰的海上增强引导综合控制技术）测试。数据显示，在最后进近阶段，飞行员对飞行路径的修正次数从数百次降至个位数，在飞行甲板上的着陆位置也"显著"接近目标点。"魔毯"将减少飞行员的负荷，并从根本上影响飞行甲板作业人员、飞行员训练需求，甚至是飞机作战和维护预算。

7 月

美国海军成立海军船厂创新基金并提出八大创新项目　7 月7日，美国海军海上系统司令部成立海军船厂创新基金，以推进能降低舰船维护时间和成本的船厂创新项目发展，尤其鼓励更具风险的创新和工作团队的创造性。目前已提出八大创新项目：①通过射频识别实现自动化图纸和工件追踪；②保温管道的太赫兹和红外成像；③安装了传感器、可提高态势感知能力和工作安全性的安全帽；④核潜艇维护场所用500千瓦电机；⑤激光金属切割；⑥用于油罐和船体结构自动化检测的激光测量；⑦3D化吊车和索具训练系统；⑧通过"融合/维基"项目将传统上只提供给官员的信息提供给外部协作者。

俄罗斯正式提议印度购买 23000E 型"风暴"级航空母舰方案　7月13日，俄罗斯军事工业综合体网站报道，俄罗斯已正式提议印度购买俄罗斯23000E型"风暴"级航空母舰方案。该方案由克雷洛夫国立科学中心设计，于2015年首次展出。印度目前计划研制第二艘"维沙尔"号航空母舰，预计长300米，宽70米，排水量达到65000吨。

DARPA 签署自适应雷达对抗项目最后阶段合约　7月19日，DARPA与BAE系统公司在自适应雷达对抗（ARC）项目的最后阶段，签署了一项价值1340万美元修订合约。该项目的目标是研发基于无线可观察信号的快速对抗自适应雷达威胁方法，主要挑战是如何在敌方、己方及中立信号中准确隔离信号，识别威胁信号并对该信号进行干扰，计划于2018年完成。

美国海军展示"一体化战术云"自动化数据分析装备　7月19日，美国海军 C⁴I 项目执行办公室（PEO C⁴I）代表向海军人员展示"三叉戟勇士"演习中使用的"一体化战术云"自动化数据分析装备。"一体化战术云"旨在提供更快、更全面的战术分析能力，改善作战规划和决策能力，具体专项包括：分布式通用地面系统—海军版增量2（DCGS – N Inc 2）；海上战术指挥与控制（MTC2）；作为一体化海上网络和企业服务（CANES）一部分的敏捷核心服务层（ACS）；战术云参考实现（TC RI）；态势感知可视化分析（SAVA）。

俄罗斯《国防工业优先技术方向领导人条例》正式生效　7月20日，由总统普京签署的俄罗斯《国防工业优先技术方向领导人条例》正式生效。颁布该条例的目的是在国防工业领域实施统一的工业与科技政策，发展国防创新技术和新型武器装备。根据条例，优先技术方向领导人应为国防工业的创新发展指导工业技术建设和应用，跟踪国外先进的科技和工程成就，保障建立本国的优势工业技术，协调军工企业的活动，包括与总设计师进行配合等。

美国成功进行舰载型远程反舰导弹受控飞行试验　7月21日，据 deagel 网站报道，美国洛克希德·马丁公司近日在位于加利福尼亚穆谷海靶场的自防御试验舰船上，成功进行了舰载型远程反舰导弹（LRASM）受控飞行试验。试验中，LRASM 离开垂直发射系统，干净利落地与 Mk – 114 助推器分离并转入巡航阶段。导弹成功沿预先规划好的低海拔航路飞行，在抵达目的位置的同时也收集到了气动力敏捷性数据。

8 月

美国海军决定在"弗吉尼亚"级攻击型潜艇上采用新的静音技术　8月12日，美国海军决定在"弗吉尼亚"级攻击型潜艇"南达科他"号上引入新的静音技术，包括采用增强型艇体涂层，采用新型混合动力推进器，以及实施一些机械改进等。

俄罗斯正在开展第五代"哈斯基"级核潜艇的外形设计工作　8月16日，俄罗斯联合造船集团表示，圣彼得堡"孔雀石"设计局正在开展第五代"哈斯基"级核潜艇的外形设计工作，并开始与"红宝石"设计局共同为第五代核潜艇研制可搭载不同仪器对环境实施监测或搭载鱼雷进行作战的可投放型无人潜航器。

美国建立水下技术创新中心 8月16日，美国东南新英格兰国防工业联盟（SENEDIA）宣布建立水下技术创新中心，发展尖端水下技术，促进水下技术的研发和应用，并推动水下创新技术在商业、学术和国防领域的快速发展。

美国海军利用无人机在潜艇和多艘无人潜航器间成功进行信息中继传输 8月16日，美国海军在年度技术演习中，利用"黑翼"无人机，成功进行了潜艇和多艘无人潜航器间的信息中继传输。"黑翼"配备了数字数据链（DDL）、光电/红外载荷、选择可用性反欺骗模块（SASSM）GPS，可为潜艇、无人潜航器、水面舰船之间提供数据和信息的高速传输，亦可执行情报、监视与侦察任务。

朝鲜成功发射潜射弹道导弹 8月24日，当地时间5时30分，朝鲜在咸镜南道新浦近海向半岛东部海域发射一枚潜射弹道导弹，导弹飞行约500千米，进入日本防空识别区约80千米。韩国媒体报道，此次发射是金正恩执政后朝鲜发射的第四枚潜射弹道导弹，实际飞行距离较之前有重大突破，表明朝鲜在潜射弹道导弹技术上有实质性进展。

美国海军演示无人潜航器、水面无人艇和无人机跨域组网 8月25日，美国海军海上系统司令部水下战中心组织的年度技术演习中，诺斯罗普·格鲁曼公司演示了无人潜航器、水面无人艇、无人机跨域组网，搜索、探测、跟踪、分类、对抗水下目标时的先进任务管理和控制过程。无人潜航器、无人水面艇、无人机搭载的传感器收集的数据可自动融合，共享信息网络和通用作战图，制定实时跟踪方案。

9 月

美国海军发布《水下战科学技术战略》和《水下战科学技术目标》 9 月 14 日，美国海军水下战首席技术官办公室发布非密版《水下战科学技术战略》和《水下战科学技术目标》两份文件。前者明确了重点关注的十大水下战科技领域，后者对十大关注领域进行了细化。

美国公布下一代联合精确进场与着陆系统开发和生产合同 9 月 21 日，美国国防部公布了用于开发和准备生产下一代联合精确进场与着陆系统（JPALS）的合同。JPALS 由雷声公司与美国海军合作研究，旨在为舰载机在风大浪急海面上的舰船上着陆提供精确的引导，采用 GPS 卫星导航为有人和无人飞行器提供了更精确的引导。2018 年，美国海军和陆战队将会把联合精确进场与着陆技术用于 F－35C、F－35B 飞机和 MQ－25A 多任务无人机。

美国海军开发"网络战术通用数据链"系统授出开发合同 9 月 28 日，英国 BAE 系统公司获得 8470 万美元的合同，将为美国海军开发"网络战术通用数据链"（NTCDL）系统。该系统将为美国海军提供多源实时 ISR 数据同步收发能力和跨网指控信息交换能力，使美国海军实现海量 ISR 数据的跨平台和跨网络共享，还可增强美国海军的态势感知能力与战术战场优势，该系统将优先安装在航空母舰和大甲板两栖舰上。

10 月

美国海军未来将通过跨域网络保持战场优势 10 月 3 日，美国海军作战部副部长表示，美军在面对实力接近的对手时，已无法在所有作战域保持绝对优势，需通过跨域网络将武器和传感器紧密结合，以保持局部或暂时的优势。美国海军在空中、地面、水面及水下等作战域拥有多个有效的杀伤链，这些杀伤链需要同步加强，建立跨域杀伤网，使飞机或舰艇可跨域获得任意传感器的信息。

美国推出利用 3D 打印柔性缓冲材料使机器人更安全和准确移动的新技术　10 月 5 日，《科学日报》网站报道，美国麻省理工学院计算机科学与人工智能实验室（CSAIL）的研究人员推出一种新技术，利用 3D 打印的柔性缓冲材料，使机器人在移动过程中更加安全和准确。研究小组使用了一种称为"可编程的粘弹性材料"（PVM）技术，通过这项技术，用户可以自主设计 3D 打印部件的每一个部分，使打印出的材料能根据用途满足其所需要的硬度或弹性。

法国 DCNS 公司披露 SMX3.0 新型常规潜艇概念　10 月 17 日，法国 DCNS 公司在巴黎海军装备展上披露了新型常规潜艇概念—SMX3.0。SMX3.0 型潜艇排水量 3000 吨，集成了最新的数字技术，艇载数据系统涵盖了完整的互联、稳定、安全、快速和可升级功能，提升了作业效率，增强了多用途性；同时在设计上更注重提高艇员的使用感受。

俄罗斯认为其高超声速飞行材料研制世界领先　10 月 18 日，俄罗斯"军事工业委员会"网站报道，俄罗斯未来研究基金会称俄罗斯在高超声速飞行材料研制方面属于世界领先国家。对于高超声速飞行器来说，所需部分材料应当长时间经受得住 1500℃以上高温，而俄罗斯目前正在碳纤维复合材料基础上进行此类研究，并取得了一定成果，处于世界领先地位。

美国海军陆战队将引入无人机参与两栖作战行动计划　10 月 25 日，美国海军陆战队副司令罗伯特·沃尔什详细介绍了部署一大批无人机来参与两栖作战行动的计划。该计划将运用美国海军研究局开发的"低成本无人机'蜂群'技术"（LOCUST），组建一个包括无人潜航器、无人水面艇以及反水雷无人机的小型舰队，从而减缓敌机动速度，减少海军陆战队队员伤亡。

印度放弃在最后两艘"鲉鱼"级潜艇上使用国产 AIP 动力系统 10 月 26 日，据"美国防务新闻网"报道，由于对技术发展状态质疑，印度海军决定最后两艘在建"鲉鱼"级潜艇（P – 75 项目）放弃使用国产 AIP 动力系统。

美国海军公布大型和超大型无人潜航器开发计划细节 10 月 26 日，美国海军官员在国际无人机系统协会举办的国防论坛上公布了未来几年开发大型和超大型无人潜航器计划的细节，包括计划中用于实验的大排水量无人潜航器（LDUUV）和超大型无人潜航器（XLUUV）的数量，其中大型无人潜航器计划建造 10 艘左右；超大型无人潜航器计划建造 5 艘，将比 LDUUV 拥有更大的承载能力。

美国在反潜战持续跟踪无人艇上测试"空中拖曳式海军系统"样机 10 月 27 日，美国"海军技术网"报道，DARPA 已在反潜战持续跟踪无人艇（ACTUV）上测试了"空中拖曳式海军系统"（TALONS）样机。测试期间，TALONS 样机测试了搭载的传感器，并通过线缆与以工作速度航行的 ACTUV 进行了通信测试。TALONS 也是"战术应用侦察节点"（TERN）项目第一阶段研究的一部分，可通过滑翔伞把 68 千克（150 磅）的有效载荷升高至 150 ~ 450 米高度范围内，执行情报、监视与侦察等任务，具有成本低、探测范围大等优势。

美国海军将资助科学家前往北极地区研究环境变化 10 月 31 日，美国海军研究局称，由于北冰洋海冰减少，扩大了可航行水域面积，因此将资助科学家前往北极地区研究环境的变化，以支持美国海军在北极地区的行动。海军研究局通过其极地与全球预测项目中的两项计划支持北极科学研究，一是"边缘冰区地带"，二是"波浪和海洋状态"。

11 月

美国海军 AN/AQS－20A 型可变深猎雷声纳进行流体力学特性测试
11 月 3 日，美国海军官方表示，为近海战斗舰研发的 AN/AQS－20A 型可变深猎雷声纳进行了一系列流体力学特性测试，以改善其猎雷能力。先前试验数据表明，AN/AQS－20A 被拖曳的时候会发生重心偏移或摇摆现象，影响了声纳定位水雷的能力。

美国海军签署"企业空中监视雷达"研制合同　11 月 3 日，据 C⁴ISR 网站报道，美国海军与雷声公司签署了价值 9200 万美元的合同，用于为"福特"级航空母舰和 LHA－8 大型两栖攻击舰研制新型"企业空中监视雷达"（EASR）。该雷达可使航空母舰和两栖舰同时具备防空和反水面战能力，同时也具有电子防护能力和空中交通控制功能。雷达将利用 SPY－6 防空反导雷达的技术，采用有源相控阵技术，可更好地进行背景噪声管理，具有管理波束的能力。

挪威康斯堡公司设想"海底战"概念　11 月 9 日，据《海上力量》杂志报道，生产 REMUS 100 和 REMUS 600 无人潜航器的挪威康斯堡公司旗下 Hydroid 分公司设想了"海底战"的概念。根据这一概念，应增加对海底传感器、AUV 能源充电站、先进武器的应用。

美国海军 TRS－4D 可重复编程雷达完成工厂验收测试　11 月 9 日，据"宇航与防务新闻网"报道，计划部署在美国海军近海战斗舰上的 TRS－4D 可重复编程雷达完成了工厂验收测试。TRS－4D 雷达采用有源相控阵技术和软件定义技术，可重复编程，可根据用户需求定义雷达的特征使其具有应对未来威胁的能力，经济可承受性高。

德国新型海洋泵浦存储系统开展第一次水上测试　11月9日，德国弗劳恩霍夫风能和能源系统技术研究所（IWES）开发的新型海洋泵浦存储系统在德国边境的博登湖开展了第一次水上测试。海洋泵浦储能系统是在德国联邦经济事务和能源部资助的"海上存储能源"项目（StEnSea）下进行开发，是一种安装在海底的海底抽水蓄能发电厂，能够利用大深度下的高压海水存储能量。测试为期4周，期间研究人员将一个直径约3米的1∶10缩比模型吊放到100米深处，进行水下测试。

印度海军向美国国防部申请引进电磁弹射技术　11月14日，印度海军根据政府间协议，向美国国防部发送申请函，希望为其航空母舰引进美国电磁弹射技术。函中包含了22架"守护者"无人机和3部电磁弹射系统的采购价格及交付时间。另有华盛顿消息称，此次申请很可能通过，随后两国将就后续问题进行谈判。

德国公司成功测试最新研发的高能激光效应器　11月14日，MBDA德国公司在德国北部海岸的一处军事训练设施中成功测试了其最新研发的高能激光效应器，标志着向技术实用化迈出了重要一步。测试中，系统首次完成了一系列真实环境下（如大雨、大风和黑夜）的性能测试。

美国海军"朱姆沃尔特"号驱逐舰通过巴拿马运河时出现动力故障　11月20日，美国海军最新一代驱逐舰首舰"朱姆沃尔特"号（DDG 1000）在通过巴拿马运河时出现故障，不得不被拖回码头。位于圣迭戈的美国第三舰队提供细节称，事故原因可能源自舰船综合电力系统换热器的问题。

韩国成功实现潜艇综合作战管理系统国产化　11月21日，韩国大宇造船和海洋工程公司（DSME）宣布，已通过与LIG Nex1集团和国防采办计划管理局（DAPA）开展合作，成功实现了潜艇综合作战管理系统的国产化。该系统可对敌方目标进行探测、跟踪和识别，并能评估战术和作战态势，将被首先用于"张保皋"－Ⅰ级潜艇。

英国海军"邓肯"号驱逐舰在演习中发生推进系统故障 11月22日，英国海军45型驱逐舰"邓肯"号在靠近英国德文郡海岸海域发生推进系统故障，被拖回港口。该舰当时正在参加北约旗舰军官海上训练项目的机动部分演习。故障导致舰艇推进系统不能工作，武器系统无法进行射击。

俄罗斯测试无人核潜艇 11月27日，俄罗斯对无人核潜艇进行了测试。该艇被五角大楼称为"Kanyon"，最早在2015年9月的报道首次出现，在两个月后得到俄罗斯军方确认。

美国海军陆战队向工业界寻求垂直起降小型无人机系统 11月28日，据美国媒体报道，美国海军陆战队于近日发布信息需求，向工业界寻求垂直起降小型无人机系统，可在昼夜及各种环境下执行情报、监视与侦察任务。信息需求要求系统用电池供电、坚固耐用、质量不超过9.07千克，且对后勤、训练和保障需求较小，能在交付后尽快使用。系统还能通过光电和/或红外传感器提供实时全动态视频。

12月

俄罗斯推进军用、特种、军民两用及北极开发和科研机器人的研发工作 12月5日，据俄罗斯塔斯社报道，俄罗斯联合造船集团与俄罗斯先期研究基金会就联合研发军用、特种、军民两用以及用于北极开发和科研的机器人达成协议。该协议具有框架性质，具体内容还有待商议确定。

俄罗斯正在研制模拟敌方潜艇的机器人 12月7日，据俄罗斯塔斯社报道，俄罗斯"红宝石"中央海洋技术设计局表示，正在研制命名为"替身"的、能够执行海军演习任务的模拟潜艇机器人。"替身"配备锂离子电池，可执行16小时的演习任务，能够模拟包括高速航行在内的敌方潜艇机动，并携带较大尺寸（长约17米）和不同用途的拖拽天线，从而逼真模拟敌方潜艇的物理场。

俄罗斯研制可实现无人潜航器精确定位的水下导航系统　12月9日，据俄罗斯《消息报》报道，俄罗斯圣彼得堡海洋仪器康采恩研制了可实现无人潜航器精确定位的"定位"系统。该系统由"格罗纳斯"导航系统、装备有"信使－D1M"卫星通信系统的声纳浮标及无人潜航器组成，可在北极冰盖下工作，能够为无人潜航器提供精确到毫米的定位，并同空中、水面和陆地的控制中心实时交换信息。声纳浮标定位深度最深可达水下8千米。

美国海军研究实验室推动应变成像技术投入商业应用　12月13日，据美国海军研究实验室网站报道，美国乔治梅森大学（GMU）、美国海军研究实验室（NRL）技术转让办公室和NRL多重物理量计算系统实验室（CMSL）共同签署了一项许可协议。该协议旨在推动NRL所开发的应变成像技术投入商业应用。这项技术已用于测试和认证结构复合材料、电子材料、形状记忆合金以及增材制造部件。

美国进行增强现实头盔系统技术演示验证　12月13日，美国DAQRI公司向美国海军空间与海战系统司令部太平洋中心演示验证了增强现实头盔系统（GunnAR）技术。GunnAR技术旨在利用增强现实头盔将舰炮联络官与武器系统信息融合成易理解的可视化态势感知信息，指导炮手操作，并缩短威胁响应时间。GunnAR由DAQRI公司研制，目前启动资金10万美元。

美国海军接收第一批"弗吉尼亚"级Block Ⅳ型核潜艇轻型宽孔径阵列声纳　12月13日，据美国军事航空与电子网报道，诺斯罗普·格鲁曼公司为美国海军"弗吉尼亚"级Block Ⅳ型核潜艇交付了第一批轻型宽孔径阵列声纳。轻型宽孔径阵列由六个平面阵列组成，安装于潜艇两侧，每侧三个，采用光纤或激光技术将水中目标声信号转化为可以识别和跟踪的信息。轻型宽孔径阵列未来将以每年 2 批的速度交付，是美国海军下一代水下传感器发展的核心。

美国国防高级研究计划局启动用于水下无线通信和数据传输的"机械天线"项目 12 月 17 日，据"美国防务世界网"报道，美国国防高级研究计划局启动了用于水下无线通信和数据传输的"机械天线"（AMEBA）项目。AMEBA 项目将开发新型甚低频和超低频信号发射机。该发射机足够小、轻，功率高，可由个人携带，能够在水中、陆地、地下等环境应用，通过特殊材料的机械移动产生强电场或磁场。

美国海军发布"网络安全"项目说明最终版 12 月 19 日，据美国海军内情报道，美国海军发布了"网络安全"项目说明最终版，指导该项目的实施和管理。"网络安全"项目将为关键信息技术提供更好的防护措施，使其具备更强的恢复能力，具体包括组件、材料与软件方案，以及在不影响作战任务的前提下，足以保护、防御以及恢复作战能力的流程。"网络安全"项目旨在使任务关键信息技术在网络对抗环境下具备生存与恢复能力，以维持作战能力。

美国海军研究实验室首次试飞氢燃料电池无人机 12 月 19 日，据美国海军研究实验室网站报道，该机构化学和战术电子战分部研究人员首次试飞了采用新型氢燃料电池的"离子虎"无人机。其燃料电池系统功率 5000瓦，采用定制的金属箔双极板，节省了体积和重量，并增强能量存储能力，这对海军无人系统应用十分关键。

美国海军科学与技术研究领域

海军科技 重点领域	科技目标	科技研究领域
确保海战场进入	·获取并保持水下优势 ·提升机动式自主化环境感知能力 ·满足战术计划要求的环境预测能力 ·通过环境适应能力优化系统性能	反潜战监视
		反潜战性能评估
		生物传感器、生物过程和仿生系统
		电子战攻击
		功能材料
		智能系统和自主系统
		情报监视侦察与瞄准－电子支援与电子对抗
		大型舰船拦截
		近海地球科学、光学、生物学
		海洋哺乳动物
		海洋气象学
		扫雷
		纳米级电子装置和传感器
		导航与精确计时
		网络传感器
		非致命武器

（续）

海军科技 重点领域	科技目标	科技研究领域
确保海战场进入	·获取并保持水下优势 ·提升机动式自主化环境感 　知能力 ·满足战术计划要求的环境 　预测能力 ·通过环境适应能力优化系 　统性能	海洋声学
		物理海洋学
		固态电子设备
		空间环境效应
		航天器技术
		无人航空器
		无人海上航行器技术
自主系统和 无人系统	·人与无人系统协作 ·感知与智能决策 ·灵活稳定的分布式协作 ·情报支持和体系结构	智能系统与自主系统
		无人航空器
		无人海上航行器技术
远征和非 正规作战	·非正规作战战场感知 ·支撑影响作战的能力 ·远征和分布式作战能力 ·非正规威胁对抗能力	通信与网络
		简易爆炸装置处理
		电子战攻击
		远征火力
		远征情报监视与侦察
		远征后勤
		远征机动/单兵机动
		信息处理、发现、集成与显示
		纳米级电子装置和传感器
		非致命武器训练、培训和人员效能
		远征指挥、控制、通信与计算机
		精确打击
		社会、文化和行为模拟
		特种作战/爆炸物处理
		无人航空器
		无人海上航行器技术

（续）

海军科技 重点领域	科技目标	科技研究领域
制信息权	·指挥控制、情报监视与侦察和作战系统—体化决策信息空间 ·全谱优势 ·计算机网络作战 ·通信和网络 ·计算环境体系结构	反潜战监视
		自动图像解读
		生物传感器、生物过程和仿生系统
		通信与网络
		计算机分析
		决策支持工具
		人为因素，组织设计和决策研究
		信息确保与防篡改
		信息处理、发现和显示
		智能系统和自主系统
		情报监视侦察与瞄准—电子支援与电子对抗
		纳米级电子装置和传感器
		导航与精确计时
		网络传感器
		固态电子设备
		航天器技术
		大规模杀伤性武器探测
平台设计与 生命力	·高机动性 ·负载能力优化的可靠、高效、远程高速平台	海军先进电力系统
		先进海上平台
		空气推进
		航空器/地面车辆
		远征后勤
		远征机动
		功能材料
		人为因素、组织设计和决策研究
		智能系统和自主系统

（续）

海军科技 重点领域	科技目标	科技研究领域
平台设计与 生存能力	·海上维持 ·经济可承受的舰队/部队现代化	海基赋能器
		结构材料
		无人航空器
动力与能源	·能源安全 ·高效率动力系统和能源系统 ·高能脉冲电力	海军先进电力系统
		空中平台动力
		生物衍生材料和系统
		功能材料
		单兵能源
		电力电子设备
力量投送与 综合防御	·未来海军火力 ·集成从探测到拦截的一体化多层次防御体系 ·提高威胁消除能力 ·时敏精确打击	先进动能学
		空中平台生存能力
		定向能
		电磁炮
		电子战攻击
		远征火力鱼雷防御
		远征部队保护
		功能材料
		高速武器技术
		情报监视侦察与瞄准—电子支援与电子对抗
		布雷
		非致命武器
		精确打击
		海上平台生存能力
		固态电子设备
		水下武器

（续）

海军科技 重点领域	科技目标	科技研究领域
总拥有费用	·平台经济性 ·寿命期费用和维护费用 ·人员配备与作战能力	先进海军电力系统
		先进海上平台
		可承受性/平台寿命期费用控制
		航空器/地面车辆
		生物传感器、生物过程和仿生系统
		综合软件系统工具
		环境质量
		信息确保和防篡改
		智能系统和自主系统
		制造科学
		材料、计算和预测
		电力电子设备
		结构材料
作战人员能力	·人力、人员、训练和教育 ·人机系统设计与决策支持 ·作战人员健康与生存能力 ·生物工程系统	生物传感器、生物过程和仿生系统
		伤害护理和管理
		预防伤亡
		人体因素、机构设计和决策研究
		人力和人员
		训练、教育和人员表现
		水下医学

（来源：2015 年版《美国海军科学技术战略》）

美国海军 2016 财年和 2017 财年科研经费预算情况

单位：亿美元

		2016 财年	2017 财年
海军经费预算总额		1693.7	1648.61
科研经费预算（基本预算）	基础研究	6.72	5.43
	应用研究	9.66	8.61
	先期技术发展	6.96	7.37
	先期部件开发与样机	50.22	46.63
	系统开发与演示	62.75	60.26
	研发管理保障	9.18	8.54
	作战系统开发	35.62	35.93
	合计	181.11	172.76
海外应急作战		0.36	0.78
科研经费预算总额		181.47	173.55

（来源：美国海军部 2017 财年预算要点）

国外无人潜航器主要研制单位

据不完全统计，目前国外主要有 14 个国家 24 家科研机构在研究无人潜航器（图1），欧洲9家、美国7家。

其中，美国麻省理工学院自主式潜航器实验室研制了一系列无人潜航器用于深海探测、地图绘制和各类军事应用，1997 年分离成立了金枪鱼公司；伍兹霍尔海洋研究所成功研制了 REMUS 系列后，于 2001 年成立了独立的海德罗伊德公司，已向全球几十个国家销售了数百个无人潜航器；BAE 系统公司和德国莱茵戴克公司合资组建了 STN 阿特拉电子公司，2003 年其海上系统分部及生产部门独立出来，更名为阿特拉斯电子公司，可生产无人潜航器、无人水面艇使用的声纳。

一、美国海军水下作战中心组波特分部（Naval Undersca Warfare Center Division Newport）

地址：Building 11, Code 119 Simonpietri Drive Newport, RI 02841 – 1708, USA

电话：+ 1 401 – 832 – 1766

传真：+ 1 401 – 832 – 1725

网址：http://www. npt. nuwc. navy. mil/

	伍兹霍尔海洋研究所	REMUS系列
	宾夕法尼亚大学应用研究所	"海马""海上潜行者"
	波音综合防务系统公司	远期/近期水雷侦查系统
美国	海军水下作战中心	"曼塔"
	金枪鱼机器人公司	"金枪鱼"系列、Spray Glider
	泰莱达因·韦布研究公司	"斯洛克姆"滑翔者、Gavia系列
	斯克里普斯海洋研究所	"X射线"
俄罗斯	海洋技术问题研究所	MT-88、"泰费洛纳斯"
	国防评估与研究局	"马林"
英国	BAE系统公司	"泰利斯曼"
	南安普顿海洋研究中心	AutoSub
德国	阿特拉斯电子公司	"海獭"MK I、MK II和DeepC
法国	ECA系统公司	"阿里斯特"系列
挪威	康斯伯格海上系统公司	SeaGlider；REMUS和"休金"系列
瑞典	萨博水下系统公司	AUV62-MR、"双鹰"SAROV
加拿大	国际水下工程公司	Arcs、Theseus
葡萄牙	机器人技术学院	"王子"
澳大利亚	国防科学和技术组织	"瓦亚巴"
	海洋科学中心	"海沟"
日本	海洋–地球科学与技术机构	"浦岛"
	三菱重工业公司	AUV-EXI
韩国	韩国大宇造船海洋株式会社	Okpo系列
印度	印度国家海洋研究所	"玛雅"
南非	国防研发局	Roman DS-1

国外无人潜航器主要研制机构

图1 国外无人潜航器主要研制机构

机构概况：

海军水下作战中心是美国海军海上系统司令部所属的主要研究机构之一。纽波特分部的主要机构是武器技术和水下系统研究处，是一个全谱系的研究机构，涉及与水下战相关的潜艇、自主式水下系统、攻击型和防御型武器系统的研究、开发、试验、评估、制造和舰队的技术支持。

二、海军空间与海战系统司令部（Space and Naval Warfare Systems Command）

地址：4301 Pacific Highway，San Diego，California 92110 – 31227，USA

电话：+ 1 619 – 524 – 3470

传真：+ 1 619 – 524 – 3469

网址：http：//www. spawar. navy. mil/depts/d70/d74/

机构概况：

海军空间与作战系统司令部是美国海军作战部长领导的五大系统司令部之一，直接负责美国海军、海军陆战队和联合作战计划的各种指挥、控制、通信、计算机、情报、监视与侦察系统的研制、采购和全寿期管理工作。

该司令部总部设在美国加利福尼亚州的圣迭戈市。总部机构有空间通信与传感器计划执行办公室、高级技术与样机系统部、空间技术革新系统、信息支援系统、信息战/电子战系统、指挥控制与通信系统、情报、监视与侦察系统等。

该司令部在弗吉尼亚州阿灵顿市设有华盛顿联络办公室，在加利福尼亚州圣迭戈市设有圣迭戈中心，在夏威夷州的珍珠港设有太平洋活动机构，在南卡罗来纳州北查理斯顿市设有查理斯顿中心，在弗吉尼亚州诺福克市设有诺福克分队，在弗吉尼亚州切萨皮克市设有切萨皮克中心。

三、美国海军研究生学校（Naval Postgraduate School）

地址：Public Affairs Office – Code 004，1 University Circle，Monterey，CA 93943，USA

电话：+1 831 – 656 – 2023

传真：+1 831 – 656 – 3238

网址：http：//www. nps. edu/Academics/Centers/CAVR/index. html

机构概况：

美国海军研究生学校创建于 1909 年，设有管理科学系、航空与航天系、计算机科学系、电气与计算机工程系、数学系、机械工程系、气象学系、物理系、海洋学系、国家安全事务系、作战研究系等。该校每年发表学位论文所选课题都是海军当前发展的主要项目，是美国海军高级人才的摇篮。

其自主式潜航器研究中心成立于 1987 年，由机械工程系、计算机科学系、电力与计算机工程系联合成立。最初成立时，旨在研制潜航器用于反水雷战，发展至今已涉及海洋科学研究和商业用途等方面。目前，该中心已研制出了"NPS"和"菲尼克斯"自主式潜航器和水声无线电交互式探测服务器，重点关注的研究领域是极浅水环境下航行器的先进控制方法和异种无人系统协同作业的先进控制方法。

四、伍兹霍尔海洋研究所（Woods Hole Oceanographic Institution）

地址：266 Woods Hole Road，Woods Hole，MA02543，USA

电话：+1 508 – 289 – 2252

网址：http：//www. whoi. edu

机构概况：

伍兹霍尔海洋研究所位于马萨诸塞州伍兹霍尔，是美国大西洋海岸的综合性海洋科学研究机构。其前身是 1888 年在伍兹霍尔建立的海洋生物研究所，1927 年由美国科学院海洋学委员会开始筹建海洋研究所，1930 年成立。当时，该所由洛克菲勒基金会和卡耐基基金会资助并设理事会领导，仅在夏季工作，H. B. 比奇洛博士任所长。第二次世界大战期间大量接受海军任务，改为全年工作，研究力量迅速增强。战后由国家科学基金会和海军研究局资助。

该所设有海洋生物学、海洋化学、海洋地质学和地球物理学、物理海洋学以及海洋工程 5 个研究室。拥有 4 个大型实验室、电子显微镜中心、计算中心、4 艘研究船和"阿尔文"号潜水器等。1957 年以后，积极参与国际印度洋考察、国际海洋考察十年等国际海洋科学活动，研究课题广泛，涉及海洋基础学科和海洋工程各个方面。出版物有技术报告、论文汇编以及季刊《海洋》等。

20 世纪 90 年代，该所成功地研制了 REMUS（远程环境测量模块）系统，得到了广泛的军事应用。后为了更好地推广这一系统，2001 年项目组脱离了伍兹霍尔研究所，成立了海德罗伊德公司。

五、斯克里普斯海洋研究所（Scripps Institution of Oceanography）

地址：8602 La Jolla Shores Drive, La Jolla, CA 92037, USA

电话：+1 858 - 534 - 3624

网址：http://www. sio. ucsd. edu/

机构概况：

斯克里普斯海洋研究所位于加利福尼亚州拉霍亚，是一个综合性海洋科学研究机构。1903 年由 W. E. 里特教授创建，从事海洋生物研究；1912 年归属加利福尼亚大学，以主办人姓氏定名为斯克里普斯生物学研究所；1925 年由大学董事会改为现名，开始全面研究海洋。该所是世界上年代最早、规模最大、最重要的海洋和地球科学研究、教育与公共服务机构之一。

该所下设海洋地质、海洋生物和大洋 3 个研究部，海洋物理、能见度和生理研究 3 个实验室，还有海岸研究中心、海洋生命研究组以及供博士教学用的研究生院。拥有 5 艘海洋学研究船，2 个研究平台，多用途的岸上和船上计算机系统和海洋专业图书馆，以及"深海钻探计划"岩心总库和供免费参观的水族馆等。

该所研究课题涉及海—气相互作用、深海锰结核的形成及其开采、海岸侵蚀、污染对海洋生态系的影响、空间海洋学以及包括板块构造和海底扩张在内的大洋地质演化史等。出版物有《斯克里普斯海洋研究所通报》《斯克里普斯论文汇编》等。

六、蒙特里湾水族馆研究所（Monterey Bay Aquarium Research Institute）

地址：7700 Sandholdt Road, Moss Landing, CA 95039 – 9644, USA

电话：+ 1 831 – 775 – 1700

传真：+ 1 831 – 775 – 1620

网址：http：//www. mbari. org/

机构概况：

蒙特里湾水族馆研究所是加利福尼亚州一所非营利性的海洋研究中心，隶属于蒙特里湾水族馆。它成立于 1987 年，研究范围涉及海洋科学研究的系统、装备、仪器仪表和技术等各方面，包括：海洋物理、海洋化学、海洋生物、海洋地质、遥控式和自主式潜航器、海洋信息管理等。

七、麻省理工学院自主式潜航器实验室（MIT AUV Laboratory）

地址：Seth Newburg, 292 Main Street, Building E38 – 306, Cambridge, MA 02139, USA

电话：+ 1 617 – 253 – 3402

传真：+ 1 617 – 258 – 5730

网址：http：//auvlab. mit. edu/

机构概况：

麻省理工学院创建于 1861 年，是美国一流的研究大学，世界著名大学之一。该校是一所私人资助的独立学院，包括 5 个院，21 个系，各学科的实验室、中心和教研室，以及麻省理工学院与其他大学、工厂和研究所的合作机构等。

自主式潜航器实验室一直致力于自主式潜航器的研究、开发与应用，是先进无人海洋机器人的领导者和开拓者。该实验室早在 20 世纪 90 年代初，就研制出了"奥德赛"（Odyssey）自主式潜航器，这是一型具有革命创新性的自主式潜航器。之后又先后研发了"奥德赛"Ⅱ、"奥德赛"Ⅱb、"奥德赛"Ⅲ等一系列型号的自主式水下机器人，并开展了自主式海洋采样系统等其他一些相关项目。同时，该实验室还从事本科生、硕士生、访问学者和科学家等的教学和培养工作。